ŒSTERREICHISCHE
FESTE & BRÆUCHE
IM JAHRESKREIS

Helga Maria Wolf

ŒSTERREICHISCHE FESTE & BRÆUCHE IM JAHRESKREIS

NP BUCHVERLAG

Titelbild: Schemenlaufen in Imst (Tirol)
© Österreich Werbung (Foto: A. Niederstrasser)

Bibliografische Information Der Deutschen Bibliothek
Die Deutsche Bibliothek verzeichnet diese Publikation in der Deutschen Nationalbibliografie; detaillierte bibliografische Daten sind im Internet über <http://dnb.ddb.de> abrufbar.

www.np-buch.at
verlag@np-buch.at

Grafische Gestaltung:
verlagsbüro wien, Kurt Hamtil

Gesamtherstellung:
Obersteirische Druckerei
und Verlagsges.m.b.H
A-8700 Leoben, Osterweg 3

ISBN 3-85326-225-2

Inhaltsverzeichnis

Das Zeichen 📷 verweist auf die dem Stichwort bzw. der Textpassage entsprechende Abbildung.

Jänner

Neujahr und Dreikönig sind die Feste, mit denen das bürgerliche Jahr beginnt. Die kirchliche Weihnachtszeit neigt sich ihrem Ende zu. Während die Natur schläft, begegnen Menschen einander mit Glück- und Segenswünschen und heischen um Gegengaben. In manchen Bundesländern gehen seltsame Gestalten um.

1. JÄNNER – NEUJAHR

Feuerwerke und Neujahrskonzert, Perchten und Pummerin, Orakel und Glücksbringer begleiten den Jahreswechsel. Man wünscht einander einen „guten Rutsch", was aber nichts mit dem Hinübergleiten ins neue Jahr oder gar mit dem Glatteis zu tun hat, sondern auf ein verballhorntes Rosch ha-Schana zurückgeht, wie das jüdische Neujahrsfest genannt wird. Dieses wiederum macht bewusst, dass der 1. Jänner keineswegs immer und überall der erste Tag des Jahres ist und war. Andere Kulturkreise rechnen mit dem Mondkalender, und auch im Christentum dauerte es offiziell bis 1691, regional noch länger, bis andere Neujahrstermine ihre Bedeutung verloren. Solche waren der Dreikönigstag, der 1. oder der 25. März, Ostern, Christi Himmelfahrt, der 8. oder der 25. Dezember. Bei den alten Römern, die den Jahresbeginn anno 153 v. Chr. vom 1. März auf den 1. Jänner verlegten, kam dem Neujahrsfest besondere Bedeutung zu. Sie befragten Orakel, beschenkten einander und opferten ihren Gottheiten – Jupiter, seiner Gemahlin Juno und dem doppelgesichtigen Janus, der Vergangenheit und Zukunft symbolisierte. Ihm verdankt der Jänner/Januar seinen Namen, während die Bezeichnungen der Herbst- und Wintermonate ab September als 7., 8., 9. und 10. Monat auf die mit März beginnende Zählung zurückgehen.

Wie die Monatsnamen stammen viele Neujahrsbräuche aus der klassischen Antike. So erinnert das Verschenken grünender Kleestöckchen an die römischen Strenae (Zweige), die in unserer Redensart „auf einen grünen Zweig kommen" weiterleben. Süßigkeiten und Münzen waren und sind ebenso beliebte Geschenke. Ihnen liegt die Vorstellung vom guten Omen zu Grunde: Wie der Anfang, so das Ganze. Wer jetzt Geld hat, hat es das ganze Jahr über. Wer üppig isst (z. B. Schweinsbraten – „Schwein haben"), wird nicht hungern. Ein Pferd stellte einen beachtlichen Wert dar, das Hufeisen als Teil dessen sollte Wohlstand verheißen. In einer ländlichen Gesellschaft, deren (Über)leben von der Fruchtbarkeit der Pflanzen und Tiere abhing, schätzte man entsprechende Symbole wie Pilze mit ihren vielen Sporen oder Fische. Nahe liegend ist auch, dass man an der Jahresschwelle mit Hilfe von Orakeln wie Bleigießen einen Blick in die Zukunft werfen wollte (oder will).

Zum guten Anfang gehört der Angang, die Deutung dessen, der einem als Erster begegnet: am besten ein Kind oder jemand, der Glückwünsche oder Geschenke überbringt. Vertreter verschiedener Berufe, wie Briefträger oder Rauchfangkehrer, kommen mit Glückwünschen und kleinen Geschenken, wie Kalender oder dem – seit 1701 erscheinenden – Postbüchl. Mit einem angemessenen Trinkgeld zeigt man sich nicht nur dafür, sondern auch für die guten Dienste während des ganzes Jahres erkenntlich. Neujahrswünsche auf Karten mit bildlichen Darstellungen gab es im ausgehenden Mittelalter in adeligen und geistlichen Kreisen. Andere Bevölkerungsschichten waren des Schreibens und Lesens kaum kundig. Mit der Verbreitung moderner Drucktechniken im 19. Jahrhundert wurde die massenhafte Herstellung von Neujahrskarten möglich – und von den Konsumenten gerne angenommen. Der Antibrauch dazu waren Enthebungskarten, die man gegen eine Spende für wohltätige Zwecke erwerben konnte. An der Wohnungstür angebracht, sollten sie ungebetene Gratulanten abhalten.

Lärm und Licht sind typische Brauchelemente zum Jahreswechsel. Das Neujahrsschießen lässt sich bis in die frühe Neuzeit zurückverfolgen. Einquartierte Truppen vollzogen den Brauch, die Bürger mussten das Pulver zahlen – und wohl noch ein Trinkgeld dazu. Zunehmend schätzt man aufwändige Feuerwerke statt billiger Kracher. Bis heute versammelt man sich zum Glockenklang auf dem Kirchenplatz, um das neue Jahr mit Feuerwerken, Musik und Lärm zu begrüßen.

Bräuche in den Bundesländern

NIEDERÖSTERREICH

- In Kirchberg am Wechsel (Bezirk Neunkirchen) wird beim Kirchenkonzert zu Neujahr der Trompetensegen erteilt.

OBERÖSTERREICH

- In Linz geht es am 1. Jänner rund um 11 Uhr vor dem Landhaus lautstark zu. Die Aperschnalzer (aper: schneefrei) kommen mit ihren 4 Kilo schweren und 4 Meter langen Peitschen in die Innenstadt. Das Ende, das den Knall erzeugt, ist ein 30 Zentimeter langer Seidenfaden mit einem Knoten (Schmiss). Der seit 1925 geübte Brauch hat Vorbilder in Bayern. Im Zusammenhang mit diesem Einzug findet auch das Neujahrsschießen statt.
- In Maria Schmolln (Bezirk Braunau) haben seit zwei Jahrhunderten die großen und kleinen Maschkerer ihren Auftritt zu

Neujahr und am Vorabend des 6. Jänner. Erwachsene und Kinder verkleiden sich als Rauchfangkehrer, Teufel, Kasperl, Spielmann, Jäger, Arzt, Scherenschleifer, Heiratsvermittler, Hausierer, Gendarm und weitere Faschingsgestalten. Der alte Mann und die alte Frau sind mit Buckelkörben ausgestattet, um Krapfen, Brot, Fleisch und Obst einzusammeln. Der Umzug endet im Wirtshaus, wo man die Lebensmittel gemeinsam verzehrt.

▪ In Obertraun (Bezirk Gmunden) findet am 2. Jänner die Höhleneinkehr, eine Neujahrsfeier in der Koppenbrüllerhöhle, statt.

▪ In Vorderstoder (Bezirk Kirchdorf an der Krems) erlangte der Jägerbrauch des Neujahrsschießens zu Beginn der 1990er Jahre neue Beliebtheit. Vor dem Haus wird rund um Mitternacht je drei Mal das alte Jahr hinaus- und das neue hereingeschossen.

SALZBURG

Zwischen Neujahr und Dreikönig haben die 161 Salzburger Perchten- und Krampusgruppen Hochsaison. Die meisten entstanden nach 1990, die Mitgliederzahlen steigen. Meist sind es Jugendliche und Männer. Frauen sind kaum dabei, sie übernehmen höchstens Hilfsdienste und manchmal die Darstellung weiblicher Figuren.

▪ In Altenmarkt im Pongau (Bezirk St. Johann im Pongau) gründeten Kaspar Fritzenwallner und Kuno Brandauer 1959 eine Perchtengruppe, die mit inzwischen 180 Mitwirkenden alle vier Jahre auftritt. Begleitet werden die Vorreiter, Rösselreiter, Hexen, Teufel, Schnabelperchten, Schiachperchten, Glockenperchten, Schönperchten und Sagengestalten von der Trachtenmusikkapelle und den Flachgauer Jagdhornbläsern. Die Geschichte der Altenmarkter Perchten reicht bis 1852 zurück.

▪ In Bischofshofen (Bezirk St. Johann im Pongau) findet der Perchtenzug alle vier Jahre am ersten Sonntag im Jänner statt (2004, ...). Neun Schönperchten und fünfundzwanzig Schiachperchten bilden den Höhepunkt des Zuges, der mehr als 200 Teilnehmer zählt. Historische Nachrichten gibt es aus den Jahren 1892, 1910, 1912, 1924 und 1941. Veranstalter des Perchtenzugs ist seit 1950 der 1. Pongauer Gebirgstrachtenverein D' Hochgründecker. Es spielt die Mühlbacher Holzmusik.

▪ In Faistenau (Bezirk Salzburg-Umgebung) veranstalten die Prangerstutzenschützen unter Beteiligung der Ortsvereine um 16 Uhr auf dem Dorfplatz ihr Neujahrseinschießen.

▪ In Badgastein startet der Gasteiner Perchtenzug mit 140 Mitwirkenden aus Badgastein, Bad Hofgastein und Dorfgastein. Er bewegt sich am ersten Tag bis nach Bad Bruck, am zweiten bis Bad Hofgastein. Täglich werden 15 Kilometer mit den Masken zurückgelegt, die oft 50 Kilo wiegen, manche der Schönperchten-Kappen sind 2,5 Meter hoch. Bei den diversen Ehrerbietungen müssen sich die Träger hunderte Male verbeugen. 1837 traten die Perchten bei einem Besuch des Kaisers in Gastein als Attraktion auf. Weitere Perchtenzüge gab es 1898, 1907, 1912, 1922, 1928, 1936, 1940, 1944, 1948, 1951, 1956 und seit 1958 im Vierjahresrhythmus.

▪ In Goldegg (Bezirk St. Johann im Pongau) beginnt am Morgen ein großer Perchtenumzug, der von Hof zu Hof geht und um zirka 18 Uhr mit dem Einmarsch auf dem Dorfplatz endet.

■ In Oberndorf bei Salzburg (Bezirk Salzburg-Umgebung) übernehmen Pfadfinder die Rolle der Sternsinger. Ihr Umzug beginnt am Neujahrstag bei Einbruch der Dunkelheit. Die Gruppe besteht aus fünf Personen: Einer trägt den beweglichen Stern, einer den Korb für die Geschenke, Caspar das Rauchfass, Melchior das Weihrauchschiff und Balthasar die Kastenkrippe. Sie ist eine Nachbildung jener Sternsingerkrippe, die bis zum Verschwinden des Brauchs um den Ersten Weltkrieg mitgetragen wurde. Die Wiederbelebung erfolgte 1936. Interessant ist die Verbindung mit der von der Gruppe besuchten Stadt Laufen am bayrischen Ufer der Salzach: Laufener Schiffer waren unter den Ersten, denen das Sternsingen – in ihrer sonst erwerbslosen Zeit – gestattet wurde. 1569 ist vom alten Gebrauch des Heischeumzugs die Rede, der auch in weiter entfernte Ortschaften führen durfte. 📷

■ In Pfarrwerfen (Bezirk St. Johann im Pongau) veranstaltet der Krampus- und Perchtenverein seit 1990 sein Schön- und Schiachperchtentreiben auf dem Dorfplatz. Der Neujahrsperchtenlauf beginnt um 19 Uhr.

TIROL

■ In Matrei in Osttirol (Bezirk Lienz) und in anderen Orten ist der Neujahrstag wie Weihnachten oder Dreikönig ein Termin zum Räuchern des Hauses mit Glut, Weihrauch und Kräutern, die man von der Palmweihe oder im Kräuterbuschen von Mariä Himmelfahrt aufbewahrt hat.

VORARLBERG

■ In Bludenz pflegt man das Neujahrsschießen.

WIEN

■ Die Pummerin im Stephansdom, die zweitgrößte Glocke Westeuropas, läutet symbolisch das neue Jahr ein. Ihre Schläge werden vom Österreichischen Rundfunk (ORF) übertragen.

■ Ein mediales Weltereignis ist das Neujahrskonzert der Wiener Philharmoniker im Goldenen Saal des Musikvereins. Mehr als 1,137 Millionen Zuseher verfolgten das Neujahrskonzert der Wiener Philharmoniker 2003 in der Fernsehübertragung des ORF. Das Konzert konnte in vierzig Ländern gesehen werden; die ORF-Koproduktion mit dem ZDF und dem japanischen Fernsehsender NHK wurde u. a. von Australien, Chile, Russland, Indien, den USA und Japan übernommen.

■ Auf dem Rathausplatz verwandelt sich der Christkindlmarkt kurzfristig in einen Silvester- und Neujahrsmarkt, der seinerseits bald darauf dem Wiener Eistraum, einer Freiluftkunsteisbahn mit Eventcharakter, weicht. Seit 1999 ist die Stadt Wien Marketing Service GmbH Organisator und Koordinator. 📷

Wiener Eistraum – eine der vielen kreativen Nutzungen des Rathausplatzes

6. JÄNNER – ERSCHEINUNG DES HERRN (DREIKÖNIG)

Der kirchliche Feiertag am 6. Jänner vereint die Erinnerung an mehrere biblische Ereignisse: die Taufe Jesu im Jordan (Mt 3,13–17), das Wunder bei der Hochzeit zu Kana (Joh 2,1–12), die Geburt (Erscheinung) des Gottessohnes (Mt 1,18–25) und den Besuch der Weisen aus dem Morgenland bei ihm (Mt 2,1–12).

Landläufig nennt man den 6. Jänner Dreikönigstag. Allerdings waren die Besucher, die dem Jesuskind mit herrschaftlichen Geschenken huldigten, weder drei noch Könige und schon gar nicht Heilige, sondern Sternkundige aus dem Osten. Origenes (185–254), der bedeutendste Lehrer der frühgriechischen Kirche, leitete aus der Dreizahl der Gaben – Gold, Weihrauch und Myrrhe – die Dreizahl der Besucher ab. In den Rang von Königen gelangten sie im 6. Jahrhundert, damals bildeten sich auch ihre Namen. Ein Mosaik in Ravenna benennt den Ältesten Caspar (persisch: Schatzmeister), den Mittleren Balthasar (Lichtkönig) und den Jüngsten Melchior (Gottesschutz). Später machte man sie zu Vertretern der drei Lebensalter Jüngling, Mann und Greis sowie der damals bekannten Erdteile Asien, Europa und Afrika, wobei der Mohr als Vornehmster galt. Als Weitgereiste sind sie Patrone der Pilger und Reisenden und der Gasthäuser (deshalb finden sich auf Gasthausschildern häufig Krone, Stern und Mohr), für einen guten Tod (die letzte Reise), gegen Zauberei, Unwetter und andere Übel. Seit dem Mittelalter hat man den Magiern Wundersames nachgesagt. Der „Stern", der ihnen den Weg nach Bethlehem wies, war eine seltene Konstellation der Planeten Jupiter und Saturn, die im Jahr 2238 wieder stattfinden soll. Sie wurde für einen Kometen gehalten, weil auf alten Darstellungen ein Lichtstrahl vom Stern zum Kind in der Krippe führt.

Das heute allgemein verbreitete Sternsingen ist ein neuer Brauch mit alten Wurzeln. Dreikönigsspiele fanden um die erste Jahrtausendwende in den Kathedralen statt. Gesang begleitete die Prozession der Könige zum Altar, der die Krippe symbolisierte. Sie trugen Mäntel und Kronen, der leuchtende Stern schwebte an einem Seil hängend vor ihnen her. Aus dem liturgischen Spiel entwickelten sich in den Städten prächtige Umzüge. Als im 18. Jahrhundert die Marionettentheater in Mode kamen, fand Kaspar (Kasperl) Eingang in das Puppenspiel. Eine andere Wurzel des Sternsingens liegt in den überlieferten Ansingeliedern mit Heischeumzügen der Schüler zum Jahreswechsel, eine weitere in der gegenreformatorischen Propaganda des 16. Jahrhunderts. Der Buchdruck ermöglichte die rasche Verbreitung der Texte auf Flugblättern. Im 19. Jahrhundert waren die Bettelgänge weit verbreitet, in wohlhabenderen Gegenden kannte man das Sternsingen nicht.

Der moderne Brauch beruht auf einer Privatinitiative: 1946 ging der Wiener Beamte Franz Pollheimer (1900–1986) mit seinen Kindern in der Pfarre Maria Treu (VIII., Piaristengasse 43) sternsingen. Sie zogen – in umgearbeiteten Theaterkostümen – von der Oper durch

die Kärntner Straße zum Stephansdom. 1954 schätzte die Polizei 7.000 Zuschauer. Die Buben sangen beim Hochamt, das Kardinal Theodor Innitzer zelebrierte, und waren anschließend seine Gäste im Erzbischöflichen Palais. Der Bundespräsident, Minister und Spitäler wurden besucht. Das Fernsehen interessierte sich für den Brauch, der rasch Nachahmer fand. Je drei Jahre erbat Pollheimer Spenden für den Wiederaufbau des Stephansdoms und die Renovierung der Basilika Maria Treu, dann unterstützte er Flüchtlinge und Missionsprojekte. Nachdem er mit der Missionsarbeitsgemeinschaft (MIVA) in Kontakt gekommen war, übernahmen kirchliche Jugendgruppen und 1955 die Jungschar den Brauch im Sinne der Entwicklungshilfe als Dreikönigsaktion. Im Jahr 2003 waren österreichweit 80.000 Buben und Mädchen und 30.000 Begleitpersonen unterwegs.

Die Sternsinger setzen mittelalterliche Traditionen der Haussegnung fort, wenn sie das Weihrauchfass schwingen und mit gesegneter Kreide C+M+B und die Jahreszahl an die Türstöcke schreiben. Die Buchstaben werden als Christus mansionem benedicat (Christus, segne dieses Haus) oder die Glück bringenden Initialen gelesen. Den gleichen Zweck sollten amulettartige Dreikönigszettel erfüllen, in denen die Heiligen Drei mit Jesus, Maria und Josef oder mit der Dreifaltigkeit auf eine Stufe gestellt werden. Volkstümlich deutete man „KMB" als „Kathl mach's Bett" oder „Katholisch musst bleiben", neuerdings kirchenkritisch als: „Kinder müssen betteln".

Mit dem Dreikönigstag enden die zwölf Rau(ch)nächte, die zu Weihnachten begonnen hatten. Sie sind nach dem Ausräuchern benannt, das seit dem Spätmittelalter Haus und Hof Segen bringen und Unheil abwehren sollte. Man gibt Glut auf eine Schaufel oder in eine Pfanne, dazu Weihrauch und geweihte Kräuter oder Teile des Palmbuschens. Betend und segnend geht man (z. B. in Tirol) damit durch die Räume, oft wird dazu Weihwasser ausgesprengt.

Es glöckelt, perchtelt und trestert in dieser Zeit, die nach landläufiger Vorstellung als ebenso heilig wie unheimlich galt. Die weiß gekleideten Glöckler (Klöckler) mit ihren Lichthauben sind seit den sechziger Jahren des 19. Jahrhunderts nachweisbar. Sie haben nichts mit uralten Fruchtbarkeitskulten oder dem Winteraustreiben zu tun, auch wenn diese Erklärung damals im Zeitgeist lag. Die Glöckler, die in Gruppen mehrerer Männer (Passen) auftreten, sind auch nicht nach den Glocken benannt, die sie am Gürtel tragen, sondern nach dem Anklopfen bei den besuchten Häusern (glocken, klocken: anpochen), und das hatte einen sozialen Hintergrund. Vermutlich waren Not leidende Salinenarbeiter die Erfinder des Brauchs: Die weiße (Arbeits)kleidung spricht ebenso für diese Theorie wie die leuchtenden Kopfbedeckungen (Kappen), die als luxurierte Grubenlampen gelten können.

Perchtenbräuche, wie sie uns heute begegnen, wurden weitgehend im 20. Jahrhundert geformt. Perchten ist ein Sammelbegriff für sowohl Gaben bringende als auch erschreckende Sagen- und Umzugsgestalten. Man sagte, dass Frau Percht mit einer Schar ungetauft verstorbener Kinder (Zodawascherl, Rauhwascherl) durch die Gegend ziehe. Kinder und Gesinde unterlagen der Angst einflößenden sozialen Kontrolle der vermummten Besucher: Sie drohten Mägden den Bauch aufzuschlitzen, um den Staub des unordentlichen Haushalts hineinzuschütten. Neben den Schiachperchten, die je jünger, umso hässlicher ausfallen, zählen die Schönperchten zu den attraktivsten Gestalten österreichischer Schaubräuche. Sie haben Generationen von Volkskundlern zu Phantasien und Ideologien angeregt. Europäische „Verwandtschaften" – von spanischen Moriskentänzern bis zu slawischen Maskenläufern – sind bekannt. In den Perchtenlandschaften Salzburg und Tirol finden sich schriftliche Nachrichten im Barock und zur Zeit der Aufklärung in den Verboten weltlicher und geistlicher Obrigkeiten. Die Kirche fürchtete um die Moral und die Gerichte staatsgefährdende Aufstände. Vielschichtige Einflüsse, Wandlungen und Verwerfungen spiegeln sich in den Masken: antike Umzugsrituale, alpenländische Glaubensvorstellungen und Rügegerichte, höfische Tänze, mittelalterliche Zunftbräuche, italienischer Karneval und gegenreformatorische Schauspiele. Kaum waren im frühen 19. Jahrhundert die Traditionen beendet, wollte man sie in national-romantischem Geist erneuern. Um 1900 engagierten sich Vereine wie die Heimatschutzbewegung oder die 1911 in Salzburg gegründete Landtagskommission für die entschwundene Welt der Sitten, Bräuche und Trachten. Es wurde gefunden und erfunden, erneuert und im Sinne der eigenen Weltanschauung interpretiert. Nationale wie Nationalsozialisten waren bestrebt, alles auf den einfachen Nenner „germanisch, heidnisch, naturkultisch" zu bringen. Bis heute begeistert viele die mythische Verklärung des vermeintlich Uralten. Die Salzburger Ethnologin Ulrike Kammerhofer-Aggermann weist, abgesehen von der spärlichen Quellenlage, auf ein weiteres Problem der Perchtenforschung hin, „dass völlig unterschiedliche Erscheinungen mit demselben Namen benannt wurden. Einerseits die Frau Percht, die stille, schwarzweiß verhüllte Frau, die am Perchtenvorabend (5. Jänner) die Häuser kontrolliert, und jene vielfältigen, schillernden Varianten der Schönperchten, die in allen Berichten vor 1900 als Teil des Faschingstreibens aufscheinen." Sie betont, dass die Begriffe Perchten und Masken gleichbedeutend verwendet wurden und die fassettenreichen bunten Umzüge aus dem Gegensatz lebten: Schöne und Schiache, Dumme und Unnahbare, strenge Ordner und lustige Spaßmacher erfreuten die Leute, deren Alltag arm an Sensationen war.

Bräuche in den Bundesländern

BURGENLAND

Im Burgenland wird nach den Ergebnissen der Volkszählung 2001 in 149 von 171 Gemeinden eine Volksgruppensprache gesprochen (17.330 kroatisch sprechende, 4.721 ungarisch sprechende, 246 romanes sprechende Einwohner). So singen z. B. in Unterwart (Bezirk Oberwart) die Sternsinger ungarisch. Der Pfarrer begleitet sie und verbindet den Hausbesuch mit einer Segnung.

- In Bad Tatzmannsdorf (Bezirk Oberwart) besuchen die Sternsinger nicht nur die katholischen Haushalte, sondern auch die evangelischen sowie die Hotels und Heime des Kurortes. Am Dreikönigstag singen alle Sternsingergruppen beim Gottesdienst. Als Dank lädt sie der Pfarrer zu einer Jause ein, und sie erhalten kleine Geschenke.

KÄRNTEN

In Kärnten haben bei der Volkszählung im Jahr 2001 12.586 österreichische Staatsbürger slowenisch als Umgangssprache angegeben.

- In Heiligenblut (Bezirk Spittal an der Drau) beginnt das Sternsingen am Abend des 5. Jänner und dauert bis zur Messe am Dreikönigstag. Mehrere Männergruppen besuchen während der Nacht alle Bergbauern mit einem beleuchteten, drehbaren Stern. Laternenträger und Blasmusikanten begleiten sie. In jedem Haus singen sie ihr vielstrophiges Lied, das die Heilsgeschichte in Reimen erzählt. Die Hausfrau lädt die Sternsinger zu einer Jause mit Speck, Brot, Krapfen und Obstschnaps ein. 1933 hat der Volksmusikforscher Anton Anderluh die Sternsingerlieder zweistimmig gesetzt, zuletzt wurden sie 1991 neu herausgegeben.
- In Metnitz (Bezirk St. Veit an der Glan) findet das revitalisierte Dreikönigssingen mit historischen Utensilien (beleuchtete Sterne und Kronen) jedes zweite Jahr auf dem Marktplatz statt. Das 14-strophige Dreikönigslied wurde 1725 aufgezeichnet, später kamen siebzehn Vierzeiler und weitere 46 Strophen dazu.

NIEDERÖSTERREICH

- Kirchschlag in der Buckligen Welt (Bezirk Wiener Neustadt) ist als Passionsspielort für die Pflege religiöser Bräuche bekannt. Hier gibt es ein eigenes Kirchschlager Sternsinger-Lied.
- In Perschling (Gemeinde Weißenkirchen an der Perschling, Bezirk St. Pölten) wird seit 1999 am 6. Jänner um 17 Uhr ein Dreikönigsritt abgehalten.
- In Scheibbs besitzt die Stadtpfarrkirche eine der seltenen mechanischen Krippen. Sie ist am 6. Jänner Ziel des 1947 entstandenen Dreikönigsrittes. Sternträger und Könige sind hoch zu Ross unterwegs, zwei Fanfarenbläser und Hirtenbuben begleiten sie. Manche Kinder bringen Schafe oder andere kleine Tiere mit.

OBERÖSTERREICH

Das Salzkammergut ist die Heimat der Glöckler. Der Ursprung des Brauchs lag um 1860 in Ebensee (Bezirk Gmunden). Weiß gekleidete Burschen tragen Kuhglocken am Gürtel und auf dem Kopf riesige Kappen. Die Glöcklerkappe besteht aus einem mit schwarzem Karton überzogenen Holzgerüst, das auf den Schultern aufliegt. Herausgeschnittene und mit buntem Seidenpapier hinterlegte Motive zieren hohe Kronen, Türme oder Sterne. Die Burschen treten in Passen auf, die von einem Vorläufer angeführt werden. Dieser trägt einen Stock, um Platz zu schaffen,

die Figuren anzugeben und an den Häusern anzuklopfen. Vor den Häusern werden im Gänsemarsch Figuren (Achter, Kreise) gelaufen. Das eindrucksvolle Schauspiel hat Trachtenvereine und Heimatpfleger in vielen Orten zur Nachahmung inspiriert, sodass man es heute am Vorabend des Dreikönigstages in vielen Gemeinden bewundern kann, u. a. in Hallstatt, Obertraun, St. Wolfgang im Salzkammergut (alle Bezirk Gmunden).

- In Bad Ischl (Bezirk Gmunden) kommen die Glöckler am Vorabend des Dreikönigstags in Passen von zwanzig Männern. Gegen 18.30 Uhr reiten die prächtig gekleideten drei Könige auf geschmückten Pferden ins Stadtzentrum ein, Fackelträger und Sänger, die überlieferte Hirtenlieder aus dem Salzkammergut singen, begleiten sie. Veranstalter sind der örtliche Trachtenverein und Männergesangsverein.
- In Ebensee (Bezirk Gmunden), dem Ursprungsort des Brauchs, laufen die Passen durch den verdunkelten Ort, wobei vor manchen Häusern Kreise gezogen werden. Verschiedene Formen der Kappen erinnern an das Requisit der Sternsinger, einen beleuchteten, bunten Stern. Schriftliche Nachrichten über den Brauch gibt es in Ebensee aus den Jahren 1873, 1895, 1896, 1898, 1899, 1903, 1908 (zum Kaiserjubiläum), 1921, 1926 (Aufführung in Wien), 1938/39 (Auftritte in Goslar und Berlin). 📷
- In Gmunden kommen seit 1954 am Abend des 5. Jänner die Heiligen Drei Könige mit ihrem Gefolge per Schiff an. Anschließend singen sie auf dem geschmückten Balkon des Rathauses. Ebenfalls am Vorabend zu Dreikönig findet ein Glöcklerlauf statt.
- In Neukirchen (Gemeinde Altmünster, Bezirk Gmunden) erscheinen die Dreikönigsreiter Sonntag vor Dreikönig im Ort und am Dreikönigstag zum Gottesdienst bei der Pfarrkirche. Der Brauch wurde 1960 zu Gunsten der Mission eingeführt.
- In Steinbach am Attersee (Bezirk Vöcklabruck) begleiten Bläser die Glöckler. Sie werden von den Bäuerinnen

zu Krapfen und Schnaps eingeladen. Hier erfolgte der Brauch-Import durch einen zugezogenen Friseurmeister.

SALZBURG

Um den 5. Jänner sind im Salzkammergut, im Flachgau, Ennstal und in der Landeshauptstadt Glöcklergruppen auf dem Weg. Die Passen mit ihren weißen Gewändern, bunten Lichterkappen und großen Kuhglocken um die Mitte sind u. a. im Bezirk Salzburg-Umgebung in Abersee in den Ortsteilen Gschwandt und Gschwendt, St. Gilgen und Strobl zu sehen.

▪ Abwechselnd in Altenmarkt im Pongau, Bischofshofen, Badgastein und St. Johann im Pongau (Bezirk St. Johann im Pongau) findet um Dreikönig der große Pongauer Perchtenlauf statt. Der Pongau gilt als Zentrum der Salzburger Perchtenbräuche. Charakteristisch sind die kunstvollen, hohen Aufsätze, welche die Männer auf dem Kopf tragen. Die mit Spiegeln und reichem Schmuck gestalteten Kappen, Tafeln oder Türme sind meterhoch und bis zu 40 Kilo schwer. Trotzdem tanzen und verbeugen sich die Schönperchten. Ihr Geleit bilden die schiachen Wild-, Jagd- oder Fetzenperchten und Figuren wie Rösslreiter, Bärentreiber oder Rauchfangkehrer.

▪ Annaberg-Lungötz (Bezirk Abtenau) ist am 5. Jänner zwischen 9 und 17 Uhr Schauplatz der Darbietungen der Dreikönigsreitergruppe.

▪ In Goldegg (Bezirk St. Johann im Pongau) veranstaltet die Trachtenmusikkapelle am 6. Jänner in allen Ortsteilen ihr Dreikönigsblasen.

▪ In Golling an der Salzach (Bezirk Hallein) begrüßt die Perchtengruppe des Trachtenvereins D' Rabenstoana die Bauern mit dem Spruch „Glück herein – Unglück heraus, die Percht kimmt ins Haus“. Zwei Dutzend Männer und Frauen besuchen am 4. und 5. Jänner die Höfe. Das 1996 wieder belebte Gollinger Perchtenspiel war bis in die 1920er Jahre Brauch und wurde nach den Angaben von Zeitzeugen rekonstruiert. Vorbilder für die Masken gaben Darstellungen der Kuenburgsammlung (um 1790). Musikanten mit Flöte, Trommel und Drehleier, Fackelträger und Kraxenträger (sie sammeln die erheischten Naturalien) begleiten die Gruppe. Als Erste zieht Frau Percht mit ihrem Spruch und einem Reisigbesen in den Hof ein. Zu Trommelschlägen beginnt der Tanz der zwei Vogel- und drei Fetzenperchten. Im Mittelpunkt des folgenden Spieles steht der Streit zwischen dem weiß gekleideten Sommer mit blumengeschmücktem Strohhut und einem mit Bändern verzierten Fichtenbäumchen und dem Winter in Pelzmantel, Schal und Haube. Am Ende kniet der Winter vor dem Sommer, der ihm die Hand reicht und aufstehen hilft.

▪ In Rauris (Bezirk Zell am See) ist am Abend des 5. Jänner die vogelartige Schnabelpercht unterwegs, um die Reinlichkeit der Haushalte zu kontrollieren. Ihr Ruf „qua, qua“ kündigt ihr Kommen an. Zur Ausrüstung der Schnabelpercht gehören ein halbmeterlanger Klapperschnabel, eine große Schere und ein Buckelkorb für die Geschenke.

▪ In der Stadt Salzburg und ihrer ländlichen Umgebung wird man am Vorabend des Dreikönigstages Zeuge verschiedener Schaubräuche: Die Brauchtumsgruppe Jung Alpenland beginnt in der Nonntaler

Hauptstraße ihren Glöcklerlauf. Die Bauern im Umland erhalten Besuch von den Tresterern des Gebirgstrachten-Erhaltungsvereins Alpinia, während D' Enzianer mit der Bergkräutler Tanzlmusi im Heimathaus Maxglan einen Trachtenball feiern.

- In St. Gilgen (Bezirk Salzburg-Umgebung) werden bei der Vesper im Kloster Gut Aich Wasser, Weihrauch, Salz und Kreide geweiht. Vor der Andacht in der Pfarrkirche am Mozartplatz findet das Dreikönigsreiten statt.
- In Stuhlfelden, Unken (beide Bezirk Zell am See) und Zell am See laufen am Dreikönigstag die Tresterer (trestern: stampfen) von Haus zu Haus. Voran der Hanswurst, dann die Schiachperchten und schließlich die Schönperchten. Sie führen in der Stube einen rhythmischen Stampf- und Sprungtanz auf. Die Tanzfiguren werden von einem Teil der Forscher mit einer alten Art des Getreidedreschens erklärt. Andererseits steht das Schuhplatteln wohl im Zusammenhang mit der Wiedereinführung des Brauchs im Jahr 1912. In Stuhlfelden tragen die Tresterer Jacken und Kniehosen aus rotem Brokat, einen breiten Ledergürtel mit Federkielstickerei (Ranzen) und schwarz-rote Schuhe. Die weißen Stutzen zieren goldene Bänder. Der Kopfschmuck ist ein Kranz aus glitzernden Pailletten, aus dem 60 Zentimeter lange, weiße Hahnenfedern ragen und an dem rote, weiße und goldene Seidenbänder hängen. Die Kostüme sind jenen der Handwerkertänze ähnlich, die es zur Renaissance in allen europäischen Städten gab. Die Verwendung wertvoller Stoffe in den Farben Gold, Rot und Reinweiß verweist auf Reichtum.
- In Zell am See treten am Abend des Dreikönigstages Zapfenmanndl, Habergeiß und eine Tresterer-Tanzgruppe auf. Davor findet das Neujahrsschießen statt.

STEIERMARK

Der Vorabend zu Dreikönig gilt auch in der Steiermark als Glöckltag. Der Umzug der Burschen mit Lichterkappen wurde von Oberösterreich in die Steiermark übertragen und fand dort erstmals 1904 in Trieben (Bezirk Liezen) auf Initiative des Admonter Oberförsters Josef Derfler statt. Der aus dem Trauntal kommende Volksschuldirektor Franz Zehetleitner, im Ennstal als Glöcklervater bekannt, organisierte 1935 den ersten Glöcklerlauf in Stainach (Bezirk Liezen). Bis in die 1980er Jahre folgten andere Gemeinden im Bezirk Liezen wie Gröbming, Altaussee und Bad Aussee.

In der Steiermark heißen die Perchten auch Perchteln oder Perigel. Es sind unterschiedliche Gestalten, manchmal mit Dirndlkleidern kostümierte Männer, andere mit Fellen und rußgeschwärzten Gesichtern, mit Glocken am Gürtel und, als unvermeidliches Requisit, einem Besen in der Hand. Im Ennstal ziehen am Abend des 5. Jänner Kinder und Erwachsene als Percht(l)n um. Sie tragen lange, schwarze Gewänder, haben die Gesichter durch dunkle Schminke, Tücher oder Strumpfmasken unkenntlich gemacht und hantieren schweigend mit mitgebrachten Besen, Schaufeln und Staubtüchern.

- In Admont (Bezirk Liezen) werden die Perchtln von Musikanten begleitet.
- In Altaussee (Bezirk Liezen) nennt sich ein beliebtes Spiel der männlichen Jugend Perigl tratzen (reizen). Diese rächen sich,

indem sie die Angreifer mit ihren Besen zu Fall bringen und mit Schnee einreiben. Der Kampf findet im Gasthaus ein versöhnliches Ende.

- In Bad Aussee (Bezirk Liezen) gehen die Kinder mit einer großen Glocke und einem Sack für die erwarteten Gaben heischen.
- In Bad Mitterndorf (Bezirk Liezen) ziehen am 5. Jänner vormittags die Glöckler und abends die Perchteln um.
- In Gröbming (Bezirk Liezen) gehen drei weiß gekleidete Gestalten mit verhüllten Gesichtern von Haus zu Haus. Ihre Bezeichnungen sind: Grausam Sudl, Muckerlpercht und Schnabelpercht.
- In Großsölk (Bezirk Liezen) besucht der Pfarrer mit einigen Männern, die Dreikönigslieder singen, die Haushalte. Im Gottesdienst weiht er Dreikönigswasser, das die Gläubigen als Weihwasser mitnehmen.
- In Stainach (Bezirk Liezen) ziehen Perchten und Glöckler um. Die weiß gewandeten Burschen mit den leuchtenden Kappen sagen den Glöcklerspruch der Öblarner Dichterin Paula Grogger (1892–1984) auf. Darin mischen sich vermeintlich uralte kultische Motive, Glückwünsche, Astrologie und christliche Überlieferungen.

TIROL

- In Mayrhofen (Bezirk Schwaz) sind Kinder und Erwachsene als Pinggalperchten mit Neujahrswünschen unterwegs. Ihre Gesichter sind durch Strümpfe oder Masken unkenntlich gemacht (früher mit Ruß). Vormittags gehen die Kinder durch den Ort und erhalten Geld und Obst. Die Erwachsenen werden am Abend auf einen Schnaps eingeladen.
- In Nassereith (Bezirk Imst) ist das Maskentreiben seit 1775 belegt. Der Dreikönigstag ist der erste wichtige Termin für das – seit 1951 so genannte – Schellerlaufen. Nachdem einige Maskengestalten und Schnöller mit Peitschenknallen die Männer des Ortes zur Fastnachtsversammlung eingeladen haben, werden dort die Rollen ausgelost. Bei der Tiroler Fastnacht, die von Faschingssonntag bis -dienstag stattfindet, treten dann der Bärentreiber, der sein Tier an einer Kette führt, die Schnöller, Scheller und Roller mit Glöckchen an den Kostümen sowie eine Hexengruppe in Aktion.

TAUFE DES HERRN

Am Sonntag nach dem 6. Jänner gedenkt die katholische Kirche der Taufe Jesu (Mt 3,13–17). Die Initiation durch Untertauchen wurde im Orient allgemein geübt, so taufte man Sklaven zu Freien. Johannes taufte zum Stand der Büßer. Nach dem Auftauchen bekannte der Täufling seine Sünden. Bei Jesus öffnete sich statt dessen der Himmel und beglaubigte ihn öffentlich als den von Gott gesandten Messias.

Nach der Neuordnung des Kirchenjahres durch das Zweite Vatikanische Konzil (1962–1965) schließt an diesem Tag – und nicht mehr am 2. Februar – der Weihnachtsfestkreis. Es beginnen die, nach der Farbe der Messgewänder so benannten, 33 bis 34 grünen Sonntage der allgemeinen Kirchenjahrszeit. Krippen werden eingepackt und Christbäume abgeräumt. Weihnachtsdekorationen an den Häusern und die „Christbäume für alle“ verschwinden langsam aus dem Ortsbild.

Bräuche in den Bundesländern

OBERÖSTERREICH

- In Stadl-Paura (Bezirk Wels-Land) feiern die Schiffer ihren Schifferjahrtag.
- In Waldzell (Bezirk Ried im Innkreis) wird um den 13. Jänner Kirtag gefeiert, dessen Hauptattraktion der Zechentanz der Burschen im Gasthaus Mitterhofer ist.

20. JÄNNER – FABIAN UND SEBASTIAN

Fabian war seit dem Jahr 236 Papst und baute die Kirche in Rom organisatorisch und spirituell aus. Am 20. Jänner 250 erlitt er den Märtyrertod.

Sebastian starb in der zweiten Hälfte des 3. Jahrhunderts Nach der Legende, die 200 Jahre später in Umlauf gebracht wurde, war er Offizier in der Garde Kaiser Diokletians. Auf dessen Befehl sollte Sebastian wegen seines Glaubens hingerichtet werden. Man fesselte ihn nackt an einen Baum, um ihn mit Pfeilen zu erschießen. Nachdem ihn eine Witwe gesund gepflegt hatte, erschlug man ihn mit Keulen. Als 680 in Rom die Pest wütete, wurden seine Reliquien durch die Stadt getragen. Die Epidemie erlosch. Die Menschen des Spätmittelalters verehrten Sebastian wegen der symbolhaften Pfeile als Pestpatron. In den Seuchenjahren des 15., 16. und 17. Jahrhunderts förderten die Orden seinen Kult. Als Devotionalien wurden kleine Pfeile aus Silber und Zinn angefertigt. Manche Forscher sehen in Sebastian die christliche Darstellung des römischen Gottes Adonis.

Der 20. Jänner galt als Termintag für den Pflanzenwuchs, „weil der Saft in die Bäume einschießt".

Bräuche in den Bundesländern

BURGENLAND

- In Neckenmarkt (Bezirk Oberpullendorf) wird das Sebastianisingen ähnlich wie das Sternsingen geübt. Jugendliche gehen von Haus zu Haus und erhalten Spenden für ihre Darbietung. Weiß gekleidet, tragen sie ein Kreuz, einen Stern, Pfeil und Bogen mit. Ein Bub steht vor dem Kreuz, während die anderen singen: „Mit dem Pfeile jämmerlich / schießen tödlich wir auf dich ..."

SALZBURG

- In Tamsweg gründeten drei Bürger 1738 eine Bruderschaft, die jetzt 800 Mitglieder zählt. Die Mitglieder, die Vereinigten, mussten Beiträge zahlen, waren verpflichtet, mit brennenden Kerzen an den Begräbnissen der Brüder teilzunehmen und Gebete abzuhalten. Zur religiösen Gemeinschaft trat die Geselligkeit, besonders während der Vereinigten-Oktav, die am zweiten oder dritten Montag im Jänner beginnt. Der Kommissär wird auf drei Jahre gewählt, zu Ehren eines neuen gibt es einen großen Umzug durch den Ort. Weitere Ehrenämter sind der Vereinigtenbischof mit seinen Leviten, die Bärengruppe und der Schmied. Sie treten am Montag bei der Bärenvesper in Aktion. Der Dienstag, der Jahrtag, beginnt mit einer Festmesse, bei der die Würdenträger Zylinder sowie rote oder weiße Nelken im Knopfloch tragen. Danach geleitet sie die Bürgermusik zum Bruderschaftsmahl und dann beim Hausieren von einem Gasthaus zum anderen. Zum abendlichen Ball erscheinen Bischof und

Leviten in Kostümen – Ornate, Szepter und hohe Kopfbedeckungen. Bei dieser Veranstaltung werden die Neulinge zum Gaudium der Zuschauer feucht-fröhlich eingewei(c)ht. Der Russentanz, den eine Gruppe von acht Tänzern und einem Musikanten aufführt, soll von weißrussischen Bergleuten stammen, die einst im Lungau arbeiteten. Mittwoch ist der Maschgeratag, bei dem Bärengruppe und Faschingrössel auftreten. Am Donnerstag begleiten sie die Junggesellen, die mit Laternen durch den Ort ziehen, um – vor allem in den Gaststätten – den gestrigen Tag zu suchen.

STEIERMARK

- In Weng bei Admont (Bezirk Liezen) weiht der Priester am 20. Jänner Wein, indem er eine Silberkette mit dem Sebastianipfeil in die Flaschen taucht. Der Brauch wird seit 1688 beschrieben, bis in die Gegenwart erhofft man sich von dem Getränk Heilkraft.

22. JÄNNER – VINZENZ

Der Archidiakon Vinzenz erlitt am 22. Jänner 304 in Valencia den Märtyrertod. Im frühen Mittelalter entstand an seinem Grab ein Reliquienkult, der sich auf Frankreich und Deutschland ausdehnte.

„Vinzenzi Sonnenschein bringt gut Korn und Wein", lautet eine Wetterregel. Ebenso heißt es: „Geht Vinzenz im Schnee, gibt's viel Heu und Klee." Man sagte auch, dass die Vögel an diesem Tag Hochzeit hielten. Die Holzknechte erkoren ihn zu ihrem Feiertag. Kirchenbesuch und Arbeitsruhe waren für diese Berufsgruppe Pflicht, ein fröhliches Fest durfte nicht fehlen.

Bräuche in den Bundesländern

NIEDERÖSTERREICH

- In Gutenstein (Bezirk Wiener Neustadt) lassen die Angehörigen aller Berufe, die mit Holz zu tun haben – früher Holzknechte, heute meist Nebenerwerbsbauern –, ihren Patron hochleben. Der arbeitsfreie Tag beginnt mit einer Messe und einem Frühstück im Pfarrhof, dann geht es beim Wirt weiter. Dabei verlangt die Tradition, genau am 22. Jänner zu feiern. Sollte der Termin auf den Ruhetag des Gasthofs fallen, muss entweder der Wirt aufsperren oder die Gäste suchen sich ein anderes Lokal. Der Brauch wurde nach dem Vorbild einer Nachbargemeinde in den frühen siebziger Jahren eingeführt. Ursprünglich war Vinzenzi der Feiertag der Holzarbeiter und Josefi der Feiertag der Holzbearbeiter. Diese Trennung besteht nicht mehr.
- In St. Corona am Schöpfl (Gemeinde Altenmarkt an der Triesting, Bezirk Baden) findet die Vinzenzimesse am Abend des 22. Jänner statt, daran schließt sich ein Ball im Gasthaus. Wenn auch nicht mehr arbeitsfrei, bedeutet dieser Tag die große Feier des Ortes, nicht ausschließlich der Holzarbeiter.

Februar

Februar und Fasching, diese Begriffe sind untrennbar mitsammen verbunden. Die Fastenzeit folgt mit Heringsschmaus und manchmal Katzenjammer. Aber zuvor kostümiert man sich und tanzt ungeniert. Bunte Umzüge bringen ganze Ortschaften auf die Beine. Gleich am 2. Februar gibt es einen Kirchenbrauch: die Kerzenweihe zu Mariä Lichtmess, dem Fest, das eigentlich Darstellung des Herrn heißt.

2. FEBRUAR – DARSTELLUNG DES HERRN (MARIÄ LICHTMESS)

Das Herrenfest am vierzigsten Tag nach Weihnachten erinnert an die Geschehnisse im Tempel, wie sie der Evangelist Lukas (Lk 2,22–39) beschreibt. Nach den jüdischen Vorschriften galt eine Frau vierzig Tage nach der Geburt eines Sohnes als unrein und der Erstgeborene als Eigentum Gottes. Er musste vor den Herrn gebracht und mit einem Geldopfer ausgelöst werden. Die Mutter hatte dem Priester zwei Tauben zu übergeben. Maria und Josef erfüllten dieses Gesetz. Im Tempel begegneten sie dem frommen alten Simeon, der sie segnete und das Kind als „Licht, das die Heiden erleuchtet“, pries.

Das ist eine Verbindung zur Bezeichnung Lichtmess. Eine andere sind antike Feste, die um diese Zeit stattfanden und denen die junge Kirche Lichterprozessionen am Fest Mariä Reinigung entgegensetzte. In der Legenda Aurea berichtet der Dominikaner Jacobus de Voragine (1226–1298), dass die Römerinnen im Februar ein Lichterfest gefeiert hätten. Man habe von Pluto, dem Höllenfürsten erzählt, der die schöne Proserpina geraubt und zu einer Göttin gemacht habe; vergeblich hätten ihre Eltern sie mit Fackeln und Lichtern gesucht. Um an diese Entführung zu erinnern, seien die römischen Frauen Jahr für Jahr mit ebensolchen Fackeln und Lichtern umhergezogen. Weil es schwer sei, Gewohnheiten aufzugeben, habe der Papst angeordnet, diesen Umgang zu Ehren der Muttergottes umzuwandeln.

Dies dürfte im 5. Jahrhundert (n. a. A. um 700) geschehen sein. Im letzten Monat des julianischen Kalenders wollten sich die alten Römer von allen Sünden des Jahres reinigen. Dies geschah an den Lupercalien durch Prozessionen und das Schlagen mit Riemen. Was ursprünglich ernst gemeint war, wurde später zur Volksbelustigung. Doch ob antik oder kirchlich überformt, im Monatsnamen lebt die Idee weiter: Februare heißt reinigen.

Der bis 1969 offizielle Name Reinigung Mariens lautet jetzt Darstellung des Herrn. Geblieben ist die – oft mit einer Lichterprozession verbundene – Weihe der Lichtmesskerzen. In früheren Zeiten erhoffte man sich von ihnen zauberische Wirkungen. Sie brannten nicht nur bei Gewittern, um Blitzschlag abzuwehren, bei Krankheit und Tod, auch Schatzgräber sollen sie gerne verwendet haben.

Bräuche in den Bundesländern

BURGENLAND

Mehr als 90 Prozent der burgenländischen Pfarren pflegen die Kerzenweihe. Dazu hat sich wie bei anderen Festen ein neuer Brauch ergeben: Frauen verzieren Kerzen und bieten sie nach der Messe zum Kauf an; viele Familien gestalten ihre Kerzen selbst.

KÄRNTEN

- In Eisenkappel-Vellach (Bezirk Völkermarkt) hat man dem Brauch des Kirchleintragens oder Ante pante ein mit bunten Mosaiken gestaltetes Denkmal gesetzt. Nach der Überlieferung besteht er seit dem ausgehenden Mittelalter. Als die Vellach Hochwasser führte, flüchteten die Bewohner zur höher gelegenen Wallfahrtskirche Maria Dorn. Sie fertigten ein beleuchtetes Kirchenmodell an und übergaben es der reißenden Flut, die sich rasch beruhigte. Heute basteln die Schüler solche Kirchlein, an die hundert werden am Lichtmess-Vorabend in der Pfarrkirche gesegnet. Während sich der Umzug zum Schloss Hagenegg bewegt, rufen die Kinder „Ante pante populore, Kozelna vrate cvilelore“. Bei der Brücke setzen sie die Modelle ins Wasser. Vor 200 Jahren pflegten Erwachsene den Brauch. Ein Vorbeter las Simeons Lobgesang mit dem Vers „... ante faciem omnium populorum“ (vor dem Angesicht aller Völker). Der slowenische Reim „Kozelna vrate cvilelore“ (... dass die Tür beim Haus Kozel knarrte) kam dann scherzhaft dazu.

NIEDERÖSTERREICH

- In Weikersdorf am Steinfelde (Bezirk Wiener Neustadt) und Würflach (Bezirk Neunkirchen) lebt das Lichtmesssingen, ein vorbarocker Umzugs- und Heischebrauch, (wieder). Im 16. Jahrhundert erbaten Männer mit einem 82-strophigen Lied Wachs und Kerzen für den kirchlichen Gebrauch.

OBERÖSTERREICH

- In Wels findet am Samstag nach Mariä Lichtmess der Glanglmarkt (glangln:

umziehen) statt. Er stammt aus jener Zeit, als die Dienstboten um diese Zeit die Stelle wechselten und sich daher oft von ihrem Kleinvieh (wie Tauben, Geflügel oder Kaninchen) trennen mussten.

SALZBURG

- In Hüttschlag (Bezirk St. Johann im Pongau) wurde 1995 die Wanderung der Dienstboten als Touristenbrauch (Blasius-Schlenkerfahrt) wieder belebt. Man trifft sich um 9.30 Uhr beim Talwirt und fährt mit Pferdegespannen durch das Großarltal.

STEIERMARK

Im Mürztal, in der Oststeiermark und in der Grazer Umgebung ziehen Musikantengruppen um, die in den Häusern Neujahrswünsche und Lichtmesslieder singen und spielen. Dafür werden sie ausgiebig bewirtet.

3. FEBRUAR – BLASIUS

Bischof Blasius von Sebaste (Armenien) erlitt um 316 den Märtyrertod. Nach der Legende rettete sein Gebet einen Buben, der an einer Fischgräte zu ersticken drohte. Einer armen Witwe beschaffte er ihr Schwein wieder, das ein Wolf geraubt hatte. Als die Frau von der Gefangennahme ihres Helfers erfuhr, brachte sie ihm Fleisch, Brot und eine Kerze in den Kerker. Er trug ihr auf, jedes Jahr eine Kerze zu opfern. Dies werde ihr und allen, die es tun, zum Segen sein. Im Orient gilt Bischof Blasius seit dem 6. Jahrhundert als Patron gegen Halsleiden, im Abendland spätestens seit dem 9. Jahrhundert. Er zählt zu den vierzehn Nothelfern und ist Schutzherr der Ärzte, Gerber, Maurer, Schneider, Schuster und Haustiere.

Ein allgemein üblicher liturgischer Brauch ist der Blasiussegen, der auf das 15./16. Jahrhundert zurückgeht. Unter Vorhaltung gekreuzter, brennender Kerzen spricht der Priester eine Gebetsformel über jeden einzelnen Gläubigen, z. B. „Auf die Fürsprache des heiligen Blasius bewahre dich der Herr vor Halskrankheiten und allem Bösen."

Bräuche in den Bundesländern

NIEDERÖSTERREICH

- In Kleinwien (Gemeinde Furth bei Göttweig, Bezirk Krems) ist die Kirche dem heiligen Blasius geweiht. Hier wurde vor zwanzig Jahren der Brauch des Blasiusbrotes belebt. Er geht auf das „Armengespend" zurück, bei dem die gegenübergelegene Klostermühle des Stiftes Göttweig (Pfisterhof) an zwei Tagen des Jahres Brot an die Armen verteilte. Zum Fest des Bischofs und Klostergründers Altmann war dies schon im Mittelalter bekannt. Über das Blasiusbrot schreibt ein Prior um 1710. Jetzt stellt ein Bäcker Weckerln nach einem Spezialrezept her, die der Pfarrer von Paudorf segnet und an die Gottesdienstbesucher verteilt.

TIROL

- In Völs (Bezirk Innsbruck-Land) lassen die Gottesdienstbesucher selbst gebackene oder gekaufte Blasiusbrezen segnen.

5. FEBRUAR – AGATHE

Die jugendliche Märtyrerin Agathe starb um 250 in Sizilien. Zu ihren Patronaten zählen Feuer, Unwetter und Hungersnot, weil man ihr die Rettung der Stadt Catania bei einem drohenden Ausbruch des Ätna zuschreibt. An ihrem Tag gesegnetes Brot gilt (besonders in der Schweiz) als Mittel gegen diese Gefahren.

Bräuche in den Bundesländern

KÄRNTEN

- In Stein im Jauntal (Gemeinde St. Kanzian am Klopeiner See, Bezirk Völkermarkt) ist seit 1843 am Sonntag vor oder nach dem Agathentag das Auswerfen der Agathenstriezel Brauch. Die kleinen Weißbrote sollen vor Feuer, Krankheit und Diebstahl schützen. Nach dem Gottesdienst werfen sie die Kirchensänger von der Holzveranda der ehemaligen Burgmeierei in die wartende Menge. Grundlage des Brauchs ist die Mildtätigkeit der seligen Hildegard von Stein, die hier um die erste Jahrtausendwende lebte. Die Gräfin von Andechs lud Anfang Februar die Armen zu einem Festmahl ein und vollzog eine Armenstiftung „für ewige Zeiten".

NIEDERÖSTERREICH

- In Bad Pirawarth (Bezirk Gänserndorf) ist Agatha eine der beiden Kirchenpatroninnen. An ihrem Festtag werden kleine Brote geweiht und an die Messbesucher verteilt.

14. FEBRUAR – VALENTINSTAG

Valentinus hieß ein römischer Märtyrer, der am 14. Februar 269 hingerichtet worden sein soll. Sein Gedenktag wurde 1972 bei der Reform des kirchlichen Regionalkalenders abgeschafft. Im 5. Jahrhundert lebte in Rätien ein Bischof Valentinus (gest. 475 in Meran). Die Geschichten dieser beiden Heiligen vermischten sich zu einer Vita. Der Legende zufolge schenkte Valentin jungen Leuten, die ihn besuchten, Blumen aus seinem Garten. Als beliebter Trauungspriester wurde er zum Patron der Liebenden. Der Klang des Namens ließ Valentin auch zum Helfer der an der Fallsucht (Epilepsie) Erkrankten werden. Der bekannte Valentinstag, ein Muss-Schenktag für Blumen, wurde 1947 von Fleurop in Frankreich und Belgien eingeführt. Dazu entstanden alljährlich neue Ursprungslegenden. In Deutschland setzte sich der stark beworbene Brauch nur langsam durch. Erst 1973 konnte sich das Fachorgan der Blumenbinder über den Geschäftsverlauf am „Tag der Freundschaft" freuen. Liebesgaben zum Valentinstag waren im späten Mittelalter in Frankreich, Belgien und England bekannt. An Fürstenhöfen und in Städten wurden junge Paare durch das Los bestimmt. Valentin und Valentine tauschten Geschenke aus und galten ein Jahr lang als Verlobte.

Eine andere Theorie bringt den Valentinstag mit der Verschiebung des Weihnachtstermins vom 6. Jänner auf den 25. Dezember in Zusammenhang. Demnach wäre Mariä Lichtmess am vierzigsten Tag nach dem Geburtsfest auf den 14. Februar gefallen – der nach der Verschiebung zum Festtag ohne Fest wurde. Auch eine Verbindung zur Göttin Juno (Juno Lucina) als Patronin der Mädchen, die das Licht der Welt erblicken, ließe sich herstellen. Ihr Fest hätte man um diese Zeit mit Blumenspenden begangen.

15. FEBRUAR – SCHÜTZENFEST

Bräuche in den Bundesländern

SALZBURG

Der 15. Februar 1810 war der Todestag des Salzburger Freiheitshelden der Napoleonischen Kriege, Anton Wallner. Von Andreas Hofer mit der Organisation der

Gewehre der Salzburger Prangschützen, St. Jakob am Thurn

Salzburger Landesverteidigung betraut, floh er nach dem Kapitulationsbeschluss nach Wien. Hier wurde Wallner von Kaiser Franz I. ausgezeichnet, starb aber zwei Tage später im Allgemeinen Krankenhaus an Nervenfieber. Die (falsche) Nachricht von der Ermordung seiner Frau und seiner Kinder soll den Tod ausgelöst haben. 150 Jahre später (1960) beschlossen die Salzburger Schützenkompanien, Anton-Wallner-Gedenkfeiern an wechselnden Veranstaltungsorten abzuhalten. Fahnenabordnungen aller 101 Salzburger Schützenkompanien nehmen daran teil. Obwohl viele Formationen erst nach 1970 entstanden sind, nennen sie sich Historische Schützenkompanien. Prangerstutzen- und Handböllerschützen pflegen das festliche Lärmbrauchtum, das sich bis 1628 belegen lässt.

22. FEBRUAR – KATHEDRA PETRI

Wie dem Herrscher ein Thron oder dem Richter ein Lehnstuhl als Zeichen von Amt und Würde zukommt, hatte die Kathedra in der Antike symbolische Bedeutung für den Lehrer, später Bischof. Mit dem Staatskirchentum im 4. Jahrhundert erhielten die Bischöfe als staatliche Würdenträger einen Thron (Kathedra mit Podium und Baldachin) in ihrer – danach benannten – Kathedrale. Amtseinführung und Thronbesteigung sowie die Jahrestage wurden liturgisch begangen. In Rom gab es am 22. Februar eine Totenmahlfeier zu Ehren des heiligen Petrus, die als Thronbesteigungsfest umgedeutet wurde.

Die Bräuche zu Petri Stuhlfeier haben damit nur den Termin gemeinsam, der (ähnlich wie der 20. und 22. Jänner oder der 2. Februar) als Frühlingsanfang galt. Die Imker begannen ihr Arbeitsjahr mit einem Hochamt, bei dem sie Kerzen und Honig opferten, und gingen dann die Bienen „aufwecken".

Bräuche in den Bundesländern

BURGENLAND

- In Deutschkreutz (Bezirk Oberpullendorf) kommen die Imker zur Abendmesse, sie umschreiten den Altar mit brennenden Kerzen und spenden Wachs und Honig. Nach dem Bienenamt treffen sie sich zu ihrer Jahresversammlung und geselligem Beisammensein.
- In Neckenmarkt (Bezirk Oberpullendorf) besuchen die Imker zuerst die Bienenmesse und anschließend ihre Stöcke.

FASCHING, FASTNACHT, KARNEVAL

Wie lange der Fasching dauert, hängt vom Osterdatum (zwischen 22. März und 25. April) ab. Die Vorbereitungszeit auf das höchste Fest der Christenheit dauert vierzig Tage und beginnt am Aschermittwoch (zwischen 4. Februar und 10. März). Er folgt auf den Faschingsdienstag, der Höhepunkt und Ende der närrischen drei Tage markiert. Gab es früher keine Tanzveranstaltungen außerhalb dieser Zeit, so verzeichnet der aktuelle Wiener Ballkalender zwischen November und Sommer hunderte Feste.

Fasching ist in Österreich und Süddeutschland das Synonym für Fastnacht und Karneval. Das Wort taucht im 13. Jahrhundert als Vaschanc oder Vastschang auf und meint das Ausschenken des Fastentrunks. Es verweist auf Bräuche in den Zünften und damit auf städtische Rituale. Erst im 17. Jahrhundert hat man die Silbe -ang durch -ing ersetzt. „Carne levale“ wurde im Küchenlatein als „Fleisch wegnehmen“ übersetzt. Im Fasching ist alles erlaubt, was sonst verboten ist, wie Geschlechterwechsel, sexuelle Freizügigkeit, Protest und Parodie, Umkehrung der Herrschaftsverhältnisse, derbe Scherze.

Die Frage, warum das so ist, hat viele Antworten gefunden. Es scheint ein Grundbedürfnis zu sein, dass Menschen von Zeit zu Zeit ihren Alltag verlassen, um symbolisch in eine andere Haut zu schlüpfen. Völkerkundler haben das ebenso beobachtet wie Psychologen. So schreibt der Begründer der Psychoanalyse Sigmund Freud (1856–1939) in seiner Abhandlung „Totem und Tabu“: „Ein Fest ist ein gestatteter, vielmehr ein gebotener Exzess, ein feierlicher Durchbruch eines Verbotes. Nicht weil die Menschen infolge irgendeiner Vorschrift froh gestimmt sind, begehen sie Ausschreitungen, sondern der Exzess liegt im Wesen des Festes; die festliche Stimmung wird durch die Freigebung des sonst Verbotenen erzeugt.“

Soziologen und Ethnologen bringen die Theorie der Übergangsbräuche oder Schwellenfeste (Rites de passage) ins Spiel. Arnold van Gennep (1873–1957) unterschied drei aufeinander folgende Zustände: (1) Trennung, Phase der Ablösung vom vorherigen Zustand; (2) Schwelle / Zwischenstufe, die gefährliche Phase zwischen „schon“ und „noch nicht“; (3) Umwandlung / Wiederaufnahme – die Phase der Neuintegration. So lange das Narrenfest zeitlich begrenzt unter Kontrolle bleibt, kann es nicht nur die bestehenden Zustände festigen, sondern sogar Konflikte lösen.

Historiker haben Zusammenhänge zwischen Fasching und Kirchenjahr herausgearbeitet. Zeitweise waren in der Fastenzeit nicht nur der Fleischgenuss verboten, sondern auch andere Speisen und jede Art von Vergnügen. Den Seelenhirten war bewusst, dass dies nur durchzuhalten war, wenn sie ihren Schäfchen einige Wochen vorher umso mehr Freiheiten einräumten. Eine Begründung dafür ließ sich in der Zwei-Welten-Lehre des heiligen Augustinus (354–430) finden. Er stellte der Welt des Teufels das Reich Gottes gegenüber. Lärm, Narrheit und andere weltliche Dinge standen auf der einen Seite, Ruhe, Frieden und Gottesliebe auf der anderen. Der Narr als Gottesleugner wurde im Mittelalter mit Schelle und Pauke dargestellt – Requisiten, die im Fasching ihren Platz haben.

Obwohl diese Erkenntnisse keineswegs neu sind, scheinen Hobbyforscher wie Neuheiden noch immer (oder schon wieder) von der Verwurzelung des Brauchtums in der germanischen Mythologie überzeugt. Der NS-Ideologie passte die „heidnische“ Fasnacht hervorragend ins Konzept: Die christlichen Hintergründe wurden geleugnet und an ihrer Stelle ein heidnisches Herkommen der Bräuche behauptet. Aus der Fastnacht, deren Bezeichnung ihre Abhängigkeit von der Fastenzeit verrät, entstand die Fasnacht: Faseln, ein alter Begriff für tollen, toben und fruchtbar machen, erschien als Quelle für die Erklärung der Brauchzeit passender. Die Fasnachtsfeier galt nun als Sommer-Winter-Kampf und Vegetationskult. Die Propaganda war mächtig, und das Volk glaubt(e) solche Deutungen gerne.

Seit dem Mittelalter gingen die Bewohner französischer, italienischer, deutscher und österreichischer Städte an den „fetten Tagen" auf die Straße feiern. In Wien fanden vom 15. bis ins 18. Jahrhundert Maskenumzüge statt, an denen die Obrigkeit Anstoß nahm. Niemand sollte in Bauernkleidern oder sonst vermummt durch die Stadt gehen, hieß es schon 1465. Im Zeitalter Maria Theresias wiederholten sich die Verbote alljährlich, weil der Hof Konspirationen und Gewalttaten im Schutz der Maske fürchtete. Das Faschingstreiben zog sich in die Ballsäle zurück. Im 19. Jahrhundert, als in den Vorstädten immer prächtigere Lokalitäten gebaut wurden, entstand der berühmte Wiener Walzer.

Die Karnevalsfeiern in ihrer heutigen Form sind rund 200 Jahre alt. Zünftische Vorläufer gab es in den rheinischen Städten, z. B. in Köln von 1341 bis zum Dreißigjährigen Krieg, 1618. Mit der Auflösung der Zünfte nach der Französischen Revolution organisierten die Kölner ihren Karneval 1823 neu mit Faschingssitzungen, Regenten und Rosenmontagszug. Inzwischen ist der Karneval für die Rheinländer so wichtig geworden, dass sie ihn als fünfte Jahreszeit bezeichnen.

Hier zu Lande haben sich Faschingsgilden – von Salzburg und Oberösterreich ausgehend – 1962 zum „Bund Österreichischer Faschingsgilden, Vereinigung für Fasching-, Fasnacht- und Carnevals-Brauchtum in Österreich" zusammengeschlossen. Vierzig Jahre später sind es heute mehr als hundert Vereine, die sich durch Zusammenarbeit, Ideenaustausch sowie gegenseitige Hilfe bei Organisation und Durchführung von Veranstaltungen unterstützen. Alle Faschingsgilden haben eigene Symbole: Eine große Rolle spielt die Narrenzahl Elf, eine Primzahl, im Unterschied zu den christlichen Zahlen Zehn (Gebote) und Zwölf (Apostel). Am 11. 11. (dem Martinsfest, dem als Herbstfasching der Advent als Fastenzeit folgte) beschließen sie die nächsten Aktivitäten, Gründungs- und Generalversammlungen werden abgehalten, Prinzen gekürt und der Elferrat neu besetzt. Dieses Komitee, eine Persiflage auf die Tribunale der Französischen Revolution, organisiert den Straßenfasching mit seinen Umzügen und dem Erstürmen von Rathäusern, Büttenreden (kabarettistischen Rügegerichten) und Faschingssitzungen. Prinz Karneval bzw. dem Prinzenpaar stehen die Garde und der Elferrat als Regierungskabinett zur Seite. Ihre Kleidung sollte eine Parodie auf die Uniformen der französischen Besatzungstruppen im Rheinland darstellen, die Kopfbedeckung ist von den mittelalterlichen Narrenkappen mit Schellen und Eselsohren inspiriert. Jede Gilde pflegt ihren eigenen Gruß, z. B. „Lei-lei", „Mö-mö" oder „Dö-dö, bling-bling".

Wie viele Festzeiten hat der Fasching seine spezielle Speise: die Krapfen. Sie sind aus Germteig geformt, mit Marmelade gefüllt und in Fett herausgebacken. Gab man eine Gesellschaft, war es Brauch, auf einen Faschingskrapfen einzuladen. Das zeremonielle Teilen eines Krapfens konnte einer Verlobung gleichkommen. Angeblich kannte man schon im alten Rom Krapfen und nannte sie Globuli (Kügelchen). 1540 schätzte sie der Poet Hans Sachs: „Ich hab zu Fastnacht euch hierher geladen, dass ihr euch Krapfen holt und Fladen ..." Legendär ist Cäcilia Krapf, die anno 1615 die Cilli-Kugeln erfunden haben soll.

Die Kirche gab im Mittelalter den Anstoß zu einem Brauch, der sich in der Folge zu seiner Parodie entwickelte: das Faschingbegraben. Die Bestattung (Depositio) des Halleluja stammt aus der Ostkirche; die Zeremonie im Rahmen eines Requiems sollte den Ernst der kommenden Zeit veranschaulichen. Das Begraben, Verbrennen oder Ins-Wasser-Werfen einer Strohpuppe, die den Fasching darstellt, findet in zahlreichen Orten statt.

Bräuche in den Bundesländern

BURGENLAND

- In Neckenmarkt (Bezirk Oberpullendorf) wird die Burschenschaft am Faschingsdienstag aktiv. Die Mitglieder, ledige Männer, schmücken ihre Hüte mit Rosmarinsträußchen. Gemeinsam besuchen sie das Kriegerdenkmal, um einen Kranz niederzulegen, und den Gottesdienst. Danach verteilen sie Kipfel und Orangen. Im Burgenland sind diese Vereine wichtige Traditionsträger und organisieren in vielen Orten auch die Kirtage.
- In Bad Sauerbrunn (Gemeinde Wiesen, Bezirk Mattersburg) feiert am Faschingssamstag der älteste Verein des jüngsten Bundeslandes, der Erste unpolitische Burschenverein Sauerbrunn, seinen Ball.

KÄRNTEN

Kärnten nennt sich das „Land der Faschingsnarren". 1954 haben Prinzenpaare, Faschingsgilden und Büttenreden, in denen in heiter-kritischer Form Missstände angeprangert werden, in Kärnten Einzug gehalten. In Villach regiert seit 1955 jeweils ein Prinzenpaar mit Ministern und einer Garde. Die Fernsehübertragung des Villacher Faschings zählt alljährlich zu den Publikumshits des ORF.

- In Bleiburg (Bezirk Völkermarkt) und anderen Orten findet zwischen Faschingssonntag und -dienstag das Blochziehen statt. Dieser Schaubrauch war und ist in weiten Teilen Europas bekannt. Ursprünglich wurde mit dem Bloch gegen Ende des Winters im Dorf gepflügt, um auf den nahen Arbeitsbeginn hinzuweisen. Rinder zogen einen Pflug (Riss), der aus einem langen, geschälten Baumstamm (Bloch) mit einem senkrecht schneidenden Messer bestand. Im übertragenen Sinn führt man das Blochziehen mit einem maibaumartig geschmückten Stamm durch, wenn es im Fasching keine Hochzeit gegeben hat. Dabei müssen die Unverheirateten die Rolle der Zugtiere übernehmen.
- In St. Veit an der Glan gibt es einen Faschingsumzug, das Faschingverbrennen am Dienstagabend gestaltet sich zu einem großen Spektakel mit Feuerwerk.
- In Sörg (Gemeinde Liebenfels, Bezirk St. Veit an der Glan) pflegt die Landjugend die Sörger Faschingsspiele nach handschriftlichen Aufzeichnungen aus

den 1930er Jahren. Jedes Jahr kommt ein anderes der vier Spiele in deftigen Dialektreimen – Blochziehen, Bärentreiben, Brechelstör und Schneepflügen – mit jeweils etwa zwei Dutzend Darstellern zur Aufführung. Lautstark ziehen die Narren durch den Ort zu einer Wiese, wo ihnen ein Prediger die Leviten liest. Besenweibel kehren den Weg frei, und die Musikanten spielen auf. Beim Blochziehen sitzt die Faschingsbraut auf dem Baumstamm. Sieben Hexen, die ihr den Mann neidig sind, ziehen den Bloch bergab. Die Braut wird durch das tapfere Eingreifen der Blochdurchsäger gerettet, und auf dem Dorfplatz kann der Hochzeitstanz stattfinden. Das Bärentreiben geht ähnlich wie in Steuerberg vor sich. Die Brechelstör spielt auf die frühere Flachsverarbeitung an. Es gibt einen Disput zwischen Brechelbrautvater und -mutter. Ein Schimmel wird beschlagen und „Prominente“ in der Flachsbrechel bearbeitet. Beim Schneepflügen ziehen Gendarm, sieben Burschen, die die „schiachen Weiber“, und vier, die den Ochsen spielen, Bauer, Bäuerin, Fleischhauer und Buschenträger in festgelegter Reihenfolge vom Tiroler Wirt zum Festplatz, wo der Ochsenverkauf stattfindet.

- In Steinfeld (Bezirk Spittal an der Drau) gemahnt der Maschkerertanz an die Tradition des Ortes als Zentrum des Gold- und Silberbergbaues. Der 1947 wieder eingeführte Brauch findet seit 1998 alle vier Jahre statt (zuletzt 2003). Der figurenreiche Tanz mit Reifen erinnert an Knappentänze wie den Hüttenberger Reiftanz. Ein Narr im Schellenkleid führt ihn an, Greis und Greisin, Türk und Türkin, Wirt und Wirtin, Zigeuner und Zigeunerin, Tiroler und Tirolerin, Hirt und Hirtin laufen, hüpfen, tanzen Achter und Spiralen. Den zweiten Teil der Darbietungen bildet der Reiftanz, schließlich holt sich der Narr eine Tänzerin aus dem Publikum.
- In Steuerberg (Bezirk Feldkirchen) veranstaltet der Kulturverein alle fünf Jahre (2005, ...) am Faschingssonntag das Bärentreiben. Die maskierten Teilnehmer – wie Jagdhornbläser, Jäger, Schuhplattler, Holzknechte und Bauern – versammeln sich am oberen Ortseingang, um den Bären zu suchen. Die Trachtenkapelle begleitet den Zug, an dessen Spitze drei Hexen mit ihren Besen den Weg frei machen. Auf der Festwiese spielen sich humoristische Szenen ab, die den jährlichen Arbeitsbeginn andeuten: Pflügen, Säen, Dreschen und Holzarbeit. Ein überdimensionales Taschenmesser wird zu Grabe getragen (Feitelbegraben). Schließlich findet man den Bären in seiner aus Stroh errichteten Höhle. Die Jagd beginnt, das Stroh wird angezündet, der Bär erlegt. Die Jäger bringen ihn auf einer Bahre ins Kulturhaus der Gemeinde. Endlich darf der Darsteller das Bärenkostüm ablegen, er wird mit Schweinsbraten bewirtet, und ein Tanzfest beginnt.

NIEDERÖSTERREICH

In vielen Orten des Marchfelds gab es Faschingsnarren, kostümierte arme Leute, die, durch Stroh- oder andere Masken unkenntlich gemacht, bei den Bauern Gaben heischten. Später übernahmen Kinder deren Rolle.

Faschingsumzüge entstanden nach städtischen Vorbildern ab dem 19. Jahrhundert, seit den 1960er Jahren beeinflusst der rheinische Karneval die Faschingsbräuche

des Bundeslandes. Inzwischen sind rund zwei Dutzend niederösterreichische Gilden Mitglieder des Dachverbandes.

- In Mödling bildete sich 1968 die erste niederösterreichische Faschingsgilde, 1989 konstituierte sich zusätzlich ein Fanfarenzug. Nach Heidelberger Vorbild spielt man in Heroldskostümen mit Fanfaren, Landsknechttrommeln und Flöten.
- In Sonnberg (Gemeinde Hollabrunn) steht jedes ungerade Jahr das Sonnberger Narrentreiben auf dem Programm.
- In Ybbsitz (Bezirk Amstetten) organisiert die Gemeinde ein Faschingstreiben auf dem Marktplatz.

OBERÖSTERREICH

Das allgemein üblich gewordene Karnevalstreiben findet sich auch in Oberösterreich. Faschingssitzungen gibt es u. a. in Frankenburg am Hausruck (Bezirk Vöcklabruck), im Kursaal von Gallspach (Bezirk Grieskirchen) und in Eferding.

- In Bad Ischl (Bezirk Gmunden) führen zwei groteske Holzfiguren, die ein Passauer Bildhauer 1742 geschaffen hat, den Faschingszug am Dienstag an: Frau Gertraud und ein Soldat in Uniform mit Dreispitz. Seit 1997 sind Kopien der Figuren in Verwendung, die in der Holzfachschule Hallstatt geschnitzt und von der Modefachschule Ebensee bekleidet worden sind.
- In Ebensee (Bezirk Gmunden) gab es 1733 eine Faschingsrevolte der Salinenarbeiter. Sie pochten auf ihr „seit alters her" geltendes Recht, am Dienstagnachmittag bei vollem Lohnausgleich zu feiern. In der ersten Hälfte des 18. Jahrhunderts trat der personifizierte Fasching auf, der Nüsse auswerfend durch die Orte zog. Jetzt dauern die „Ebenseer Nationalfeiertage", eine Angelegenheit des ganzen Orts, von Faschingssamstag bis Aschermittwoch und locken tausende Zuschauer nach Ebensee. Am Samstag stehen die Faschingssitzung und (seit 1955) der

Kinder-Maskenzug auf dem Programm, am Sonntag ein Festzug mit heiteren Szenen (seit 1905). Den Höhepunkt bildet am Faschingsmontag der Umzug der Fetzen, über den 1904 zum ersten Mal berichtet wird. Er beginnt um 15 Uhr im Langbathtal und führt, begleitet von der Blasmusik, ins Ortszentrum. Die Kostüme sind mit vielen bunten Streifen benäht, dazu trägt man geschnitzte Masken, zerschlissene Regenschirme und pompöse Hüte, aufgeputzt mit Kunstblumen, Stoffstreifen oder ausgestopften Vögeln. Viele Teilnehmer führen alte Kinderwagen mit, in die sie Zuschauerinnen zerren, um sie dann in einem Schneehaufen abzuladen. Waren die Faschingsgeher zu Beginn in kleinen Gruppen von einem Wirtshaus zum anderen unterwegs, so präsentieren sie sich heute als Zug von vielen hundert Maskengestalten. Seit 1954 versuchen die Pritschenmeister mit einem Holzstab einigermaßen für Ordnung zu sorgen. Die Hymne ist der Parapluie-Marsch, dazu gibt es den Spruch: „Faschingtag, Faschingtag, kumm nur bald wieda! Wann ma koa Geld nit haben, schern ma di nieder! Hutzn, Fetzn, Lempn, hin und her! Alles fahrt nach Ebensee!" Mit dem Fetzenverbrennen am Aschermittwoch enden die Faschingstage, doch wird beim Heringsschmaus noch weiter gefeiert.

- In Eberschwang (Bezirk Ried im Innkreis) findet am Faschingssamstag ein Burschenball und am Sonntag ein Umzug statt.
- In Obertraun (Bezirk Gmunden) verfassen die Keppelweiber einen Faschingsbrief.
- Sierning (Bezirk Steyr-Land) ist seit 1834 am Faschingsdienstag Austragungsort des Rudenkirtags, eines Sängerwettstreits, zu dem Tanzveranstaltungen, ein Jahrmarkt und andere Volksbelustigungen zählen. Ruden nannte man im Traun- und Hausruckviertel die Burschenschaften, die im Innviertel Zechen heißen.

SALZBURG

Ein Faschingsbrauch im weitesten Sinn ist das Rupertigau-Aperschnalzen, ein Sport der Burschen in Bayern und im Salzburgischen. Sie treten mit 3,5 Meter langen Peitschen (Goaßl) in Gruppen auf und veranstalten abwechselnd in verschiedenen Orten Wettkämpfe, an denen bis zu 1.000 Aktive teilnehmen. Erste Hinweise auf das Aperschnalzen gibt es um 1730, 1829 wurde das „so genannte Faschingsschnalzen" in Laufen (Bayern) eingeschränkt. Andererseits diente das Schnalzen als Ehrenbezeugung, z. B. 1911 beim Besuch des Erzherzogs Ludwig Viktor oder 1924 bei einem Festzug in Bad Reichenhall.

- In der Stadt Salzburg geht das Fahnenschwingen der Metzger auf ein Privileg aus dem Jahr 1511 zurück. Die 3 Meter lange und 2 Meter breite Fahne hängt am Faschingssonntag an der Zunftherberge und wird zu Marschmusik mehrmals ein- und aufgerollt. Der Metzgersprung über ein großes Fass dient als Mutprobe zur Freisprechung der Lehrlinge.
- In St. Gilgen (Bezirk Salzburg-Umgebung) hält die Faschingsgilde am Samstag ihren Gildenabend ab. Dienstag um 14 Uhr beginnt ein Faschingszug im Ortsteil Abersee.

STEIERMARK

Wie im oberösterreichischen spricht man auch im steirischen Salzkammergut von den drei „heiligen" Faschingstagen, an denen Ämter, Schulen und viele Geschäfte geschlossen bleiben. In der Oststeiermark beginnt das wilde Treiben am Foastpfinzta, dem Donnerstag vor dem Faschingssonntag. An diesem finden Schaubräuche wie das Blochziehen statt. Viele steirische Faschingsbräuche lassen sich auf den gemeinsamen Nenner des Heischegangs bringen. Die Maskierten, meist junge Männer, werden in der südlichen Oststeiermark Faschingsnarren genannt. Sie gehen, ziehen oder laufen, angeführt vom Hauptmann oder Polizisten, von Hof zu Hof. Früher holten sich die Drescher, die um diese Zeit ihre Arbeit beendet hatten, so das ihnen zustehende Entgelt. Die geforderten Gaben, wie Hafer, Fleisch, Wurst oder Eier, erinnern an die früher übliche Bezahlung oder Steuerleistung in Naturalien. Im Ausseerland haben die Schützengesellschaften am Faschingsmontag ihren großen Auftritt: Ihr Jahrtag beginnt mit dem Schießen auf die neue Faschingsscheibe, dann bewegt sich der Zug zur Feier ins Gasthaus. Beim abschließenden Schützentanz spielen Pfeifer und Trommler traditionelle Stücke im Fünfachteltakt.

▪ In Bad Aussee (Bezirk Liezen) ist der Fasching mit den charakteristischen Figuren Pless, Trommelweiber und Flinserln ein bekannter Schaubrauch. Die Verlegung der Pfannen des Salzbergbaus bei Altaussee an den Zusammenfluss von Grundlsee und Altausseer Traun um 1300 führte zum raschen Aufblühen des Marktes Bad Aussee, der – anders als die Orte im Umland – bald bürgerlich geprägt war. Die (behausten) Bürger spielen für den Brauch eine bedeutende Rolle. Samstagabend findet der Steirerball im Kurhaus statt, zu dem die Besucher in der Ausseer Tracht („Gwand“) erscheinen. Die Bürgermusikkapelle spielt traditionelle und steirische Tanzmusik, es werden Gstanzln gesungen und gepascht (rhythmisches Klatschen). Von Samstagabend bis zum Faschingsdienstag erscheinen unterschiedliche Maskengestalten (Maschkerer) auf den Straßen und in den Lokalen, zugleich beginnen mehrere Gruppen in den Gaststätten die Ereignisse des Vorjahres in Faschingsbriefen humorvoll zu kommentieren. Zur Illustration des Rügegerichts zeigen die Vortragenden nach Art der Moritatensänger gemalte Tafeln.

Montag um 8.30 Uhr rücken die Markter Trommelweiber aus. In altmodischen Frauennachthemden und -hauben und mit freundlichen Masken ziehen etwa fünfzig Männer durch den Ort, angeführt vom Fahnen schwingenden Obertrommelweib. Ihre Hymne, der Ausseer Faschingsmarsch, wird nur zwischen Faschingssamstag und -dienstag gespielt. Die einzige Aufzeichnung der Melodie stammt aus den 1930er Jahren („Ein anderer Faschingsmarsch“, Sammlung Max Haager). Der Text wiederholt sich ständig: „Und an Doppelliter Bier ... saufen wir.“ Um Markter (bürgerliches) Trommelweib zu werden, muss ein Mann verschiedene Voraussetzungen erfüllen: Ortsansässigkeit, erlernter Beruf, umgängliches Wesen, „eine gewisse Reife“ und die bestandene Aufnahmsprüfung. Diese erfordert den Verzehr von Schnaps und Pfefferoni und einen Eid. Die Fahne, die sie mittragen, entstand 1867 zum Hundertjahrjubiläum des Ausseer Faschings. Die Trommelweiber besuchen eine Reihe von Institutionen, Geschäften und Honoratioren, denen sie ein Ständchen darbieten.

Als Dank werden sie bewirtet und mit Lebensmitteln beschenkt (Schnaps, Wurst und ringförmige Beugel). Gegen Mittag übergibt ihnen der Bürgermeister den symbolischen Rathausschlüssel und damit die Amtsgewalt (seit 1967). Seit den 1980er Jahren ist die Dudel, eine Frauenfigur mit krinolinenartigem Rock, dabei und gibt mit einem Schirm den Takt an. Am Dienstag geht (seit der Zwischenkriegszeit) eine zweite Gruppe, die Arbeiter- oder Salinentrommelweiber. Sie beginnen ihren Marsch bei der Saline im Ortsteil Kainisch. Während sie das Zentrum erreichen, treiben sich die Pless herum. Diese tragen (seit 1998) blaue Arbeitskleidung, über den Kopf gestülpte, geflochtene Papierkörbe und Stangen mit Fetzen, die sie in die Pfützen tauchen, um auf Zuschauer zu schlagen.

Äußerst nobel wirken hingegen die Flinserln 📷 – Männer und Frauen, die in einem Zug geordnet auftreten und aus ihren verzierten Leinensäcken Nüsse, Orangen und Süßigkeiten auswerfen. Ihre Kostüme, das älteste stammt aus dem Jahr 1830, bestehen aus einem hellen Hut mit Bändern an der Spitze, der Maske (Gugel), die vom Kopf bis zur Brust reicht, Halskrause, Jacke, Hose oder Rock, Gamaschen und weißen Handschuhen. Die Kleidungsstücke aus weißem Leinen sind dicht mit goldenen, silbernen oder bunten Pailletten (Flinserln) und Darstellungen aus Filz bestickt. Ausgangspunkt des Zuges ist am Dienstag um 14 Uhr das

Gasthaus Zur blauen Traube am oberen Ortsende. Voran gehen die so genannten Zacherln, die mit an Stöcken befestigten, aufgeblasenen Schweinsblasen den Weg frei machen, und die Flinserlmusik (sechs Musikanten mit Saiteninstrumenten und Ziehharmonika). Wenn nach etwa zwei Stunden die Säcke mit den Nüssen geleert sind, verbringen die Flinserln den Rest des Tages in verschiedenen Gasthäusern. Es gibt fünfzehn Sprüche, welche die Kinder nachsagen und mit „Nuss“ beenden müssen, bevor sie belohnt werden, z. B. „Heit is da Faschingtag, heit sauf i was i mag ...“ Süßigkeiten für die Kinder gibt es auch von den Anglern, denen sie Zuckerln oder Schokolade von den Angelruten schnappen. Der Ausseer Fasching endet um Dienstagmitternacht mit dem Begraben des Faschings, wobei zumeist ein alkoholisierter Außenstehender das Opfer ist.

- In Bad Mitterndorf (Bezirk Liezen) gehen am Faschingsdienstag Nussenschmeißer durch den Ort.
- In Graz veranstaltet die Kleine Zeitung seit 1970 am Dienstag einen großen Faschingszug. Viele Gruppen, auch Schulen, beteiligen sich. Die eindrucksvollsten Masken erhalten Preise. Vorläufer sind seit mehr als einem Jahrhundert Umzüge in verschiedenen steirischen Orten, wobei die Altweibermühle nie fehlen durfte.
- In Gröbming und Öblarn (Bezirk Liezen) wechseln sich jährlich der Faschingszug und das Kabarett als örtliches Rügegericht ab.

- In Johnsdorf-Brunn (Bezirk Feldbach) zieht am Faschingssonntag ein „Brautpaar" auf einem Wagen durch das Dorf, das um Beistand (Geld) bittet. Am Faschingssonntag gibt es den Sauschädelball, dessen Erlös der Ortsjugend zugute kommt.
- In Krakaudorf und Krakauschatten (Bezirk Murau) findet abwechselnd am Montag das Faschingsrennen statt. Burschen aus zwei oder drei Gemeinden besuchen im Laufschritt sämtliche Höfe, rivalisierende Gruppen versuchen sie gleichzeitig daran zu hindern. Der Auskehrer macht den Weg frei, ihm folgen Schellfaschinge, die mit hohen Spitzmützen und Holzstöcken an Drescher erinnern, und Glockfaschinge mit Kuhglocken und blumengeschmückten Hüten sowie Senner und andere Masken. Bei jedem Hof wiederholt sich das Schauspiel des Rosskaufs mit der entsprechenden Entlohnung. Den gleichen Brauch gibt es auch im nahen Ranten und in St. Georgen ob Murau.
- In Obersdorf (Gemeinde Bad Mitterndorf, Bezirk Liezen) ziehen die Fleckerln von Haus zu Haus. Ihre Gewänder sind mit bunten Stoffflecken benäht, Halskrause und spitzer Hut erinnern an Harlekinskostüme.
- In Pöllau am Greim (Gemeinde St. Peter am Kammersberg, Bezirk Murau) wird alle fünf Jahre (2005, ...) das Bärenjagen mit einem Umzug veranstaltet. Das Spiel hat seinen Hintergrund in einem Admonter Rechtsbrauch: Seit dem 17. Jahrhundert durfte ein Jäger, der einen Bären erlegt hatte und die Trophäen vorzeigen konnte, in der Umgebung eine Geldsammlung durchführen. Nach der Überlieferung gelang es den Jägern nicht, den Bären und sein Junges zu schießen. Deshalb stifteten die Bauern einen Wilderer an. Das Spiel zeigt diese Szene, das Erlegen des Bären, der in einer Strohhütte Unterschlupf sucht und ausgeräuchert wird. Als der Wilderer das Fell abziehen will, erfassen ihn Gendarmen und bringen ihn vor Gericht. Bei der Verhandlung werden Bauern und Jäger verurteilt.

  Beim alljährlichen Faschingrennen besuchen verschiedene „Händler" die Häuser und verkaufen ihre Waren. Der Erlös fließt in die Kassen der veranstaltenden Vereine.
- In Schladming (Bezirk Liezen) stürmen seit 1995 als Landsknechte, Bergknappen und Bauern verkleidete Akteure eine Woche vor dem Faschingssamstag das Stadttor. Die Stadttorstürmung, die an historische Ereignisse erinnern soll, löst die (bis zur Renovierung des Rathauses üblich gewesene) Rathausstürmung am Faschingssamstag ab. Die Schladminger feiern das Faschingsverbrennen am Dienstagabend unter Teilnahme von Musikanten, Prinzengarde, Elferräten und anderer Figuren. Sie ziehen vom Kirchenwirt über den Hauptplatz zum Wetzlarplatz, wo die Garde noch einmal tanzt. Faschingshonoratioren halten Ansprachen, und eine große, mit Stroh gefüllte Puppe wird unter lautem Trauergesang verbrannt.

TIROL

Die Tiroler Fastnacht rotiert, da die langwierigen Vorbereitungen, die den Großteil der Bewohner beanspruchen, nicht jedes Jahr möglich sind. So teilt man sich die Arbeit – und den Touristensegen. Die auffälligen Maskengestalten zählen zu den Schönperchten. Nach ihrem Vorbild finden in den letzten Jahren Umzüge in

Baumkirchen (Bezirk Innsbruck-Land), Haiming (Bezirk Imst), Inzing (Bezirk Innsbruck-Land), Rietz (Bezirk Imst), Rinn, Tulfes (beide Bezirk Innsbruck-Land) und anderen Orten statt.

In Tirol war das Blochziehen im 19. Jahrhundert weit verbreitet. Die erste Erwähnung findet sich in Innsbruck für den Aschermittwoch 1460, wobei die Frauen aus Hötting den Bloch zogen. In ländlichen Gemeinden, die den Brauch beleben, wie seit 1965 Fiss (Bezirk Landeck), wird der Zug u. a. von Hexen, Teufel, Bauern, Musikanten und Bajazzo begleitet. Während des Ziehens kommt es zu tumultartigen Szenen, am Ende ersteigert ein Politiker den Baum. In den vergangenen Jahren kam der Brauch wieder zu Ehren, z. B. seit 2000 in Fließ (Bezirk Landeck), seit 1999 in Rinn (Bezirk Innsbruck-Land) und Tulfes (Bezirk Innsbruck-Land), seit 1996 in Umhausen (Bezirk Imst).

▪ In Axams (Bezirk Innsbruck-Land) steht jedes zweite Jahr am unsinnigen Donnerstag (vor dem Faschingssonntag) das Wampelereiten auf dem Programm. Das „von alters her" gepflegte Kampfspiel taucht erstmals 1848 in einem Polizeiprotokoll auf. Nach kriegsbedingter Unterbrechung wird es hier seit 1967 durchgeführt. Die Wampeler 📷 in roten Hosen und mit Heu ausgestopften weißen Leinenhemden und die Reiter stehen einander als rivalisierende Gruppen gegenüber. Die Reiter kommen aus dem Publikum und müssen die ständig herumtänzelnden Wampeler mit einem Ruck auf den Rücken legen. Nach den Spielregeln, deren Einhaltung der Schiedsrichter überwacht, dürfen sie nicht angegriffen werden, während sie an einer Hauswand lehnen. Die dritte Gruppe des Maskenzugs, die Tuxer, peitscht den Kontrahenten den Weg frei.

▪ In Imst sind Roller und Scheller die Hauptfiguren beim Schemenlaufen. Der Begriff Schemen taucht erstmals in einer Klosterhandschrift aus dem 13. Jahrhundert im Sinne von Gespenst auf. Das Schemenlaufen in Tirol lässt sich urkundlich bis 1569 zurückverfolgen. Im 19. Jahrhundert trugen vor allem Künstler zur Erhaltung des Umzugs bei, der jetzt alle vier Jahre stattfindet. Er dauert am Faschingssonntag von 12 bis 18 Uhr und bewegt sich von der Oberstadt durch die Hauptstraße in die Unterstadt. Die Roller sind jugendliche Masken mit einem mitraförmigen Kopfputz aus Spiegeln, Kunstblumen, Flitter und Federn. Ihre Kleidung besteht aus einem weißen, reich verzierten Hemd, schwarzer, lederner Kniehose, weißen Handschuhen und einem Gürtel mit vierzig Glöckchen. Sie halten Stäbe mit Brezeln (Pemsl). Die Masken der Scheller zeigen Männergesichter mit Schnurrbärten. Sie sind ähnlich gekleidet wie die Jungen, tragen aber schwerere Glocken und reicheren Kopfputz.

Roller und Scheller tanzen mit bestimmten Schritten und Sprüngen. Dazu kommen Sennerinnen mit wassergefüllten Kübeln (Kübelemajen), Sackner, Spritzer, Hexen, Bär und Treiber sowie szenisch gestaltete Wagen. Rügebrauch (Figatter am Vormittag) und Faschingszeitung nehmen lokale Ereignisse aufs Korn.

▪ In Innsbruck-Arzl entstand das Singeslerlaufen um 1910 und wurde 1913 erstmals organisiert, 1957 konstituierte sich der Fastnachtsverein. 1983 gab es einen kleineren Umzug, 1995 wirkten 200 Personen mit. Hauptfiguren sind die Singesler, die einen hohen verzierten Kopfputz und Glocken (Singesen) am Gürtel tragen. Das weibliche Pendant (Roller) kommt ohne Glocken aus. Weitere Gestalten sind der Bärentreiber mit seinem Tier, Holzknechte und Sänger.

▪ In Lans (Bezirk Innsbruck-Land) ist der unsinnige Donnerstag Termin des jährlich stattfindenden Schellenschlagens. Die weiß gekleideten Männer tragen Gesichtsmasken, mit Bändern und Federn geschmückte Hüte und eine große Glocke am Gürtel. Rhythmisches Schellen ertönt, wenn der Harlekin mit seinem Besen den Takt schlägt.

▪ In Nassereith (Bezirk Imst) wurde das Maskentreiben 1775 verboten, seit 1951 nennt man den Umzug Schellerlaufen. Er findet jedes dritte Jahr statt. Es finden sich dabei verschiedene Figuren der Tiroler Fastnacht wie der Bär mit seinem Treiber. Der Auftakt erfolgt am Dreikönigstag, wo in der Fastnachtsversammlung die Rollen verteilt werden. Am Sonntag danach suchen und finden die Männer die Fastnacht. Nun ziehen sie jeden Dienstag, Donnerstag und Sonntag als Maschgera durch den Ort. Am Sonntagabend vor dem Schellerlaufen findet das Schalleprobiere, in der Nacht davor das Umschlagen statt, eine Katzenmusik mit Deckeln, Kübeln und Pfannen. Die Fastnacht beginnt am Sonntag mit dem Empfang von Prinz Karneval am Maienbrunnen. Die Maskierten treffen sich beim Hotel Post, ehe Punkt 12 Uhr Mittag das Spektakel

mit Peitschenschlagen beginnt. Sackner, Spritzer und Ruasler (die dem Publikum das Gesicht schwärzen) sind die Ersten. Der Kehrer verneigt sich vor einem Roller und beginnt zu tanzen, worauf Roller und Scheller ihren Lauf beginnen. Der Bärentreiber tritt auf und veranlasst sein widerspenstiges Tier, einen Purzelbaum zu schlagen. 13 Hexen bilden die letzte Gruppe. Während sich der Zug durch den Ort bewegt, werden die Honoratioren eingeführt, was Tanz, Bewirtung und eine Geldspende umfasst. Um 18 Uhr endet das Treiben vorerst im Gemeindehaus, findet aber am Montag mit der Nachfastnacht seine Fortsetzung. Auch der Rügebrauch (Labara) darf nicht fehlen. Am Dienstag wird die Fastnacht begraben.

▪ In Tarrenz (Bezirk Imst) wurde die Fastnacht 1797 vom Gemeinderat „für ewige Zeiten“ abgeschafft. 1965 begannen einige als Hexen verkleidete Arbeiter neu mit einem Umzug, fünf Jahre später konstituierte sich ein Verein. Seit 1987 bemühen sich die Akteure, alle drei Jahre einen Tauglauf durchzuführen, der nicht als Imitation der nahen Imster Fastnacht verstanden werden will.

▪ In Telfs (Bezirk Innsbruck-Land) wird das Schleicherlaufen, derzeit alle fünf Jahre (2005, ...), seit dem 19. Jahrhundert abgehalten. Den Auftakt bildet das Naz-Ausgraben nach dem Dreikönigstag, am Faschingsdienstag wird das Fastnachtssymbol wieder begraben. Einer Fülle von Bräuchen – wie Esel einholen, Umzüge der Sonnenträger und wilden Leute, Bäreneinfangen – folgt am Sonntag um 11 Uhr im Ortsteil Luma das Telfser Schleicherlaufen. Herolde kündigen das Programm an, gefolgt von der Musikkapelle und den „vier Jahreszeiten“. Die Wilden 📷 sind mit Moos und Holzmasken unkenntlich gemacht, sie führen den Pazn-Aff mit, der Tschinellen schlägt. Nun folgt die Innengruppe der Schleicher, angeführt vom weißgesichtigen Laternenträger. Er trägt einen hohen, spitzen Hut mit Maiskolben, ein Harlekinsgewand sowie eine große Laterne und dreht sich um die eigene Achse. In dieser Gruppe gehen Wirt, Kellnerin, der Goaser, Tuxer und Tuxerin, Senner und Sennerin. Die Kerngruppe sind die Schleicher mit ihren riesigen Kopfbedeckungen, prächtigen bunten Gewändern, Schellen und Gesichtsmasken. Sie bewegen sich langsam und sammeln an Holzstangen die Brezel, die ihnen das Publikum zuwirft. An bestimmten Plätzen tanzen sie zur Ehrerbietung einen viertel, halben oder ganzen Kreis – je nach sozialer Stellung des Geehrten. Weitere Faschingsfiguren wie Bärengruppe, Orientalen oder Vogler und die Festwagen beschließen den Zug. Die große Telfser Fastnacht endet am Faschingsdienstag mit dem Begraben des „Naz“.

▪ In Thaur (Bezirk Innsbruck-Land) sieht man am Faschingssonntag jedes dritte bis fünfte Jahr die Muller (abmullen: mit der Hand auf den Rücken schlagen) oder Huttler (Lumpenmasken). Die Altar- oder Spiegeltuxer tragen zur Zillertaler Tracht eine Larve 📷 mit Schnurrbart und einen hohen Kopfputz (Altar), den Spiegel, Federn und Kunstblumen zieren. Rund 400 Mitwirkende zählt dieser von den Schützen organisierte Brauch, zu dem auch andere bekannte Faschingswesen wie Reiter sowie Altweibermühle und spielhafte Szenen gehören.

VORARLBERG

Das Fasnattreiben in Bludenz beginnt mit der Schlüsselübergabe am Samstag um 15 Uhr. Ab 17 Uhr wird die große „Jöri"-Meile eröffnet: 16 Lokale verwandeln sich eine Nacht lang in Hexenhüsle und Höllenbars. Passende Dekoration und maskierte Mitarbeiter sorgen für Abwechslung. Nach der Openend-Party folgt der Höhepunkt des Oberländer Faschingstreibens, der große „Jöri"-Umzug Sonntag um 14 Uhr. 80 maskierte Gruppen ziehen tausende Zuschauer in ihren närrischen Bann. Weitere Faschingsumzüge im Bezirk Bludenz finden am Samstag in Bings, Bürs und Thüringen, am Sonntag in Partenen und Silbertal, am Dienstag in Braz, Nenzing, Nüziders, Schruns („Fasnat-Omzug"), St. Gallenkirch und St. Gerold statt.

- Durch Dornbirn ziehen am Donnerstag die Alt-Häß-Maschgera als Fetzenmasken.
- In Egg-Großdorf (Bezirk Bregenz) finden am Donnerstag die Wälderversammlung und das Preisjassen, ein traditionelles Kartenspiel, statt.

WIEN

- Der Opernball gilt als Ball der Bälle. Seit 1956 geht er am Donnerstag der letzten Faschingswoche in der Staatsoper über die Bühne. Traditionell geben sich hier die Reichen und Schönen ein Stelldichein. Die Kleidung für Damen ist das große, lange Abendkleid, für die Herren besteht Frackzwang. Trotz hoher Preise sind die 5.000 Karten immer ausverkauft. Um 21 Uhr öffnen sich die Tore, eine Stunde danach beginnt die Eröffnungszeremonie mit einer Fanfare, der Bundes- und der Europahymne. Traditionell findet der Einzug des Jungdamen- und Jungherren-Komitees zur Fächerpolonaise von Carl Michael Ziehrer statt. Zu ihren weißen Roben tragen die Debütantinnen Krönchen aus glitzernden Glassteinen. Nach musikalischen Darbietungen ist mit den Worten „Alles Walzer!" das Parkett frei für die zahlenden Gäste.

Der Opernball ist ein typischer Brauch der Großstadt. Der Antibrauch dazu, die Opernballdemo, ist nicht weit. Erstmals 1968, während des Vietnamkriegs, warfen Mitglieder des Verbands Demokratischer Studenten von der Galerie der Staatsoper Flugblätter ins Parkett. Zwei Jahrzehnte später gab es massive Unmutskundgebungen gegen das Luxusfest. Die autonome Szene bezeichnete die Demonstration als „wirklichen 1. Mai". 2003 standen 1.400 Polizisten 700 Demonstranten gegenüber.

- Die Wiener Straßenzeitung „Augustin" veranstaltet seit 1998 den Opferball als Gegen-Opernball und knüpft dabei an das alte Motiv der „verkehrten Welt" an. 2003 kamen an die 700 Gäste in die Stadthalle.
- Eher als Ergänzung des „großen" versteht sich der Kleine Opernball, der seit 1983 am Nachmittag stattfindet. Die 900 Gäste im Festsaal des Wiener Rathauses sind zumeist goldene und diamantene Hochzeiter und über neunzigjährige Wienerinnen und Wiener.
- In jüngster Zeit verhelfen die Kaufleute der Einkaufsstraßen im Rahmen ihrer Grätzelfest-Aktivitäten den Faschingszügen zu neuer Popularität. Jede der Wiener Faschingsgilden ist im Fünfjahresrhythmus mit der Organisation an der Reihe, wobei der eigene Bezirk zum Schauplatz wird. Bürgermeister und Bezirksvorsteher übernehmen den Ehrenschutz. Am Faschingsdienstag erfolgt das traditionelle Faschingsverbrennen. Der Fasching ist ab 20 Uhr im Gildenlokal aufgebahrt, um Mitternacht wankt der Trauerzug zu einem Platz, wo die überlebensgroße Figur unter lautem Heulen und Wehklagen verbrannt wird.

FASTENZEIT

Die Fastenzeit, auch Quadragesima oder österliche Bußzeit genannt, dient der Vorbereitung auf Ostern. Sie beginnt am Aschermittwoch und endet mit der Abendmahlsmesse am Gründonnerstag. Die Liturgie ist karger als sonst im Kirchenjahr, das Halleluja entfällt, Musikinstrumente dienen nur zur Unterstützung des Gesanges, und der Blumenschmuck wird reduziert. Aschermittwoch und Karfreitag sind Fast- und Abstinenztage, Katholiken ab dem vollendeten 14. Lebensjahr müssen auf Fleischspeisen verzichten, für die 18- bis 60-Jährigen gilt die einmalige Sättigung. Für den Empfang der Ostersakramente, Beichte und Kommunion, haben die Gläubigen neunzig Tage (zwischen Aschermittwoch und Pfingsten) Zeit. Bei den ersten Christen galten strenge Vorschriften. Die Katechumenen bereiteten sich intensiv auf die Taufe vor, die zu Ostern gespendet wurde. Wer schwere Sünden begangen hatte, durfte in der Fastenzeit die Messe nicht besuchen und wurde erst am Gründonnerstag wieder in die Gottesdienstgemeinde aufgenommen.

Die vierzig Tage der Fastenzeit sind mehr symbolisch als mathematisch zu verstehen. Einschließlich der Sonntage (die keine Fasttage waren) dauert sie 44, ohne Sonntage 38 Tage. Sie hat einen mehrfachen biblischen Hintergrund: Vierzig Tage dauerte die Sintflut (Gen 7,4ff), vierzig Tage hielt sich Moses auf dem Sinai auf (Ex 34,28), vierzig Tage war der Prophet Elija zum Horeb unterwegs (1 Kön 19,8) und vierzig Tage blieb Jesus in der Wüste (Mt 4,2). Vierzig Jahre wanderten die Israeliten durch die Wüste (Jos 5,6).

In allen Religionen gibt es Fastenzeiten. Einem biblischen Menschenbild, das keine Trennung von Leib und Seele kennt, geht es um die physische und psychische Vorbereitung auf das Hochfest. Die vorösterliche Bußzeit hatte von Anfang an eine soziale Komponente: Was man durch Fasten ersparte, gab man den Armen. Im 2. Jahrhundert nahmen die Christen am Karfreitag und Karsamstag überhaupt keine Speisen und Getränke zu sich. Nach dem Konzil von Nizäa (325) aßen sie während der vierzig Tage vor Ostern nur am Abend und genossen weder Wein noch Fleisch. In manchen Ländern waren auch Eier (weil man sie für flüssiges Fleisch hielt) und Milchprodukte verboten. Das Jahr des mittelalterlichen Menschen hatte etwa 100 Sonn- und Feiertage, aber 160 Fasttage. Dazu zählten neben Freitagen und Samstagen die kirchlich gebotenen mehrwöchigen Bußzeiten vor Ostern und vor Weihnachten und etwa zwanzig freiwillige Fasttage. Seit 1969 (Grundordnung des Kirchenjahres) wird zu persönlichen Fastenopfern aufgerufen. Diese reichen von „sieben Wochen ohne“ (Alkohol und Zigaretten) bis zu Fernsehabstinenz, Fasten mit dem Gaspedal oder Müllfasten, „um die Schöpfung zu entlasten“. Fastengruppen, Kalender und soziale Aktivitäten sollen zum Verzicht motivieren.

Als klassische Fastenspeisen galten Fische und Brezel, wie sie auch das berühmte Gemälde „Kampf zwischen Fasching und Fasten“ von Pieter Bruegel d. Ä. (1525–1569) im Wiener Kunsthistorischen Museum zeigt. Häufig markieren Speisen den Übergang von einer Zeit zur anderen, so erklärt sich der Heringsschmaus am Aschermittwoch. Vor der Entwicklung der Kühltransporte waren Kabeljau (als Stockfisch getrocknet) und Hering die einzigen Meeresfische, die in Binnenländer exportiert werden konnten. Man salzte die Heringe ein und verfrachtete sie in Fässern. Süßwasserfische blieben den oberen Ständen vorbehalten, denn Jagd und Fischerei waren Herrenrechte; Klöster hatten ihre eigenen Fischteiche. Die Fastenbrezel, salzige Laugenbrezel, waren lange haltbar und konnten zerbröckelt als Suppeneinlage dienen. Ihre Form soll an verschränkte Arme als Gebetshaltung erinnern. Ratscherbuben erhielten solche Brezel als Lohn. Hingegen stellen die süßen Palmbrezel, die mancherorts die Palmbuschen zierten, schon einen Vorgeschmack auf die österlichen Köstlichkeiten dar.

Der Aschermittwoch fällt, je nach dem Ostertermin, zwischen 4. Februar und 10. März. Das Schwellenfest zwischen Fasching und Fastenzeit hat noch einige gesellige Bräuche wie Faschingsverbrennen, Geldbeutelwaschen oder Heringsschmaus. Dieser entstand in den Hochburgen der Fastnachtsfeiern und sollte als öffentliche Fischmahlzeit die Zugehörigkeit zur Gemeinschaft der (nun büßenden) Christen bekunden.

Bräuche in den Bundesländern

BURGENLAND

- In Bad Tatzmannsdorf (Bezirk Oberwart) versinnbildlichen in der Kirche Symbole den Ernst der kommenden Wochen. Ab Aschermittwoch trägt das Altarkreuz eine 2 Meter hohe Dornenkrone. Sie wird am Karfreitag in die Kreuzverehrung einbezogen und im Osterfeuer verbrannt.

Außerdem gibt es Fastenzettel und den Bad Tatzmannsdorfer Kreuzweg, der von den Teilnehmern als Gemeindefeier mitgestaltet wird.

▪ In Deutsch Kaltenbrunn (Bezirk Jennersdorf) liegt der Fasching in einem mit Stroh gefüllten Trog und muss nicht nur Trauergesänge, Leichenrede und eine Jux-Einsegnung über sich ergehen lassen, sondern auch das Anzünden des Strohs in seinem Sarg. Nur durch Spritzen mit einer Wasserflasche kann er sich wehren. Die Rückkehr ins Gasthaus erfolgt mit Marschmusik.

▪ In Zagersdorf (Bezirk Eisenstadt-Umgebung) malen die Kinder die Stationen für den Kreuzweg, der vom Friedhof zur Himmelfahrtskapelle führt und mit Birkenkreuzen gesäumt ist.

NIEDERÖSTERREICH

▪ In Warth (Bezirk Neunkirchen) gibt es am Aschermittwoch einen neuen Kirchenbrauch, das Girlandenverbrennen vor der Kirche.

OBERÖSTERREICH

▪ In Bad Ischl (Bezirk Gmunden) trägt man einen Strohmann im Trauerzug durch die Stadt. Bei der Steinfeldbrücke wird der Fasching angezündet und in die Traun geworfen.

▪ In Ebensee (Bezirk Gmunden) wird der Fasching am Aschermittwoch verbrannt.

VORARLBERG

▪ In Bregenz wird das Geldbeutelwaschen in der Oberstadt seit der Zwischenkriegszeit nach Augsburger Vorbild durchgeführt. Am Abend des Aschermittwochs begeben sich die Bewohner mit weißen Papiermützen, Angelruten und Geldbörsen zum Montfortbrunnen. Zu Marschmusik waschen sie diese im Brunnen. Ein Chronist hält ein Rügegericht. Mit einem Feuerwerk geht die Zeremonie zu Ende.

WIEN

▪ Wie in vielen anderen Großstädten wird in Wien (in der Michaelerkirche, I.) der Aschermittwoch der Künstler begangen. Junge Künstler lesen zur Einstimmung Texte aus der Bibel und zeitgenössischer Dichter. Priester, Kantor und Lektoren ziehen zu Orgelmusik in einer Lichterprozession in die dunkle Kirche ein. Am Aschermittwoch 1914 versammelte der französische Maler Adolphe Willette (1857–1926) erstmals Kunstschaffende zu einer religiösen Besinnung. Nach dem Zweiten Weltkrieg setzte sich der Dichter Paul Claudel (1868–1955) in Paris dafür ein.

Die Adventmärkte haben in den Ostermärkten ein Pendant gefunden. Als Gelegenheitsmärkte dürfen sie vom fünften Montag vor bis zum ersten Freitag nach Ostern täglich von 8 bis 20 Uhr offen hal-

ten und offerieren Dekorationen, Kunstgewerbe und Kulinarisches. Wie beim Alt-Wiener Christkindlmarkt gibt es auch beim Ostermarkt auf der Freyung täglich live Volksmusik.

In den Kirchen wird das Aschenkreuz gespendet: „Gedenke, Mensch, dass du Staub bist und zum Staub zurückkehrst ..." In vielen Religionen und auch in der Bibel (Gen 18,27) ist Asche ein Symbol der Vergänglichkeit. Dazu kommt die Vorstellung, dass im Verbrennungsprodukt die läuternde und reinigende Kraft des Feuers steckt (Hebr 9,13). Sünder mussten ihr Haupt mit Asche bestreuen; seit dem 11. Jahrhundert (Synode von Benevent, 1091) waren am Aschermittwoch alle Kirchgänger dazu verpflichtet.
Kaum sind (früher zu Mariä Lichtmess) die Weihnachtskrippen eingepackt, treten die Fastenkrippen an ihre Stelle, die das Passionsgeschehen zeigen. Wenn auch meist weniger aufwändig gestaltet, sind sie doch Ziel vieler Besucher.

Bräuche in den Bundesländern

OBERÖSTERREICH

- In Schwanenstadt (Bezirk Vöcklabruck) ist die Fastenkrippe nur am Gründonnerstag, Karfreitag und Karsamstag in der Kalvarienbergkirche am Philippsberg zu sehen. Sie entstand 1712 und wird durch ein Uhrwerk bewegt.

TIROL

- In Götzens (Bezirk Innsbruck-Land) hat sich in der barocken Pfarrkirche eine 200 Jahre alte Fastenkrippe erhalten. Sie besteht aus 230 auf Karton gemalten und ausgeschnittenen, etwa 15 Zentimeter hohen Figuren. Mit den Kulissen von Häusern und Landschaften nimmt sie eine Fläche von einigen Quadratmetern ein. Die Szenerie findet ihren Höhepunkt in der Darstellung des Auferstandenen, der sich mit der Osterfahne aus dem Grab erhebt. Weitere Fastenkrippen befinden sich im Bezirk Innsbruck-Land in Telfs, Thaur und Zirl.

WIEN

- Ein Unikat stellt das Heilige Theater der Pfarrkirche Mariabrunn, XIV., dar. 1770 wurde in einer Kapelle eine Bühne mit Kulissen errichtet, in die man eine Bretterkrippe einschieben konnte. Drei der Figurengruppen mit ausgeschnittenen Konturen haben sich erhalten: das Letzte

Abendmahl, Ölberg und Judaskuss. Das Heilige Grab ist als Nische im Bühnenunterbau gestaltet. Dazu gehören Brettfiguren der Wächter und eines Engels.

- In der Kirche am Rennweg, III., ist die Fastenkrippe ein Teil des Leiden-Christi-Altars. Das Passionsgeschehen ist in achtzehn Medaillons dargestellt.

Der Besuch des Kreuzwegs zählt zu den wichtigen Kirchenbräuchen der Fastenzeit. In Jerusalem zogen die Christen am Karfreitag betend und Kreuze tragend über die Via Dolorosa, wo man die Orte der Passion mit Gedenksteinen (Stationes) markiert hatte. In Rom versammelten sich die Gläubigen in einer Kirche und gingen in einer Prozession mit dem Papst zu einem anderen Gotteshaus, in dem die Messe gefeiert wurde. Zur Zeit der Gegenreformation förderten Orden wie die Franziskaner die Kreuzwegandachten. Noch heute fehlen in kaum einer katholischen Kirche gemalte oder plastisch gestaltete vierzehn Kreuzwegstationen. Moderne Heilswege haben eine weitere, die der Auferstehung gewidmet ist.

Kalvarienberge ahmen die Via Dolorosa nach. In der Barockzeit wurden Künstler von ihren Auftraggebern ins Heilige Land geschickt, um möglichst maßstabgetreue Kopien der verehrten Stätten anzufertigen. Die Kalvarienberge sind in der Fastenzeit Ziel vieler Gläubiger, um hier Kreuzwegandachten abzuhalten.

Bräuche in den Bundesländern

BURGENLAND

Historische oder neu angelegte Kalvarienberge erfreuen sich in jüngster Zeit großer Beliebtheit, um sich in der Fastenzeit zu Andachten zu versammeln. Solche Anlagen sind Donnerskirchen (Bezirk Eisenstadt-Umgebung) – neu, Eisenstadt-Oberberg – barock, Karl (Bezirk Oberpullendorf) – neu, Lockenhaus (Bezirk Oberpullendorf) – 19. Jahrhundert, Markt St. Martin (Bezirk Oberpullendorf) – 1837, 1906, Neusiedl am See – 19. Jahrhundert, Pinkafeld (Bezirk Oberwart) – barock, Steinberg-Dörfl (Bezirk Oberpullendorf) – neu, Stoob (Bezirk Oberpullendorf) – 1885, 1979.

- In Pama (Bezirk Neusiedl am See) stellen vierzehn Familien, die am Hauptplatz oder an der Hauptstraße wohnen, Kreuze und Kerzen in die Fenster. Bei diesen Stationen wird eine abendliche Andacht gehalten, Firmlinge lesen meditative Texte, Jugendliche tragen Fackeln, die Lieder werden zweisprachig gesungen.

NIEDERÖSTERREICH

- In Heiligenkreuz (Bezirk Baden) befindet sich beim ältesten Zisterzienserkloster Österreichs ein künstlerisch besonders wertvoller Kalvarienberg. Giovanni Giuliani (1663–1744) und seine Schüler schufen ab den dreißiger Jahren des 18. Jahrhunderts die Figuren.
- Kirchschlag in der Buckligen Welt (Bezirk Wiener Neustadt) besitzt eine barocke Kalvarienberganlage. Bis zu 900 Personen finden sich hier ein, wenn – meist am zweiten Fastensonntag – der Familien-Kreuzweg des Dekanats abgehalten wird.
- In Krumbach (Bezirk Wiener Neustadt) führt ein ökumenischer Kreuzweg durch die Marktgemeinde.
- In Maria Lanzendorf (Bezirk Wien-Umgebung) ist nach kürzlich erfolgter Restaurierung der 300-jährige Kalvarien-

berg wieder eine Attraktion. Der Franziskanerbruder Felix Niering schuf 1699 diese Anlage, dann die bekanntere in Eisenstadt.

STEIERMARK

Von den mehr als siebzig steirischen Kalvarienbergen sind nur drei vor dem Jahr 1600 entstanden, der überwiegende Teil stammt aus der ersten Hälfte des 18. Jahrhunderts. Die meisten Kalvarienberge gibt es in den Bezirken Liezen (z. B. Bad Aussee) und Murau (z. B. Leonhardiberg). Beliebte Andachtsziele sind die Kapelle in St. Radegund (Bezirk Graz-Umgebung), auf dem Kulm (Bezirk Weiz), bei Kindberg (Bezirk Mürzzuschlag) und der Grazer Kalvarienberg.

WIEN

- Der Kalvarienberg im XVII. Wiener Gemeindebezirk wurde zur Zeit der Gegenreformation errichtet und mehrfach umgebaut (zuletzt 1894). Ursprünglich führten sieben Stationen vom Stephansdom nach Hernals zu einer Kopie der Heiliggrabkapelle. Nicht nur die religiöse Stätte war das Ziel vieler Wiener, auch der Fastenmarkt. Nach rund 350-jährigem Bestand gilt der Jahrmarkt, der zwischen Aschermittwoch und Ostermontag abgehalten wird, als ältester Wiens. Sein Wahrzeichen ist der Baumkraxler, ein Holzmännchen, das sich auf einem Stab auf und ab bewegt. Das Kinderspielzeug erinnert an den biblischen Zöllner Zachäus, der in Jericho auf einen Baum stieg, um Jesus besser sehen zu können. (Lk 19,1–10)

Seit 2002 verfügt der alte Markt über einen neuen Blickfang: eine haushohe Palme samt Baumkraxler, der sich nach Einwurf einer 50-Cent-Münze in Bewegung setzt. Für die Idee und die technische Ausführung zeichnet Fery Kainrath, für den künstlerischen Entwurf Sammy Konkolits verantwortlich.

Zum „versteinerten Theater" der Kalvarienberge traten in früheren Jahrhunderten die Passionsspiele. Wie andere geistliche Schauspiele entstanden sie im Mittelalter in den Klöstern, zuerst in lateinischer, ab dem 14. Jahrhundert in deutscher Sprache. Durch das Jesuitentheater angeregt, erfuhren sie eine Blüte in der Barockzeit, ähnlich in den zwanziger und dreißiger Jahren des 20. Jahrhunderts, als in vielen Pfarren Laienspielgruppen entstanden. Nach dem Zweiten Vatikanum wurden die Stücke umgearbeitet. Manche Passionsspiele gehen auf Gelübde zurück und finden, in mehrjährigen Abständen, unabhängig von der Fastenzeit statt.

Bräuche in den Bundesländern

BURGENLAND

- St. Margarethen im Burgenland (Bezirk Eisenstadt-Umgebung) ist seit 1926 Passionsspielgemeinde. Damals sahen der Pfarrer und der Obmann des Burschenvereins in Großhöflein bei Eisenstadt ein Leiden-Christi-Spiel und waren davon so begeistert, dass sie binnen eines Monats in ihrem Ort etwas Ähnliches zustande brachten. Seit 1961 bildet der Römersteinbruch, mit 4.260 Sitzplätzen Europas größte Naturbühne, die gewaltige Kulisse für die alle fünf Jahre stattfindenden Spiele. 2001 wurde mit 72.000 Besuchern bei 19 Aufführungen (zwischen Juni und September) ein neuer Rekord erreicht. 660 Darsteller spielten mit.

NIEDERÖSTERREICH

- In Dorfstetten (Bezirk Melk) fuhren einige Bewohner 1984 zu den Oberammergauer Passionsspielen. Nach ihrer Rückkehr beschlossen sie, Ähnliches in ihrer Gemeinde zu veranstalten. Die ersten Aufführungen fanden 1990 statt, seither alle sechs Jahre. 2002 wurde an den Wochenenden im Juli und August elf Mal gespielt.
- Kirchschlag in der Buckligen Welt (Bezirk Wiener Neustadt) hat als Aufführungsort Tradition, seit 1932 wird gespielt, derzeit in Intervallen von fünf Jahren. Ein eigenes Passionsspielhaus fasst an die 1.200 Besucher, 400 Laienschauspieler und Sänger wirken bei der Darstellung der Leidensgeschichte mit.

OBERÖSTERREICH

▪ In Mettmach (Bezirk Ried im Innkreis) begann eine Laienspielgruppe 1950 mit der Heimkehrer-Passion aus Dankbarkeit für die Rückkehr aus dem Zweiten Weltkrieg. Seit 1960 wird sie in einer eigenen Halle alle fünf bis zehn Jahre aufgeführt.

SALZBURG

▪ In Großgmain (Bezirk Salzburg-Umgebung) wird seit 1983 in der Wallfahrtskirche alle fünf Jahre die Loferer Passion aufgeführt (2003, ...). Den Komponisten Cesar Bresgen (1913–1988) haben das Loverleed aus dem Jahr 1593 („Ach fasse zu Herzen"), die Handschrift einer barocken Salzburger Passion und wohl auch autobiografische Gründe zu diesem Werk inspiriert.

STEIERMARK

▪ In Feldkirchen bei Graz (Bezirk Graz-Umgebung) gibt es im Pfarrsaal seit knapp drei Jahrzehnten Passionsspiele (2004, ...). 120 Mitglieder der örtlichen Schauspielgruppe bringen an sechs Wochenenden 3.700 Gästen die Leidensgeschichte Christi nahe.

▪ In St. Georgen ob Murau (Bezirk Murau) spielt man in mehrjährigen Abständen während des Sommers im Freien.

TIROL

▪ In Erl (Bezirk Kufstein) reicht die Tradition der ältesten Passionsspiele Österreichs in das Jahr 1613 zurück. Sie werden alle sechs Jahre zwischen Mai und Oktober von 500 Mitwirkenden aufgeführt. Die Musik von Cesar Bresgen für Orgel, Chor und Bläser ist ein wesentlicher Bestandteil des meditativen Spiels. Das moderne Passionsspielhaus bietet Platz für 1.500 Gäste und wird in den anderen Jahren für Opernaufführungen verwendet.

▪ In Thiersee (Bezirk Kufstein) gibt es seit 1799 Passionsspiele. Damals gelobten die Bewohner, um die Kriegsnot von ihrem Ort abzuhalten, alljährlich in der Fastenzeit ein Mysterienspiel. Seit 1970 findet es alle sechs Jahre zwischen Mai und Oktober statt. Anfangs unter freiem Himmel dargeboten, sind die Aufführungen jetzt im 1927 erbauten, im Jubiläumsjahr 1999 renovierten Festspielhaus zu sehen, das nächste Mal 2005. 2003 fand als Zwischenspiel die deutschsprachige Uraufführung von Dominique Martens' „Wo ist Jesus? Die Passion unserer Zeit" statt, das er 1999 für die Kathedrale von Amiens geschrieben hatte.

VORARLBERG

▪ Klösterle am Arlberg (Bezirk Bludenz) ist die jüngste Passionsspielgemeinde Österreichs. 2000 präsentierten Herbert Margreiter und Werner Berjak das Projekt Passionsspiele Klostertal – Arlberg. Im Sommer 2003 wurde die Idee realisiert, und 120 Laiendarsteller aus den Gemeinden Braz, Dalaas, Wald, Klösterle und Lech führten das geistliche Volksschauspiel fünfzehn Mal auf.

Der 1. Fastensonntag heißt in Westösterreich Alte Fasnacht und beendet dort die Faschingszeit. Feuerbräuche an diesem Tag waren in weiten Teilen Europas verbreitet. Neben dem Abbrennen des Scheiterhaufens (Funken) gibt es in Tirol und Vorarlberg den Brauch des Scheibenschlagens: Holzscheiben werden an langen Stangen in die Glut gehalten, durch die Luft geschwungen und weggeschleudert. Dazu rezitiert man für einzelne

Funkensonntag in Schruns: Ein Scheiterhaufen zum Faschingsausklang

Personen Spott- oder Ehrenverse. Die älteste Nachricht aus dem Jahr 1090 bezieht sich auf einen durch den Brauch verursachten Brand des Klosters Lorsch (Deutschland).

Bräuche in den Bundesländern

SALZBURG

- In Tamsweg treffen sich die Vereinigten (siehe Jänner) am Vorabend des ersten Fastensonntags zum Geldbeutelwaschen.

TIROL

- In Flirsch (Bezirk Landeck) findet das Scheibenschlagen statt.
- In Jungholz und Pinswang (Bezirk Reutte) pflegen die Burschen das Funkenabbrennen. In Pinswang ist Hexensonntag, auf dem Holzstoß wird eine Strohfigur verbrannt, das Scheibenschlagen schließt sich an.

VORARLBERG

Nachdem der Funken-Brauch im Zweiten Weltkrieg verboten war, erfreut er sich seit den fünfziger und sechziger Jahren des 20. Jahrhunderts größter Beliebtheit. Kinder, Jugendliche, Männer, Feuerwehr und Musikkapelle beteiligen sich, Touristen sind gerne gesehene Gäste. In vielen Orten, z. B. Schruns (Bezirk Bludenz), Alberschwende und Schwarzenberg (beide Bezirk Bregenz), bestehen eigene Funkenzünfte mit einem Funkenmeister. Ihre Aufgabe ist es, auf einer weithin sichtbaren Anhöhe tagelang einen riesigen Scheiterhaufen aufzubauen. Das Material tragen die Kinder zusammen. Rund um eine hohe Tanne werden die Scheiter kunstvoll aufgeschichtet. Der Holzstoß, der verschiedene Formen haben kann, ist zirka 20 Meter hoch; auf ihm thront die Funkenhex, eine mit Sprengstoff gefüllte Strohpuppe, die beim Verbrennen einen beachtlichen Funkenregen auslöst. Zum Verzehr gibt es ein krapfenartiges Brauchgebäck, die Funkenküachle. Erst nach den letzten drei Tänzen im Wirtshaus findet die Fastnacht in den frühen Morgenstunden ihr Ende.

WIEN

- Unter dem Motto „Vorarlberger Funken in Wien – altes alemannisches Brauchtum in der Bundeshauptstadt!" lädt die Funkenzunft Brederis aus Rankweil zum Funkenbrennen auf der Himmelswiese beim Lebensbaumkreis, Ecke Himmelstraße/Höhenstraße, XIX., ein. Es findet bei freiem Eintritt am 3. Fastensonntag ab 17 Uhr statt. Dazu gibt es Bewirtung am Platz und ein großes Klangfeuerwerk.

Meist am 1. Fastensonntag veranstalten viele Pfarren einen Suppentag. Die Idee kam 1958 von Sidonie Oberthaler von der Katholischen Frauenbewegung. Unter dem Motto „Suppe essen – Schnitzel zahlen" wird das einfache Mahl gemeinsam verzehrt, Spenden kommen Projekten der Entwicklungshilfe zugute. Inzwischen ist der Familienfasttag (nach der Jungschar-Dreikönigsaktion) die zweitgrößte kirchliche Initiative dieser Art.

Bräuche in den Bundesländern

BURGENLAND

- In Müllendorf (Bezirk Eisenstadt-Umgebung) kochen die Frauen fünfzehn verschiedene kräftige Suppen. Seit 1988 findet am Suppensonntag eine Ausstellung mit Anregungen zur christlichen Haus- und Festgestaltung statt, wo u. a. Fastentücher und Weihkorbdecken präsentiert werden.

März

„Im Märzen der Bauer die Rösslein einspannt, er setzt seine Felder und Wiesen instand, er pflüget den Boden, er egget und sät und rührt seine Hände frühmorgens bis spät …" Das um 1900 aufgezeichnete Lied aus Nordmähren beschreibt den Arbeitsanfang nach dem Winter. Traditionelle Bräuche im März (und schon im Februar) haben damit zu tun; der Wechsel der Jahreszeiten und das Kirchenjahr prägen den Festzyklus: Die vierzigtägige Fastenzeit, das Osterfest und die fünfzig Tage dauernde Freudenzeit danach charakterisieren das Frühjahr.

Fällt Ostern auf den frühestmöglichen Termin (22. März), so beginnt der März mit dem 4. Fastensonntag. Der Mittfastensonntag steht im Zeichen heiliger Vorfreude, deren sichtbarer Ausdruck die – seit dem 16. Jahrhundert an diesem Tag getragenen – rosa Messgewänder sind. Der Papst weihte und verschenkte zu Laetare (laetare: freue dich!) goldene Rosen an einflussreiche Persönlichkeiten. Dem Kirchenvolk sollten die Bräuche des Mittfastensonntags helfen, die verbleibenden drei Wochen der vorösterlichen Bußzeit leichter zu ertragen. Der Tag war ein Besuchstag, und Verliebte durften sich in der Öffentlichkeit sehen lassen. In der Kirche erklang ausnahmsweise die Orgel, in den Klöstern erhielten die Mönche ein zusätzliches Gebäck.

Bräuche in den Bundesländern

OBERÖSTERREICH

Von Gmunden ausgehend hat sich zu Laetare der Liebstattsonntag ausgebreitet. Dessen Bezeichnung wird einerseits hergeleitet von Liebe abstatten oder bestätigen, andererseits von bestatten (Zusammenkommen auf öffentlichen Plätzen). Den Liebstattsonntag mit den Lebzeltherzen gibt es jetzt auch in Bad Goisern, Ebensee (beide Bezirk Gmunden), Schwertberg (Bezirk Perg), Steinbach am Ziehberg (Bezirk Kirchdorf an der Krems) und Vöcklabruck.

▪ In Gmunden gründete 1641 der Passauer Bischof Leopold Wilhelm auf Ersuchen des Pfarrers Thomas Mayr eine Corporis-Christi-Bruderschaft. Ihre Mitglieder, wohlhabende Bürger, hielten am 4. Fastensonntag ihre Jahresversammlung ab. Außerdem luden sie die Armen zu Kirchgang und Festmahl ein und beschenkten sie. Nach dem Zweiten Weltkrieg hat der Trachtenverein diese Tradition revitalisiert, der Gesangsverein gestaltet den Liebstattsonntag mit. Nach dem Gottesdienst, den der Bischof von Passau zelebriert, bewegt sich der Festzug mit der Stadtkapelle Gmunden zum Rathausplatz, wo Lebzeltherzen verteilt werden.

STEIERMARK

- In Graz ist der Mittfastensonntag einer der vier Termine für den Fetzenmarkt. Aus den Handelsmärkten am rechten Murufer entstanden im 19. Jahrhundert Trödelmärkte. Jetzt findet der Flohmarkt in der Fröhlichgasse und auf dem Messeparkplatz statt. Die weiteren Termine sind der 2. August (Portiuncula), der 1. September (Ägydi) und der 30. November (Andrä).
- In Schladming (Bezirk Liezen) findet am Montag vor Laetare der Mittfastenmarkt, der erste von drei traditionellen Krämermärkten, auf dem Hauptplatz statt.

Mit dem 5. Fastensonntag tritt das Leiden Christi in den Vordergrund der Betrachtungen. Der Freitag der 5. Fastenwoche wird im Zusammenhang mit der Mater Dolorosa und den „sieben Schmerzen Mariens" (Spruch Simeons, Flucht, dreitägiger Verlust, Kreuzweg, Kreuzigung, Kreuzabnahme, Grablegung Jesu) Schmerzensfreitag genannt.

Bräuche in den Bundesländern

KÄRNTEN

- In Ötting (Gemeinde Oberdrauburg, Bezirk Spittal an der Drau) findet am Schmerzensfreitag die Widderprozession statt. Dabei handelt es sich aber weder um einen Brauch, der mit dem Tag in Zusammenhang steht, noch um ein vorchristliches Tieropfer, sondern um die Erfüllung eines Gelübdes aus dem Pestjahr 1635. Der Öttinger Widder hat das Privileg, von Einzelpersonen oder Personengemeinschaften gepflegt, auf der Hochstadelalm zu weiden. Am Schmerzensfreitag wird er, gewaschen, gestriegelt und mit bunten Bändern und Krepppapierblumen geschmückt, in die Kirche gebracht. Man führt ihn um den Hochaltar, der Pfarrer segnet ihn. Bis zum Ende der 9-Uhr-Messe steht der Widder unter der Orgelempore. Manche glauben, dass ein unruhiges Verhalten des Tiers auf viele Todesfälle im kommenden Jahr hinweist. Nach dem Gottesdienst wird der Widder versteigert. Jedes Mal, wenn um 100 Euro mehr geboten werden, läutet der Mesner die Kirchenglocken. Der Erlös kommt der Kirche zugute, der Widder wird als Zuchttier verwendet.

NIEDERÖSTERREICH

- In Maria Lanzendorf (Bezirk Wien-Umgebung) stellt das Gnadenbild eine Schmerzensmutter dar. Am Freitag vor dem Palmsonntag ist es Ziel einer Wallfahrt mit Gottesdienst, Predigt und Lichterprozession.

WIEN

- In der Reformierten Stadtkirche, I., hat Landessuperintendent Peter Karner 1969 den Palmdonnerstag-Gottesdienst (am Donnerstag vor dem Palmsonntag) mit dem „offenen Abendmahl" ins Leben gerufen. Nach Wortgottesdienst und Predigt reichen Laien am weiß gedeckten Tisch im Altarraum Brot und Wein, begleitet von Lesungen aus der Bibel sowie von zeitgenössischen Texten und den Einsetzungsworten. Die Teilnehmer stehen dabei in Gruppen um den Tisch. Das Ritual wiederholt sich mit wechselnden Texten so oft, bis alle das Abendmahl empfangen haben. Anschließend gibt es im Pfarrhaus einen Empfang mit Speisen, die in der Bibel genannt werden.

Am Passionssonntag (manchmal auch schon zu Beginn der Fastenzeit) werden Altarbilder und Kreuze mit einem schwarzen oder violetten Fastenvelum verhüllt. Im Gegensatz dazu sind die Fastentücher aus dem Spätmittelalter bunt bemalt und zeigen biblische Szenen von der Erschaffung Adams und Evas bis zur Himmelfahrt Mariens. Das Kärntner Fastentuch aus dem Jahr 1640 im Österreichischen Museum für Volkskunde in Wien umfasst 36 Bilder.

Eine Revitalisierung des Hungertuch-Brauchs ging 1976 von der Aachener Misereor-Zentrale aus, die jedes zweite Jahr ein neues Fastentuch nach Entwürfen aus aller Welt anbietet. Das hat viele Pfarren angeregt, ihre alten Tücher zu restaurieren, mit Kindern oder Jugendlichen neue anzufertigen oder bei Künstlern in Auftrag zu geben.

Bräuche in den Bundesländern

BURGENLAND

In der Diözese Eisenstadt hat die Katholische Frauenbewegung mit ihrer langjährigen Vorsitzenden Helga Kaiserseder viele Bräuche erfunden oder revitalisiert. Mit konkreten Vorlagen ist eine neue Volkskunst entstanden: So hängt bereits in jeder zweiten Kirche und auch in jeder vierten Familie ein gemaltes oder mit Kreuzstickerei gestaltetes Hungertuch.

KÄRNTEN

Um 1450 brachte der aus Westfalen stammende Bischof Johannes Schallermann den dortigen Brauch der bildlich gestalteten Fastentücher in die Diözese Gurk-Klagenfurt. Jedes zweite mittelalterliche Fastentuch Österreichs stammt aus Kärnten. Zu sehen sind sie u. a. in Baldramsdorf (Bezirk Spittal an der Drau), Gurk (Bezirk St. Veit an der Glan), Millstatt (Bezirk Spittal an der Drau) und Sternberg (Gemeinde Velden am Wörthersee, Bezirk Villach). Fastentücher aus jüngster Zeit gibt es in Maria Saal (Bezirk Klagenfurt-Land) und Mörtschach (Bezirk Hermagor).

NIEDERÖSTERREICH

- In Hausleiten (Bezirk Korneuburg) wird das Fastentuch in der Kirche zu Ostern durch einen Vorhang mit einem Auferstehungsmotiv ersetzt.
- In der Gemeinde Hohe Wand (Bezirk Wiener Neustadt) führt der Kirchenchor am Passionssonntag die Katschthaler Volkspassion auf. In der Kirche werden die Kreuze verhüllt.
- In Kirchberg am Wechsel (Bezirk Neunkirchen) haben Sepp Jahn und Edith Hirsch im Jahr 2000 für das Dominikanerinnenkloster ein 100 Meter langes Fastentuch mit vierzig biblischen Szenen geschaffen. Es gilt als größtes der Welt und thematisiert die „Erinnerung an das Vergessene".
- In Pitten (Bezirk Neunkirchen) werden die Kreuze nicht nur in der Kirche, sondern auch bei vielen Familien verhüllt. 1993 gestalteten Jugendliche ein Fastentuch mit Passionssymbolen.

WIEN

In Wien hängt in jeder vierten Kirche ein Fastentuch. Einige Pfarren vergeben Aufträge an Künstler, die Tücher zu gestalten. Diese sind zu sehen u. a. in der Michaelerkirche, I., der Jesuitenkirche, I., St. Rochus, III., St. Elisabeth, IV., in der Johannes-Nepomuk-Kapelle, IX., Dreimal wunderbare Muttergottes, X., Breitensee, XIV., Grinzing, XIX., und St. Brigitta, XX.

DIE KARWOCHE (HEILIGE WOCHE)

Die Woche vor Ostern erinnert an die Passion Jesu, die mit seinem messianischen Einzug in Jerusalem begonnen hat (Mk 11,1–11), und führt zu den „drei österlichen Tagen vom Leiden und Sterben, von der Grabesruhe und der Auferstehung des Herrn" (Triduum). Die Bezeichnung Karwoche leitet sich vom althochdeutschen kara (Sorge) ab, die Trauer über das Leiden Jesu. Unser Wort karg hat in seiner ursprünglichen Bedeutung (notleidend, beklagenswert) damit zu tun. Heilige Woche ist die Übersetzung des kirchenlateinischen „hebdomada sancta".

Ursprünglich fand am Vormittag des Gründonnerstags in den Kathedralen die Chrisammesse statt. Der Bischof weihte die heiligen Öle, die er zu Ostern, dem wichtigsten Tauftermin des Jahres, benötigte. Heute weiht er den Jahresbedarf aller Pfarren seiner Diözese, an welche die Öle sofort verteilt werden. Die Messe findet meist an einem anderen Tag der Karwoche statt, z. B. im Wiener Stephansdom am Montag, im Eisenstädter Dom am Mittwoch. Das Chrisam, mit Balsam gemischtes Olivenöl, wird bei Bischofs- und Priesterweihen, Firmungen und Taufen sowie bei Weihen von Kirchen, Altären und Glocken verwendet, Katechumenenöl bei der Taufe und Krankenöl bei der Krankensalbung.

Bräuche in den Bundesländern

NIEDERÖSTERREICH

- In Leopoldsdorf im Marchfelde (Bezirk Gänserndorf) wurde der religiöse Brauch „Ride and pray", eine Sternfahrt mit Rädern während der Karwoche in jeweils eine Ortschaft, erfunden. Um 6 Uhr früh beginnt das Morgengebet mit Taizégesängen, anschließend gibt es ein Frühstück.

STEIERMARK

- In St. Leonhard (Gemeinde Bad Aussee, Bezirk Liezen) ist vom Mittwoch in der Karwoche bis Karsamstag täglich um 4 Uhr früh eine Prozession von einem Bildstock in Gasteig zur Leonhardikapelle üblich. Beim Hinaufbeten wird der schmerzhafte Rosenkranz gesprochen. In der Kirche findet am Mittwoch eine Messe, sonst eine Kreuzwegandacht mit Texten aus der Barockzeit statt.

WIEN

In einigen Kirchen werden Dunkel- oder Finstermetten gehalten. Sie fanden früher in der Nacht bei spärlicher Beleuchtung statt. Auf einem Leuchter wurden fünfzehn Kerzen angezündet und nach jedem Psalm zwei ausgelöscht, nur die Christuskerze blieb brennen, um auf die Auferstehung hinzuweisen. Jetzt gibt es Trauermetten u. a. in der Dominikanerkirche, I., der Franziskanerkirche, I., St. Anna, I., Erdberg, III., St. Rochus, III., Mariahilf, VI., St. Ulrich, VII., Maria vom

Berge Karmel, X., Hernals, XVII., Auferstehung Christi, XXII., Donaustadt, XXII., Mauer, XXIII.

PALMSONNTAG

Der 6. Fastensonntag heißt Palmsonntag vom Leiden des Herrn. Er steht zwischen 15. März und 18. April im Kalender und erinnert an den Einzug Jesu in Jerusalem (Mk 11,1–11). Die Blätter der Fiederpalmen (z. B. Dattelpalme) galten in der Antike als Symbol des Lebens, der Hoffnung und des Sieges und sind in der christlichen Ikonographie ein Attribut der Märtyrer. In südeuropäischen Ländern weiht man statt der Palmwedel Ölzweige, in nördlichen Gebieten beispielsweise Weiden mit Palmkätzchen. In Häusern, Ställen und an Feldern angebracht, sollen die Palmbuschen Segen bringen, Unheil abhalten und (Hals)krankheiten heilen. Palmprozessionen sind in der Liturgie vorgesehen und werden überall abgehalten. Regional verschieden ist das Aussehen der Palmbuschen (Palmen).

Bräuche in den Bundesländern

KÄRNTEN

In Kärnten schmückt man die viele Meter hohen Palmstangen mit Bändern, vergoldeten Nüssen, Äpfeln, Orangen und Feigen. Manchmal sind auch Brezel und Säckchen mit Saatgut dabei. Mancherorts werden gebündelte Weidenzweige zu Herzen oder Kreuzen geformt und verziert.

NIEDERÖSTERREICH

- In Haag (Bezirk Amstetten) tragen die Trachtenvereine seit fünfzehn Jahren bei der Prozession Prangstangen.
- Vom Stift Herzogenburg (Bezirk St. Pölten) aus führt am Palmsonntag eine Kreuzwegprozession mit rund 500 Teilnehmern zur Kirche am Wetterkreuz.
- Die Pfarrgemeinde Hohe Wand (Bezirk Wiener Neustadt) verteilt zur Palmprozession Ölzweige aus Italien.
- In Krumbach (Bezirk Wiener Neustadt) ist am Palmsonntag das Groan-Gehen als Flurumgang Brauch.
- In Wallsee-Sindelburg (Bezirk Amstetten) hat eine tschechische Pfarrhaushälterin vor Jahren eine besondere Form von Palmbuschen eingeführt: Viele bunte Eier und Buchs stecken auf langen Stangen.

OBERÖSTERREICH

In Oberösterreich unterscheiden Volkskundler verschiedene Palmbuschen-Landschaften. Meist bindet man sieben- oder neunerlei pflanzliches Material, wie Sendl (Erika), Schradl (Stechpalme), Buchs, Segenbaum, Eichenlaub, Siglent (Seidelbast) und Kranewitt (Wacholder). Dazu kommen Obst, Glaskugeln, Papierrosen, ausgeblasene Eier und bunte Bänder. Die Traditionspflege durch die Goldhaubengruppen fördert den Wettbewerb um den schönsten Palmbuschen.

- In der Gegend von Bad Ischl (Bezirk Gmunden) ist der Stangelpalm üblich: Ein Haselstock bildet die Basis, darauf kommen die neun „Kräuter". Dünne Haselgerten werden verflochten, mit Erikasträußchen und bunten Bändern geschmückt. Junge Männer tragen den schweren Krampenpalm: Ketten von aufgefädelten Äpfeln umgeben einen armdicken Weidenast.
- Im Innviertel bewundert man Palmbäume mit vielen Äpfeln, die zu Laternen (Bünde) angeordnet sind. Verschiedene immergrüne Zweige, Palmkätzchen und farbige Seidenbänder kommen dazu. Die Zaussn können bis zu 12 Meter hoch werden.
- Im Mühlviertel spricht man von geflochtenen Palmen. Mehrere Meter lange Haselnussstöcke tragen Immergrün, Obst und Seidenbänder, die Spitze kann in Kreuzform gebunden sein.

STEIERMARK

- In der Steiermark haben die Palmbuschen viele Namen: (Weich)palm in der Ost- und Südsteiermark, Palmbuschen in der Obersteiermark und im Bezirk Deutschlandsberg, Palmbesen in den Bezirken Hartberg und Murau, Palmschüppel im Bezirk Weiz. Zu den gleich langen Palmkätzchen werden zusätzlich Buchs, Wacholder oder Stechpalme (Ost- und Weststeiermark) gebunden. In der Obersteiermark bindet man die Weiden- und anderen Zweige an einem Haselstock fest. Hier bekommt der Palmträger oft den Auftrag, mit dem Buschen betend den Hof zu umschreiten, rote Ostereier sind der Lohn für seine Mühe. In der Ost- und Weststeiermark schneidet man kleine Kreuze aus den Palmzweigen, steckt sie an den Ackerrain oder befestigt sie als Segenszeichen am Stall.
- Im Ennstal (Bezirk Liezen) gibt es verschiedenartige, kunstvoll gebundene Palmbuschen, die bis zu 1,5 Meter lang sind und von den Kindern getragen werden. Außerdem ist es üblich, dass sie ihre Paten besuchen, von denen sie Ostereier und einen großen Striezel (Osterstrutzen) erhalten.

VORARLBERG

- In Hohenems und Lustenau (beide Bezirk Dornbirn) bestehen die Balma (Barma) aus jungen Tannen. Um den geschälten Stamm windet man bunte Papierbänder und ziert die Spitze mit einer kleinen Fahne. An den kronenartig nach oben gebundenen Zweigen hängen Äpfel, ausgeblasene Eier, Ketten aus Buntpapier und Heiligenbilder.
- In Schnifis (Bezirk Feldkirch) verwendet man zehn verschiedene Pflanzen für den Palmbuschen.

Seit dem 13. Jahrhundert wurden bei der Prozession geschnitzte Palmesel mit dem darauf reitenden Heiland mitgeführt. 160 Exemplare sind in Mitteleuropa erhalten, davon stammen zehn aus dem 13./14. Jahrhundert und mehr als sechzig aus dem 15. Jahrhundert. In der Barockzeit war der Nonnberger Esel aus Salzburg berühmt: Die reich aufgeputzte Figur enthielt Feigen, die an die Kinder ausgeworfen wurden. Die Salzburger Erzbischöfe pflegten im Jahr nach ihrer Wahl auf einem Schimmel einen Palmritt zur Nonnbergkirche zu unternehmen. Während der Reformation und durch die Josephinischen Reformen verschwanden die meisten Palmesel. In einigen Orten Tirols und Salzburgs gibt es sie noch bzw. wieder.

Bräuche in den Bundesländern

SALZBURG

- In Hintersee (Bezirk Salzburg-Umgebung) ist die Prozession mit einem Palmeselumzug verbunden.
- In Puch bei Hallein (Bezirk Hallein) tragen vier Männer einen geschnitzten Esel mit Christusfigur. Beim Gottesdienst steht das barocke Kunstwerk auf einem Ehrenplatz. Seit dem Verbot solcher Bräuche gegen Ende des 18. Jahrhunderts hielt es der Kollerbauer bis 1924 auf dem Dachboden versteckt.
- In Thomatal (Bezirk Tamsweg) reitet Pfarrer Valentin Pfeifenberger in einem historisierenden Kostüm auf dem Palmesel. So zeigt ihn auch das Denkmal, das ihm die Pfarre 1999 zum 85. Geburtstag gesetzt hat. Der Lungauer Bischof, wie er sich selbst bezeichnet, gilt als mythisch angehauchte Person: Er vermag auch Wasseradern u. Ä. intuitiv aufzuspüren, ist Mitglied des Schützenvereins, in dessen Tracht er bei Veranstaltungen auftritt, und verfasste 1971 ein „Zeitrusticale" mit dem Titel „Der Untersberg", das seine Schüler zu Mariä Himmelfahrt aufführen.

TIROL

- In Hall in Tirol (Bezirk Innsbruck-Land) hat der Pfarrer 1968 den Palmeselumzug revitalisiert, der vom Ende des 15. Jahrhunderts bis 1826 stattfand. Bei der Prozession tragen die Teilnehmer Palmlatten, barocke Zunftstangen und die Palmeselgruppe mit. Der Haller Esel hat einen Hohlraum, in dem sich geweihte Brote befanden, die auf dem Weg bei der geöffneten Klappe herausfielen.

- In Thaur (Bezirk Innsbruck-Land) beginnt die Prozession mit dem hölzernen Palmesel zu Mittag bei der Pfarrkirche. Ministranten ziehen das Wagengestell mit dem fast lebensgroßen Esel und der Christusfigur. Die Prozession führt zum Romedikirchlein, nach Rum und nach einer weiteren Andacht zurück nach Thaur. 📷

Nach der Palmweihe, die – mit Besprengung der Zweige mit Weihwasser durch den Priester und der Lesung – außerhalb stattfindet, ziehen die Gläubigen in die Kirche ein. Die Passion wird mit verteilten Rollen vorgetragen, der Priester liest den Part Jesu.

GRÜNDONNERSTAG

Der Gründonnerstag fällt zwischen 19. März und 22. April. Vor der Abendmahlsmesse endet die Fastenzeit, es beginnen die drei österlichen Festtage. Der Kirchenvater Augustinus (354–430) nannte das Triduum „heiliger Drei-Tag des Gekreuzigten, Begrabenen und Auferstandenen“. Bibelstellen zur Passion und Auferstehung sind: Mt 26,1–28,20, Mk 14,1–16,20, Lk 22,1–24,53, Joh 18,1–20,29). Der Gründonnerstag-Abend ist dem Gedächtnis der Einsetzung der Eucharistie und des Priestertums gewidmet und erinnert an das Leiden Jesu. Deshalb schweigen mit dem Gloria der Abendmahlsmesse die Glocken, wie die Orgel erklingen sie erst wieder beim Halleluja in der Osternacht. Nach der Predigt kann die Fußwaschung vollzogen werden, eine alte Geste der Gastfreundschaft, die in den Klöstern (nicht nur an diesem Tag) gepflogen wurde. Am Schluss der Abendmahlsmesse wird der Altar abgedeckt und das Allerheiligste in feierlicher Prozession an einen besonders geschmückten Seitenaltar übertragen. Die Gläubigen halten hier die stille Anbetung (Ölbergstunde).

Die Bezeichnung des Gründonnerstags wird vom althochdeutschen grinan (das Gesicht verziehen: grinsen) oder vom mittelhochdeutschen grinnen (greinen: stöhnen, klagen) abgeleitet. Um 1220 wurde in Erfurt „der grüene donnerstag“ dem lateinischen Dies viridium (Tag der Grünen) nachgebildet. Der regional gebräuchliche Name Antlasstag erinnert an die Entlassung der (mit grünenden Zweigen verglichenen) Sünder aus der öffentlichen Kirchenbuße.

Eine volkstümliche Etymologie brachte den Gründonnerstag mit dem Essen von grünem Gemüse oder Kräutersuppe in Zusammenhang. So gibt es als Fastenspeise daheim und in Betriebsküchen häufig Spinat mit Spiegelei. Den am Gründonnerstag gelegten Antlasseiern sprach man Unheil abwehrende und Segen bringende Wirkung zu. Deshalb versteckte man sie z. B. als Blitzschutz auf dem Dachboden. In Salzburg ist das Abnehmen der Antlasseier im ganzen Land Brauch, sie gelten als Glücks- und Heilssymbol. In der Steiermark werden die am Gründonnerstag und Karfreitag gelegten Eier separat gesammelt, beschriftet und als Schutz vor Gewittern (unter dem Dach) oder Unfällen (im Auto) aufbewahrt.

Bräuche in den Bundesländern

BURGENLAND

- In Lockenhaus (Bezirk Oberpullendorf) folgt dem Gottesdienst ein Gang zum Ölberg mit Nachtwache.

KÄRNTEN

- In Pleßnitz (Gemeinde Krems in Kärnten, Bezirk Spittal an der Drau) ist das Tafelgehen am Gründonnerstag und Karfreitag auf ein Gelübde zurückzuführen. In der Kirche des Bergdorfes befindet sich ein als wundertätig angesehenes

Johanneshaupt, dessen Heilkraft durch den altartigen Brauch erhalten bleiben soll. An die zwei Dutzend Kinder und Jugendliche versammeln sich mit Ratschen und Tafeln (Schallbretter mit hölzernen Hämmern) beim Friedhof, der die Kirche umgibt. Auf das Kommando des Mesners setzen sich Buben mit Ratschen vor die Kirche, während die anderen mit den Tafeln in Zweierreihen dreimal die Kirche umschreiten und lautstark klappern. Dann ziehen alle zu einem Bildstock (Zaglkreuz), er wird dreimal umschritten und nach einem Gebet wieder dreimal unter Klappern umkreist. Vor der Brücke beim Kniebauern erscheinen nach dem Ruf „Toad auf!" Tod und Tödin. Die vermummten Gestalten bespritzen die Prozessionsteilnehmer und Zuschauer und treiben sie auf den Friedhof. Tod und Tödin dürfen aber weder diesen noch die Kirche betreten. Nachdem die Kirche erneut dreimal klappernd umschritten wurde, finden sich alle zum schmerzhaften Rosenkranz beim Johanneshaupt ein.

- In Tressdorf (Gemeinde Rangersdorf, Bezirk Spittal an der Drau) führen einige Männer am Gründonnerstag und Karfreitag die Mölltaler Passion auf. Anfangs wohl als Pantomime dargestellt, sind Texte zum Kreuzziehen seit 1891 bekannt. Der Zug beginnt bei der Kraßnig-Mühle und führt vorbei an einer Golgotha-Kapelle bergauf zur Kirche. Auf den Altarstufen wird die Szene der auf dem Ölberg schlafenden Jünger mit Jesus, Johannes, Petrus und Jakobus dargestellt. Als sie die Kirche verlassen, treffen sie mit den Häschern zusammen, die mit zwei Pharisäern, Pilatus, Herodes und Barabbas gekommen sind. Nach dem Judaskuss wird Jesus vor Pilatus gezerrt, gegeißelt, dornengekrönt und verurteilt. Die Szene schließt, indem Pilatus seine Hände in Unschuld wäscht. Am Karfreitag schleppt Jesus das Kreuz und bricht dreimal zusammen, zuletzt vor dem Altar. Die Kreuzigung wird nicht mehr dargestellt. Die Gläubigen beten den Angelus, die Ratscher klappern. Auf dem Rückweg zur Mühle trägt Simon das Kreuz.

NIEDERÖSTERREICH

- In Stockerau (Bezirk Korneuburg) pflegen die Männer einen Antibrauch zum Osterputz der Frauen. Die heitere „Gründonnerstagpartie" geht durch die Au nach Tulln. Treffpunkt ist um 8.30 Uhr am Platz vor der ehemaligen Buchhandlung Willmann. Die erste Wanderung unternahm Karl Wasserburger 1884 mit dem Männergesangverein. Zu den Ritualen gehören die Begrüßung eines Rauchfangkehrers, die Initiation der Neulinge (Jungfrauen), einige Labestationen mit Schnaps, Ostereieressen im Gasthaus, eine Begegnung mit den Ratscherbuben, eine Station beim Gedenkstein zur Erinnerung an die verstorbenen Teilnehmer. Abzeichen ist ein Kipfel, das beim Start gekauft und – sichtbar getragen – unversehrt bleiben muss.

OBERÖSTERREICH

- In Traunkirchen (Bezirk Gmunden) sind die barocken Rosenkranz-Kapellen auf dem Kalvarienberg Ziel des Leiden-Christi-Singens. Zwischen Gründonnerstag 21 Uhr und Karfreitag 4 Uhr singen die Versammelten jede Stunde zwei der sechzehn Strophen eines Liedes, das die letzten Stunden der Passion schildert. Der Vorsänger leitet es jeweils in der Art der Nachtwächterlieder ein. („Hört, ihr

Herren, und lasst euch sagen ...“) Das auf Flugblättern verbreitete Antlass-Lied entstand um 1700, als die Todesangst-Christi-Bruderschaft die fünf Kapellen stiftete.

SALZBURG

- In Großarl (Bezirk St. Johann im Pongau) ähnelt das Leiden-Christi-Singen dem Antlass-Singen von Traunkirchen. An die dreißig Bauern finden sich am Gründonnerstag vor 20 Uhr im Pfarrhof ein, werden vom Pfarrer begrüßt und begeben sich auf den Friedhof. Nach dem achten Glockenschlag beginnt der Vorsänger mit seinem Vers „Merkt auf, ihr Herren ...“, die Männer antworten mit der ersten Strophe eines zweistimmigen Passionsliedes. Bis 4 Uhr früh singen sie stündlich an verschiedenen Plätzen des Orts. In der Nacht von Karfreitag auf Karsamstag veranstalten die Ortsbewohner das Ölbergsingen, das von der Auferstehung handelt.

STEIERMARK

- In Aich und Haus (Bezirk Liezen) gehen die Burschen am Gründonnerstag Eier heischen, die sie am Abend gemeinsam kochen und essen. Musikanten begleiten die Gruppe, der in jedem Haus Schnaps aufgewartet wird. Dieser Brauch hat weniger mit Ostern als mit dem Brunnenräumen zu tun. Jugendliche mussten nach der Schneeschmelze Brunnen und Quellen säubern und wurden von den Bewohnern entsprechend honoriert.
- In Mariazell (Bezirk Bruck an der Mur) schließt an die Abendmesse mit der Fußwaschung das Apostelessen an. Die Männer, die die Rolle der Jünger übernommen haben, sind zu einer Festtafel eingeladen, erhalten ein Geschenk und kleine runde Osterbrote mit eingeritztem Kreuz. Den „Vorsitz“ hat eine vor 150 Jahren angefertigte Christusstatue, die ein Osterbrot in der linken Hand hält und es mit der rechten segnet. Während des Jahres befindet sich der Brot segnende Heiland in der Hauskapelle der Bäckerei Feischl auf dem Pater-Abel-Platz.

KARFREITAG

Der Karfreitag erinnert an die Kreuzigung und den Tod Jesu. Die Evangelien berichten von der Gefangennahme (Mt 26,47–56, Mk 14,43–52, Lk 22,47–53, Joh 18,1–11), dem Verhör vor dem Hohen Rat (Mt 26,57–68, Mk 14,53–65, Lk 22,63–71, Joh 18,12-27), der Auslieferung an Pilatus, Verspottung und Verurteilung (Mt 27,1–2.11–30, Mk 15,1–19, Lk 23,1–25, Joh 18,28–19,16). Jesus wird nach Golgotha geführt, gekreuzigt und stirbt (Mt 27,31–56, Mk 15,20–41, Lk 23,26–49, Joh 19,17–37).

In der evangelischen Kirche gilt der Karfreitag als höchster Feiertag des Kirchenjahres. Er ist einer der wichtigsten Abendmahlstage und für die (rund 5 Prozent) evangelischen Österreicher arbeitsfrei.

Für Katholiken ist der Karfreitag wie der Aschermittwoch Fast- und Abstinenztag. Viele Pfarren halten eine Kreuzwegandacht. Die Liturgie findet um 15 Uhr oder abends statt. Der Altar ist leer, Orgel und Glocken schweigen. Nach dem Einzug in Stille knien Priester und Assistenz vor dem Altar oder werfen sich nieder. Die Passion wird mit verteilten Rollen vorgetragen. Die Großen Fürbitten beschließen

den Wortgottesdienst, dem die Kreuzverehrung folgt. Bei der Kommunionfeier gibt es keine Wandlung. Manche Besonderheiten der „zerstörten Messe" gehen in die früheste christliche Zeit zurück: Die Christen in Jerusalem besuchten die Stätten der Passion. Auf Golgotha berührten sie die vom Bischof vorgezeigte Kreuzreliquie, dort fand auch ein Wortgottesdienst statt. In Rom trat im 7. Jahrhundert zur Verehrung einer Kreuzreliquie und dem Wortgottesdienst eine Kommunionfeier, bei welcher der Priester zuvor konsekrierte Hostien austeilte. Auch die Großen Fürbitten gehen auf die ursprüngliche römische Form zurück. Seit dem 9. Jahrhundert wird ein verhülltes Kreuz in die Kirche getragen, enthüllt und verehrt.

Der bekannteste Karfreitags-Brauch ist das Ratschen. (ital. raggirare: drehen). Nachdem die Glocken, wie man sagt, am Gründonnerstag nach Rom geflogen sind und erst in der Osternacht zurückkehren, geben meist Kinder (früher nur Ministrantenbuben, jetzt auch Mädchen und Mitglieder von Trachtengruppen) mit den hölzernen Lärminstrumenten die Gebetszeiten an. Dazu sagen sie Sprüche wie: „Wir ratschen, wir ratschen den Englischen Gruß, den jeder katholische Christ beten muss. Fallt's nieder, fallt's nieder, fallt's auf die Knie, bet's ein Vaterunser und drei Ave Marie." Die Ratschen, von denen verschiedene Bauarten bekannt sind (Klappern, die älteste Form, Flügelratschen für die Hand, Schubkarrenratschen usw.), sind mit bunten Bändern, Buchs und Heiligenbildern geschmückt. Nachdem die Ratscher auf mehreren Rundgängen ihren Dienst getan haben, werden am Karsamstag alle Häuser abgeklappert und Ostereier, Süßigkeiten oder Geld als Lohn in Empfang genommen.

Bräuche in den Bundesländern

BURGENLAND

- In Güttenbach (Bezirk Güssing) laufen die Kinder um die Kirche, um durch Ratschen den Beginn der Messe und die Wandlung anzuzeigen.
- In Zagersdorf (Bezirk Eisenstadt-Umgebung) dürfen nur Ministrantenbuben ratschen gehen. Sie bitten mit einem alten kroatischen Lied um Gaben. Die Gruppe bleibt über Nacht beisammen.

NIEDERÖSTERREICH

In Niederösterreich sind das Marchfeld und das Weinviertel typische „Ratschenlandschaften". Der Lohn besteht in Ratschergeld und Osterei. So lange nur die größeren (Ministranten-)Buben ratschen gingen, gab es innerhalb der Gruppen eine komplizierte Rangordnung und streng festgelegte Reviere. Der Vorratscher, Meister oder Natter (Gubernator) gab den Einsatz mit einem bunt geschmückten Stab, der Ratscherstecken war zugleich sein Rangabzeichen. Die Sprüche wurden meist geschrien, seltener gesungen.

- In Hohenau an der March (Bezirk Gänserndorf) sind hunderte Kinder in Gruppen unterwegs. Die Ratschen schmücken sie am Donnerstag mit bunten, am Freitag mit schwarzen Bändern aus Krepppapier.
- In Maissau (Bezirk Hollabrunn) werden die Ratscher nach der Abendmahlsmesse am Gründonnerstag feierlich ausgesendet.

OBERÖSTERREICH

- In Ebensee (Bezirk Gmunden) sind Reviere und Ausstattung der Gruppen genau festgelegt. Die Kinder verwenden Rumpeln (Kastenratschen) und Fahnenratschen. Auf ihren sieben Rundgängen sagen sie verschiedene Sprüche auf. Mit dem erhaltenen Geld finanzieren sie den Imbiss beim Ratscherfeuer, ihrem abschließenden Treffpunkt.
- In Schwanenstadt (Bezirk Vöcklabruck) gehen neun Gruppen von Ministranten und Ministrantinnen mit Ratschen und Sammelbüchsen von Haus zu Haus. Den Spruch haben sie aus St. Georgen im Attergau übernommen, den Zusatz von den Sternsingern: „Wir ratschen, wir ratschen, wisst's eh was' bedeut': weil Jesus verstorben ist, schweigt 's Glockengeläut. Wir ratschen, wir ratschen und trauern noch heut, vergeht aber nimmer viel Zeit und wir feiern Ostern voll Freud. – Ich bin der Kassier, der wichtigste Mann, weil ohne Geld steht man überall an." Zwei Drittel der Spenden gehen an den Sozialausschuss der Pfarre, der Rest bleibt für die Ministrantenarbeit.

WIEN

- In Grinzing, XIX., gehen am Karfreitag und Karsamstag ein Dutzend Kinder mit Schubkarrenratschen durch den Ort.

Im Gegensatz zur Trauer des Tages stehen die prächtigen Heiligen Gräber mit Blumenschmuck und den charakteristischen bunten Kugeln. Angeregt durch Pilgerfahrten zu den heiligen Stätten, entstanden im Mittelalter allenthalben Nachbildungen der Grabkapelle Jesu. Wie bei den Reliquien erhoffte man sich dieselben Gnadenwirkungen wie vom Besuch des Originals. In der Barockzeit entstanden Heilige Gräber oft im Zusammenhang mit Kalvarienbergen. In vielen Kirchen stehen (wieder) aufwändige Aufbauten, worin eine geschnitzte Statue den toten Jesus symbolisiert. Verschiedene Gruppen (Jugendliche, Pfadfinder, Studentenverbindungen, Bürgerkorps) übernehmen die Ehrenwache.

Das Heilige Grab der Wallfahrtskirche Lauffen

Bräuche in den Bundesländern

BURGENLAND

- In Eisenstadt wird das Oratorium „Die sieben Worte des Erlösers am Kreuz" von Joseph Haydn (1732–1809) in der Kalvarienbergkirche aufgeführt. Am Oberberg steht ein Heiliges Grab. Im Dom halten die Firmlinge einen Schweigemarsch und eine Kreuzwegandacht.

KÄRNTEN

- In St. Veit an der Glan wird 1292 erwähnt, dass die bürgerliche Trabantengarde das Heilige Grab bewachte. Noch immer geht die stündliche Wachablöse nach einem strengen Ritual vor sich.
- In Klagenfurt-Tultschnig halten die Trachtenfrauen die Grabwache. Der Aufbau aus dem 19. Jahrhundert zeigt außerdem das Schweißtuch Christi, Nägel, Geißel und die Dornenkrone, welche die Monstranz umrahmt.

NIEDERÖSTERREICH

- In Haslau-Maria Ellend (Bezirk Bruck an der Leitha) findet seit zirka fünfzehn Jahren am Karfreitag ein Jugendkreuzweg im Freien statt, der von der Hubertuskapelle zur Kirche führt. Die Feuerwehr übernimmt die Wache am Heiligen Grab.

OBERÖSTERREICH

Sehenswerte Heilige Gräber befinden sich u. a. in Bad Leonfelden (Bezirk Urfahr-Umgebung), Kremsmünster (Bezirk Kirchdorf an der Krems), Lauffen (Gemeinde Bad Ischl) 📷, Laussa (Bezirk Schärding), Reichenthal (Bezirk Urfahr-Umgebung), Schwanenstadt (Bezirk Vöcklabruck) und Ternberg (Bezirk Steyr-Land).

- In Freistadt stellt das Bürgerkorps die Ehrenwache beim Heiligen Grab. Die Männer marschieren unter Musikbegleitung zur Stadtpfarrkirche und wechseln sich halbstündlich ab. Ein Posten hält Wache vor dem Rathaus, wo zum Gebet geblasen wird. Die Wache dauert am Karfreitag von 15 bis 18 Uhr, am Karsamstag von 8 bis 17 Uhr.

SALZBURG

Im Heiligen Jahr 2000 gründete der Landtagsabgeordnete Michael Neureiter eine „Initiative Heilige Gräber". In der Folge erstanden sie in fast allen Pfarren des Tennengaus und auch in anderen Landesteilen.

- In Salzburg befindet sich die größte Anlage (wieder seit 1997) im Stift St. Peter in der Innenstadt.

TIROL

Bekannte Künstler des Barock gestalteten Heilige Gräber, wie Christoph Anton Mayr in der Franziskanerkirche von Schwaz (1764) oder Johann Joachim Pfaundler in Schönberg im Stubaital (Bezirk Innsbruck-Land). Mehrmals war ihr Bestand von Verboten bedroht, so 1790, im letzten Lebensjahr Kaiser Joseph II. (sechs Wochen nach seinem Tod wurde das Verbot rückgängig gemacht), und während der bayrischen Besetzung 1804–1814. Nach der Liturgiereform 1956 erschienen sie obsolet, erleben jedoch seit den 1980er Jahren eine starke Revitalisierung: Achtzig Heilige Gräber mit Kulissenteilen wurden wieder aufgestellt und erfreuen sich zahlreichen Besuchs.

- In Nauders (Bezirk Landeck) trägt eine seit 200 Jahren bestehende Bruderschaft am Karfreitag eine geschnitzte Figur des Heilands in einem Holzsarg durch den Ort. Es folgt eine Statue der Muttergottes, die an diesem Tag schwarz gekleidet ist; zu Fronleichnam trägt sie ein weißes Gewand. Die Prozession beginnt nach der Liturgie um 15 Uhr. Die Heilig-

Grab-Bruderschaft wurde 1803 von Pfarrer Johann Baptist Kuppelwieser gegründet, seit 1880 hat sie konstant 116 Mitglieder. In der NS-Zeit verboten, besteht sie wieder seit 1949 und betreut auch das Heilige Grab. Ähnliche Prozessionen mit dem Leichnam Christi finden in Innsbruck-Arzl und Thaur (Bezirk Innsbruck-Land) statt.

- In Nesselwängle (Bezirk Reutte) verdeckt der prächtige Aufbau des Heiligen Grabes aus dem frühen 20. Jahrhundert den Hochaltar.

KARSAMSTAG

Der Karsamstag ist ein a-liturgischer Tag, in den Kirchen herrscht Grabesruhe. Der Altar bleibt abgedeckt, es gibt keine Eucharistiefeier. In der Nacht zum Ostersonntag verwandelt sich die Trauer über den Tod Jesu in Freude über seine Auferstehung.

OSTERN

Die in die Auferstehung mündende Passion war schon in den frühchristlichen Gemeinden das entscheidende Ereignis. Daher sollte es an seinem Jahrestag und an seinem Wochentag, dem Sonntag als Tag des Herrn, immer von neuem festlich begangen werden. Aus den biblischen Texten erschließt sich die Auferstehung nur indirekt in Berichten über Erscheinungen des auferstandenen Christus, die Auffindung des leeren Grabes und die Botschaft des Engels (Mt 28, Mk 16, Lk 24, Joh 21–22).

Anders als bei Weihnachten lässt sich das historische Datum von Ostern errechnen: Sonntag, der 9. April des Jahres 30. Drei Jahrhunderte später (325) entschied das Konzil von Nizäa den Osterfeststreit so, dass das Fest am Sonntag nach dem ersten Frühlingsvollmond zu begehen sei. Tabellen verzeichnen 35 mögliche Kirchenjahre mit den Daten von Ostern (22. März bis 25. April), Christi Himmelfahrt (30. April bis 3. Juni), Pfingsten (10. Mai bis 13. Juni) und Fronleichnam (21. Mai bis 24. Juni).

In den meisten westeuropäischen Sprachen leitet sich die Bezeichnung des christlichen Hochfestes von der jüdischen Passahfeier ab. Der Würgeengel ging an den Häusern der Israeliten vorüber, deren Türpfosten mit dem Blut eines Opferlammes bestrichen waren. Hingegen ließ er die Erstgeborenen der Ägypter sterben (Ex 12,13).

Das Wort Ostern kommt nur im Deutschen und Englischen (Easter) vor. Die romanischen Sprachen (ital. Pascuale, franz. Les Paques) bleiben näher beim biblischen Original. Der älteste Beleg für

„Ostern" findet sich in einem Lehrbuch des Benediktiners Beda Venerabilis (673–735) als „Eostro" (vom indogermanischen Wortstamm ausus; griechisch eos: Sonne; lateinisch aurora: Morgenröte; althochdeutsch ostarum). Damals wurde geboten, niemand möge in dieser Nacht schlafen, sondern wach bleiben bis zur Morgenröte (Canones Hippolyti: „Nemo igitur illa nocte dormiat usque ad auroram."). Nach einer anderen Deutung findet sich im fränkischen Kirchenlatein „Albae paschales" als Bezeichnung für die Osterwoche. Dem Ausdruck liegt der Brauch der römischen Kirche zu Grunde, dass die Neugetauften eine Woche lang in ihren weißen Taufkleidern zum Gottesdienst kamen. Die frühchristlichen Franken übersetzten „Albae" mit „austro" (Morgenrot, Licht). Fränkische Dolmetscher, die mit Augustinus, dem späteren Erzbischof von Canterbury, 597 nach England zogen, brachten das Wort dorthin. Beda Venerabilis dürfte auch die vermeintliche Frühlingsgöttin Eostra/Ostara erfunden haben. Er hoffte wohl, die Englandmission voranzutreiben, wenn er sich auf ein angebliches heidnisches Fest berief. NS-Ideologen fanden an Eostra/Ostara ebenso Gefallen wie die deutsche Mythologenschule des 19. Jahrhunderts. Die „germanische Göttin des strahlenden Morgens" darf getrost zu den Märchenwesen der Brüder Grimm gezählt werden.

Die Osternachtfeier ist der ritenreichste Gottesdienst der katholischen Kirche. Er besteht aus vier Teilen – Lichtfeier, Wortgottesdienst, Tauffeier und Eucharistiefeier – mit komplizierter Entstehungsgeschichte. Vor der Kirche wird das Osterfeuer bereitet, gesegnet und daran die Osterkerze entzündet, von der die Gläubigen das Licht für ihre Kerzen nehmen. Der Wortgottesdienst umfasst bis zu neun Lesungen mit Antwortgesängen. Beim Gloria läuten wieder die Glocken, und die Orgel erschallt. Die Tauffeier erinnert daran, dass die Osternacht ursprünglich der Termin für die Initiation der (erwachsenen) frühen Christen war. Der Priester weiht das Wasser und taucht die Osterkerze ein, die Gläubigen bekräftigen ihr Taufversprechen und werden mit dem Wasser besprengt. Die Eucharistiefeier beginnt mit der Gabenbereitung und endet mit dem feierlichen dreifachen Schlusssegen. Oft schließen sich an den Gottesdienst eine Speisenweihe und eine Agape an.

Zu den neuen Osterbräuchen zählt der Osterbaum. An langen Weiden- oder Forsythienzweigen in einer Bodenvase hängen ausgeblasene bunte oder verzierte Eier. Die dekorative Idee verbreiteten in

den 1960er Jahren deutsche Frauenzeitschriften. In den letzten Jahren wird haltbarer Osterschmuck aus Holz oder Kunststoff industriell hergestellt. Der Osterbaum kann nun das Haus verlassen und steht – wie ein Christbaum für alle – in Gärten und öffentlichen Grünflächen.
Viele Pfarren verschenken Aufmerksamkeiten wie Spruchkarten, geweihte Eier oder Pinzen als Ostergruß.

Bräuche ganz allgemein lassen sich am besten mit einer Sprache vergleichen: Sprache lebt, es entstehen ständig neue Ausdrücke. Manches wird importiert, das eine kommt, das andere geht. Ähnliches taucht mit veränderter Bedeutung wieder auf. Verschieden Altes besteht nebeneinander. Nicht alles gefällt allen. Einzelne, Familien, Gruppen haben ihren eigenen Sprachschatz. Genauso leben Bräuche. Aus einem beschränkten Alphabet lassen sich unendlich viele Wörter und Sätze (Brauchhandlungen) zusammenstellen. Sie folgen einer bestimmten Grammatik. Wer die Grammatik kennt und die Sprache beherrscht, gehört dazu. Das Alphabet ist schnell aufgezählt. Alle Sinne werden angesprochen: Sehen, Hören, Riechen, Schmecken, Berühren. Bewegung und Dramaturgie spielen eine Rolle. Zufällig aneinander gereihte Buchstaben ergeben noch keine Sprache, die bloße Aneinanderreihung von Brauchelementen ergibt noch keinen Brauch. Das Alphabet der sinnlichen Effekte ist in allen Kulturen und Religionen ähnlich, der Wortschatz und die Grammatik nicht. Ostern, von Anfang an das Hauptfest der Christenheit, vereint alle Brauchelemente – in der liturgischen Feier ebenso wie in weltlichen Ritualen.

Brauchelemente zu Ostern

Feuer und Licht

Von jeher haben Feuer und Licht eine große Faszination auf die Menschen ausgeübt: Ausgrabungen in Afrika zeigen, dass dem Homo Erectus vor 1,5 Millionen Jahren das Feuer bekannt war. Es schützte ihn nicht nur vor wilden Tieren und wärmte (dadurch konnten kühlere Klimazonen erschlossen werden), es ist darüber hinaus von unschätzbarer psychologischer Bedeutung. Menschen sitzen rund um ein Feuer als Zentrum des Zusammenlebens, Tiere tun das nicht. Die Symbolkraft des Feuers ist vielschichtig: Leben, Vitalität, Wärme, Spiritualität, aber auch Vergänglichkeit, Zerstörung, Aggression, Reinigung. Dunkelheit ängstigt und weckt das Bedürfnis, ihr an den Wendepunkten des Naturjahres mit einem weithin sichtbaren Feuer zeichenhaft zu entgegnen. Licht ist fast ausnahmslos positiv besetzt.

Das Hereintragen des Lichts und seine Begrüßung war in der Antike ebenso bekannt wie bei jüdischen und frühchristlichen Zeremonien. Das Exsultet als feierlicher Lobpreis der Osterkerze entstand um 400 in Norditalien oder Südgallien.
Die Gläubigen trugen das in der Osternacht geweihte Feuer nach Hause und entzündeten damit das Herdfeuer und die Lichter zur Familienfeier. Das liturgische Osterfeuer fand und findet vielerorts Ergänzung in den Jahresfeuern, die gleichzeitig auf Anhöhen entfacht werden. Darauf nimmt Papst Zacharias schon 751 in einem Brief an Bonifatius Bezug, feste Tradition scheint es aber erst im 15. Jahrhundert geworden zu sein.

Bräuche in den Bundesländern

BURGENLAND

Im Burgenland kommen zu den kirchlichen Osterfeuern häufig weltliche, wo man sich trifft, isst und trinkt, z. B. in Deutsch Kaltenbrunn (Bezirk Jennersdorf), Mariasdorf (Bezirk Oberwart), Neutal (Bezirk Oberpullendorf) und Ollersdorf (Bezirk Güssing).

- In St. Martin an der Raab (Bezirk Jennersdorf) brennt am Karsamstag ab 5.30 Uhr bei der Kirche das Weihfeuer, das der Pfarrer zum Gebrauch segnet. Die Weihfeuerträger haben Blechbüchsen mit Zunder mitgebracht, in die sie die Glut geben. Je früher sie damit nach Hause kommen, umso wirksamer soll sie sein. Ursprünglich für Herd und Backofen bestimmt, kommt die Glutkohle jetzt auf den Acker.

KÄRNTEN

- Im Lavanttal brennt man, auf den Hängen weithin sichtbar, zu Ostern um Mitternacht Freudenfeuer ab. In Form christlicher Symbole – wie Jesusmonogramm oder Herz Jesu – errichtet man eine Reihe von Gestellen, die mit Öl gefüllten Gefäßen bestückt sind. Böllerschüsse und Fackelbräuche begleiten das Zeilenheizen. Es findet u. a. bei St. Paul (Bezirk Wolfsberg) und Wolfsberg statt. Nach der Überlieferung kamen diese Feuer während der Türkeneinfälle im letzten Viertel des 15. Jahrhunderts auf. Sie sollten als Signalfeuer dienen, wurden aber bald zu Freudenfeuern, als die Eindringlinge, aus Angst, umzingelt zu sein, abzogen. 📷
- In Globasnitz (Bezirk Völkermarkt) veranstaltet der seit 1992 bestehende Kultur-

verein Fackelträger/Bokvarji alljährlich am Karsamstag das Fackeltragen.

▪ In Gösseling (Gemeinde St. Georgen am Längsee, Bezirk St. Veit an der Glan) wurde das Fackeltragen vor einigen Jahren belebt. Zu Beginn der Fastenzeit sammeln die Burschen 5 bis 8 Meter lange Fichtenstämme, die sie mit Kienspänen bestecken. Am Karsamstag tragen sie ihre Riesenfackeln von der Kirche zum Elsgraben, wo der Osterhaufen brennt. Daran entzünden sie ihre Baumstämme, die in verschiedenen Figuren geschwungen werden. Weithin sichtbar stieben die Funken. Am Ende stellt man die Stämme pyramidenförmig auf. Erst nach dem Erlöschen der Glut kehrt man im Morgengrauen in den Ort zurück.

NIEDERÖSTERREICH

Osterfeuer im Zusammenhang mit der Auferstehungsprozession oder als Mittelpunkt einer Agape gibt es in verschiedenen Pfarren, u. a. Haslau-Maria Ellend (Bezirk Bruck an der Leitha), Mödling, Obermallebarn (Gemeinde Sierndorf, Bezirk Korneuburg) und Paudorf (Bezirk Krems).

SALZBURG

In vielen Orten wird das Osterfeuer – meist durch Kinder – in die Häuser geholt, wo es nach altem Glauben Segen bringen und Unheil fern halten soll. Im Pinzgauer Saalachtal schwingen sie glühende Baumschwämme, um das Osterfeuer gut heimzubringen.

▪ In Wölting (Gemeinde St. Andrä im Lungau, Bezirk Tamsweg) und anderen Orten im Lungau zimmern die Burschen 4 bis 6 Meter hohe pyramidenförmige Holzgestelle. Sie füllen die Kästen mit Reisig und Holzabfällen und entzünden sie in der Nacht des Karsamstags.

STEIERMARK

▪ Im Ennstal (Bezirk Liezen) kommen vereinzelt Männer mit Weihscheitln zum Osterfeuer. Sie halten verschiedene Holzstücke, die mit einem Drahtring an einer Stange befestigt sind, in die Glut und tragen sie heim. Gebräuchlicher ist es, das Osterlicht in Laternen nach Hause zu bringen. Nach der kirchlichen Feier brennen viele Osterfeuer in Gärten, bei Gehöften oder an Plätzen, wo sie Gruppen wie Landjugend oder Pfadfinder entfacht haben. Oft werden dort Erdäpfel gebraten, und man feiert fröhlich weiter, bis das Feuer erloschen ist.

▪ In den Grazer Vororten und im Umland brennen hunderte Osterfeuer in den Gärten.

WIEN

▪ Im Prater, II., wird Sonntag und Montag gegenüber dem Schweizerhaus bei Einbruch der Dunkelheit ein Osterfeuer entfacht.

Geräusche und Musik

Kein Fest kommt ohne Geräusche aus. Akustische Signale akzentuieren den Ablauf. Texte prägen sich in gesungener Form besser ein. Der passende Ton hängt von der Festzeit ab. Zu Ostern wird das besonders deutlich im Wechsel von den Ratschen zu den Glocken und dem Jubel der Orgel in der nächtlichen Feier.

Bräuche in den Bundesländern

BURGENLAND

▪ In Großpetersdorf (Bezirk Oberwart) stimmen Posaunen- und Fanfarenklänge in den Osterjubel ein.

▪ In Zillingtal (Bezirk Eisenstadt-Umgebung) wird durch das ganze Gemeindegebiet mit Peitschen geschnalzt.

KÄRNTEN

In vielen Orten kommt zum Klang der Kirchenglocken das Dröhnen der Böller. Im Metnitztal werden sie am Karsamstag geladen und am Ostersonntag um zwei Uhr früh geschossen, um die Auferstehung des Heilands zu verkünden.

- In Bleiburg (Bezirk Völkermarkt) treffen sich zwanzig bis dreißig Sänger im Waitschacher Hof zu einer Generalprobe. Gegen Mitternacht ziehen sie in der Osternacht, ausgehend vom Pfarrhof, durch die Stadt. Die Sänger werden bewirtet und erhalten eine Geldspende. Die Runde endet beim Kreuz an der Pfarrkirche, wo noch einmal das Osterlied („Der Heiland ist erstanden") erklingt und zum Abschied ein Vaterunser gebetet wird.
- In St. Margareten im Rosental (Bezirk Klagenfurt-Land) wurde 2003 eine neue Kanone nach dem Vorbild der alten angeschafft, um den Festen wieder den entsprechenden akustischen Rahmen zu verleihen.

OBERÖSTERREICH

- Im Bezirk Rohrbach findet die Osterfreude im Weckruf mit Böllern und Musik Ausdruck.
- In Altenhof am Hausruck (Gemeinde Gaspoltshofen, Bezirk Grieskirchen) bringt die Musikkapelle zwischen 5 Uhr und dem Beginn des Gottesdienstes vor jedem Haus ein Ständchen dar und wird zum Dank bewirtet.
- In Obertraun (Bezirk Gmunden) besorgt die Ortsmusik das Osterwecken.

STEIERMARK

- In Mooskirchen (Bezirk Voitsberg) geht das Leiden-Christi-Singen (Maschtasingen) am Ostersonntag auf eine Geißlerprozession aus der Zeit um 1330 zurück. Das Vortragskreuz ist mit Kerzen, immergrünen Zweigen und Papierrosen geschmückt. Auf ihrem Weg zum Gottesdienst singen die Männer alte Passions- und Osterlieder.

Lebensmittel

Zu Ostern spielen sowohl das Wasser als auch geweihte Speisen und sprichwörtlich Eier eine Rolle. Wasser als Sinnbild der Reinigung und Erneuerung begegnet bei der Fußwaschung der Apostel, der Handwaschung des Pilatus und besonders bei der Taufe, deren klassischer Termin die Osternacht war: Die (Erb)schuld wird abgewaschen. Moses, Petrus und viele Heilige wirkten Quellwunder. Geweihtes Osterwasser galt in der Volksfrömmigkeit als besonders wirksam für und gegen alles. Man bekreuzte sich damit, trank es und gab es den Tieren.

Mit dem Ostergottesdienst sind seit langem Speisensegnungen verbunden: Benedictio agni, benedictio carnis. Seit dem 10. Jahrhundert ist die Segnung von Milch und Honig bekannt, im 12. Jahrhundert von Eiern. Immer mehr Lebensmittel kamen dazu. Es ist allgemeiner Brauch, Eier, Schinken, Brot und Salz weihen zu lassen und daheim gemeinsam – als Vorspeise, z. B. in Wiesmath (Bezirk Wiener Neustadt), oder auf nüchternen Magen, z. B. in Wulzeshofen (Gemeinde Laa an der Thaya, Bezirk Mistelbach) – zu verzehren. Daran knüpft sich die Hoffnung, dass in diesem Jahr die Familie beisammenbleibt.

Das Ei spricht als Symbol für sich selbst. Für die Christen wurde es zum Sinnbild der Auferstehung. Dass es zu Ostern eine so große Rolle spielt, hat praktische Gründe. Nach dem Winter gab es viele Eier, doch durften sie in der Fastenzeit nicht gegessen werden. Nun dienten sie als Naturalabgabe, z. B. für den Pfarrer. Das verzierte Osterei war ein Geschenk der Eltern und Paten an die Kinder, der Bauern an Dienstboten, Freundschafts-, Minne- und Verehrungsgabe. Literarische Zeugnisse finden sich im 13. Jahrhundert in Byzanz. 1615 notierte ein Straßburger Handwerksmeister, dass man Eier grün, gelb, rot, schwarz und blau färbte. Etwas später ist von verzierten und vergoldeten Eiern als Geschenk die Rede. Nach einer anderen Theorie färbte man die zur Speisensegnung bestimmten Eier, um sie von den übrigen zu unterscheiden. Ein weit verbreiteter Brauch ist es, die Zahl der eigenen Ostereier durch Spiele wie das Eierpecken zu erhöhen. Man schlägt mit der Spitze auf das Osterei des anderen, wessen Ei ganz bleibt, der gewinnt auch das angeschlagene.

Als Eierbringer zum Fest galten Osterhase, Henne oder Hahn. Wie alte Holzschnitte zeigen, lieferten die Untertanen Hasen gemeinsam mit Eiern, Federvieh und Brot an weltliche und geistliche Obrigkeiten ab. Eine andere Erklärung für den Osterhasen hängt mit tierförmigen Gebäcken (Gebildbroten) zusammen, die man zu Ostern verschenkte. In Hennen und Osterlämmer wurden bunte Eier eingebacken. Sollte gar ein misslungenes Lamm zum Osterhasen geworden sein? Die erste (kritische) Erwähnung eines Eier legenden Osterhasen stammt vom Heidelberger Arzt Johannes Richier (1682). Kräftigen Aufschwung erfuhr der Osterhasenglaube mit der industriellen Herstellung von Rübenzucker im 19. Jahrhundert. Nun war es möglich, Hasen und Eier als Konditorware und aus Schokolade in größeren Mengen herzustellen. Sie waren passende Symbole der bürgerlich-städtischen Familienkultur, die auch das Weihnachtsfest besinnlich zu feiern begann.

Bräuche in den Bundesländern

BURGENLAND

Zu den von der Katholischen Frauenbewegung der Diözese Eisenstadt in den vergangenen Jahren angeregten Familienbräuchen zählen in Kreuzstichtechnik verzierte Ostereier und Tücher für die Speisenweihe, selbst gestaltete Kerzen und eigene Osterteller. Sie haben Ausnehmungen für zwölf Eier und in der Mitte eine für die Kerze.

- In Stinatz (Bezirk Güssing) stellt man rot, violett oder schwarz gefärbte Eier her, deren Muster mit einem kleinen Messer herausgekratzt werden.
- Aus Siget in der Wart (Gemeinde Rotenturm an der Pinka, Bezirk Oberwart) kommen die „geschriebenen Eier". Ihr Dekor ist mit warmem Wachs in Batiktechnik aufgebracht und bleibt daher nach dem Färben weiß.

KÄRNTEN

Weihkörbe mit gestickten Decken werden in Kärnten in großer Zahl in die Kirchen gebracht. Sie beinhalten Schinken, Speck, geselchte Zunge, Lammfleisch, ein gefülltes Butterlamm, rote Eier, Krenwurzeln, Salz und einen Reindling. Früher durfte das „Weichatuch" weder gewaschen noch sonst verwendet werden. Man hängte es nur im Sommer zur Gewitterabwehr auf den Zaun.

NIEDERÖSTERREICH

In verschiedenen Landesteilen ist es üblich, dass die Kinder ihre Paten besuchen und von diesen mit großen Osterkipfeln oder anderen Geschenken bedacht werden, z. B. in Edlitz, Kirchberg am Wechsel (beide Bezirk Neunkirchen) und Ybbsitz (Bezirk Amstetten).

▪ In Steinakirchen am Forst (Bezirk Scheibbs) wird das Weihwasser der Osternacht vor der Kirche aufgestellt, und die Kirchgänger waschen sich damit die Augen, um mit österlichen Augen zu sehen.

SALZBURG

Kunstvoll verzierte Butterlämmer samt Sockeln für die Speisenweihe werden im Salzburger Land (wieder) häufig hergestellt. Sie wiegen mehrere Kilo.

STEIERMARK

▪ Im Ennstal (Bezirk Liezen) trägt man die Speisen in einem Korb mit gestickter Decke in die Kirche, außer den üblichen Lebensmitteln ist Butter in Form einer Henne oder eines Lammes dabei. Die Männer besuchen am Sonntag die Häuser von Bekannten, wo sie von den Bewohnerinnen rote Eier erhalten. Die Burschen tun dasselbe am Montag. Dabei sollen den Frauen keine Ostereier übrig bleiben.

Bewegung

Prozessionen (z. B. zur Auferstehung) sind alte religiöse Rituale. Betend, singend und gemessenen Schritts gehen Gruppen von Gläubigen vorgegebene Wege. Ein eher weltlicher Brauch ist der Osterspaziergang oder Emmausgang am Montag.

Bräuche in den Bundesländern

BURGENLAND

▪ In Breitenbrunn (Bezirk Eisenstadt-Umgebung) begibt sich nach der Osternachtsfeier die Lichterprozession zum Friedhof, eine Figur des Auferstandenen wird mitgetragen.

▪ In Klingenbach (Bezirk Eisenstadt-Umgebung) gehen die Frauen am Karsamstag früh, die Männer zu Ostern auf Herrgottsuche.

▪ In Zagersdorf (Bezirk Eisenstadt-Umgebung) ziehen Frauen ab 3 Uhr singend und betend durch den Ort und machen bei Bildstöcken Station. Um 5 Uhr lösen sie Männer beim Herrgottsuchen ab. Die Kinder besuchen am Ostersonntag Verwandte und Bekannte. Der kroatische Spruch dazu bedeutet: Gelobt sei Jesus Christus, ich bitte um ein rotes Ei.

KÄRNTEN

▪ In Selpritsch (Gemeinde Velden am Wörthersee, Bezirk Villach) ist die Kirche am Karsamstag um 22 Uhr Ausgangspunkt eines 22 Kilometer langen Marsches. Er führt über Latschach, Augsdorf, den Kathreinkogel und Rupertiberg auf den Humitzberg. Dort wird am Ostersonntag um 4 Uhr die Auferstehung gefeiert.

SALZBURG

▪ In St. Gilgen (Bezirk Salzburg-Umgebung) beginnt am Ostersonntag um 1 Uhr eine Nachtwallfahrt auf den Falkenstein. Ausgangspunkt ist die Klosterkirche Gut Aich in Winkl.

OSTERMONTAG

Der arbeitsfreie Montag bietet sich für den Osterspaziergang an. Die Ausflüge werden mit der Bibelstelle von den Emmausjüngern (Lk 24,13–35) in Verbindung gebracht, die an diesem Tag als Evangelium zu hören ist.

Bräuche in den Bundesländern

KÄRNTEN

- Der Wolfsberg zwischen der Bezirksstadt Spittal an der Drau und Seeboden ist am Ostermontag Schauplatz der Schweinshaxelversteigerung. Das 1938 angefertigte Hochaltarbild der gotischen Kirche St. Wolfgang zeigt den Patron mit einem Bauern, der Stelzen bringt, und einer Bäuerin mit Ostereiern. In der Kirche gibt es nur zweimal jährlich, am Ostermontag und am Pfingstmontag, eine Messe. Zu Ostern kommen an die 2.000 Besucher. Beim Gottesdienst weiht der Priester Schinken und Speck, welche die Bauern in großen Körben auf die Seitenaltäre gestellt haben, danach Erde, die viele Kirchgänger mitnehmen, um Stallvieh und Acker vor Schaden zu bewahren. Nach der Messe findet die Versteigerung des Weihfleisches statt. Der Erlös dient der Erhaltung des gotischen Kirchleins.

NIEDERÖSTERREICH

- In Alberndorf im Pulkautal (Bezirk Hollabrunn) hat Bürgermeister Friedrich Zottl in den 1970er Jahren das Greangehen belebt. Einst baten die Weinbauern ihre Helfer nach dem Winter und zu Beginn der neuen Saison in die Kellergasse, wo sie ihnen roten Wein, weißes Brot und schwarzes Fleisch (Geselchtes) als Spezialitäten kredenzten. Daran knüpft sich der Spruch: „Mancher geht eben aus und kommt schief heim." Inzwischen laden auch Hauer in anderen Weinviertler Kellergassen ein – und viele Wiener kommen gerne.
- In Groß Engersdorf (Bezirk Mistelbach) geht man am Ostermontag um 5 Uhr zur 2 Kilometer entfernten Lourdesgrotte.

OBERÖSTERREICH

- In Obertraun (Bezirk Gmunden) ist die Nacht zum Ostermontag eine Unruhnacht. Die Burschen verschleppen Gegenstände, die ein Rad haben, z. B. Fahrräder oder Mischmaschinen. Sie werden nur versteckt, wo man sie ohne Leiter auf Dächer oder Bäume bewegen kann. Mit Bezug auf die erhofften Ostereier nennen die Burschen den Brauch Oaradeln.

SALZBURG

- In Wölting (Gemeinde Tamsweg) veranstaltet die Dorfmusik am Ostermontag das Gonesrennen (Gones: Gänserich). Zu diesem Fangspiel stellen sich die Paare in einer Reihe auf. Der Gones in der ersten Reihe hat keine Partnerin und versucht das Mädchen des letzten Paares einzufangen.

STEIERMARK

- In Bad Mitterndorf (Bezirk Liezen) sind am Ostermontag der Besuch bei den Taufpaten (Godngehen) und das Eiersammeln (Eierfechten) Kinderbräuche.
- In Hall (Bezirk Liezen) gehen Kinder bis 14 Jahre am Ostermontag zu ihren Paten Mittagessen und erhalten ein Geschenk.

WIEN

- Die Pfarre Emmaus am Wienerberg, X., feiert ihr Patrozinium mit einer Festmesse und anschließendem Emmausgang, auf dem die Kinder Ostereier suchen.
- Der traditionelle Emmausgang der Pfarre Grinzing, XIX., führt ins Kahlenbergerdorf, wo gemeinsam die Messe besucht wird.
- In der Pfarre Gartenstadt, XXI., trifft man sich um 14 Uhr vor der Kirche Blut Christi zu einer Wanderung.

DIE OSTERZEIT (PENTEKOSTE)

Pfingsten und die fünfzigtägige liturgische Freudenzeit stehen in der Tradition der großen jüdischen Wallfahrtsfeste. Sieben Wochen nach dem Fest der ungesäuerten Brote (Passah) am Beginn der Gerstenernte wurde das Wochenfest (Schawuot) als Erntedankfest begangen. Die christliche Pentekoste ist als liturgische Freudenzeit seit dem 2. Jahrhundert bezeugt. Sie galt als einziger Festtag, als großer Tag des Herrn, an dem man weder fasten noch beim Beten knien durfte. Wie die Juden zu Passah die Hallel-Psalmen vortragen, singen die Christen in der Osterzeit häufig das „Halleluja" (Preist den Herrn). Der heilige Augustinus war vom Halleluja so begeistert, dass er formulierte, die Menschen hätten es den Engeln im Himmel geraubt.

Zu seiner Zeit, im 4. Jahrhundert, blieben die ersten acht Tage arbeitsfrei. Der Weiße Sonntag als Oktavtag erinnert an die in der Osternacht Getauften. Sie trugen eine Woche lang beim Gottesdienst ihre weißen Gewänder (Hebdomada in albis). Am vierzigsten Tag nach Ostern wird seit zirka 390 das Fest Christi Himmelfahrt gefeiert. Am fünfzigsten Tag symbolisiert Pfingsten (nach 7 mal 7 Tagen) die Vollendung, die sich zu Ostern angebahnt hat.

Bräuche in den Bundesländern

KÄRNTEN

- In Mölbling (Bezirk Spittal an der Drau) ist eine gotische Kirche den heiligen Ärzten Kosmas und Damian geweiht. Deshalb erkor man sie in der Barockzeit zum Ziel von Pestwallfahrten. Noch immer kommen am Weißen Sonntag Pilger aus Gunzelberg und Meiselding, am zweiten Sonntag nach Ostern aus Althofen und St. Kosmas und am dritten Sonntag nach Ostern aus Friesach und Pöckstein. Vor der Kirche hat ein Verkaufsstand mit Andenken und Backwaren geöffnet, beim Tor das hölzerne Opferhäuschen, wo man Wachsvotive erwerben kann. Die Gläubigen legen diese mit Bitten auf den Altar. Die Pilger werden zum Gottesdienst mit einer Fahne abgeholt, welche die beiden Kirchenpatrone zeigt. Besondere Aufmerksamkeit genießt ein grauer Stein, der mit Kerzenresten bedeckt ist. Nach der Überlieferung ruhte darunter eine junge Frau, die im Zuge eines Gelübdes als Pestopfer lebendig begraben, jedoch von den Kirchenpatronen befreit wurde.
- Sagenumwoben ist der Vierbergelauf am Dreinagelfreitag, dem zweiten Freitag nach Ostern, der in den April oder Mai fällt. 50 Kilometer Wegstrecke und 600 Höhenmeter sind in 17 Stunden zu überwinden. Seit dem ausgehenden 15. Jahrhundert findet die Vierbergewallfahrt zum Magdalensberg, Ulrichsberg, Veitsberg und Lorenziberg statt. Nach dem Vorbild der Jubiläumswallfahrt in Rom gestaltet, bildet sie Höhepunkt und Abschluss des Kärntner Passionsbrauchtums. Die Pilger versammeln sich am Vorabend des Dreinagelfreitags auf dem Magdalensberg, wo sie eine Mitternachtsmette feiern. Danach begeben sie sich zum Zollfeld und nach Pörtschach am Fuß des Ulrichsberges. Dieser wird am nächsten Tag nach Frühstück und Messe bestiegen, bei der Kirchenruine hält man eine Andacht. Anschließend werden Messen in Karnburg und Zweikirchen gefeiert. Durch das Glantal ziehen die Teilnehmer nach Lienberg, wo sie Mittagsrast halten und wieder eine Messe besuchen. Sie besteigen

den Veitsberg (Göseberg), um in der Kapelle die Litanei zu beten, und gehen nach Gradenegg und Sörg hinunter, wo ihnen jeweils der Segen erteilt wird. Gegen 17 Uhr erreichen sie ihr Ziel, die Lorenzibergkirche am Gauerstall. Zur Zeit der Aufklärung verboten und manchmal heimlich durchgeführt, erfreute sich die Vierbergewallfahrt im Biedermeier großer Beliebtheit. Zählte man damals bis zu 2.000 Teilnehmer, ging deren Zahl nach 1900 auf ein Dutzend zurück. Seit den 1950er Jahren erfolgte ein neuer Aufschwung. Um die 50 Kilometer lange, gebirgige Strecke an einem Tag zurückzulegen, muss man sehr schnell unterwegs sein. Diese und andere Besonderheiten wie das Sammeln von Kräutern und der Austausch von Saatgut verleiteten zu mythologischen Deutungen (keltischer Fruchtbarkeitskult) des Vierbergelaufs, die nach neueren Forschungen unhaltbar sind. Die Entstehung des Brauchs ist in der Verehrung der Kreuzesnägel begründet, welche die bedeutenden St. Veiter Familien Kaltenhauser und Gleismüller pflegten. Daher ist der St. Veiter Magdalensberg mit der Kirche St. Helena Ausgangs- und Endpunkt des Laufs. Helena gilt nicht nur als Kreuzesauffinderin, sondern laut Ambrosius auch als Auffinderin der Kreuzesnägel. Bei der Vierzahl der Berge waren wohl die Stationskirchen in Rom maßgeblich.

OBERÖSTERREICH

Am Weißen Sonntag ist es Brauch, dass die Kinder ihre Großeltern besuchen und von ihnen mit Kipferln bewirtet werden.

TIROL

- In Obermauern (Gemeinde Virgen, Bezirk Lienz) ist die Wallfahrtskirche Maria Schnee am Samstag vor dem Weißen Sonntag Ziel der Widderprozession. Das Steinschaf wird von den Bewohnern des Virgentals (Virgen und Prägraten) gestellt, von einem von den beiden Gemeinden bezahlten Widderhalter gepflegt, nicht geschoren und hat bei der Weide Vorrechte. Das halbmeterlange weiße Fell mit Bändern und Blumen geschmückt, wird das Tier in der Prozession zur Kirche gebracht. Der Widderhalter führt es dreimal um den Hochaltar. Der Widder bleibt beim Bitt- und Dankgottesdienst in der Kirche und wird danach zu deren Gunsten verkauft, versteigert oder verlost. Der Brauch geht nach der Überlieferung auf die Pestjahre um 1635 zurück, als ein Drittel der Tiroler der Seuche zum Opfer fiel. Ein barockes Votivbild (das Original in der Wallfahrtskirche, eine Kopie auf einem Bildstock am Weg, wo es sich früher befand), zeigt die Dreifaltigkeit, Maria und Josef, die Prozession und den Kampf des Widders mit dem Sensenmann. Die Darstellung bezieht sich auf das frühere Ziel, den Lavanter Kirchbichl mit seinen zwei Kirchen, wohin die Prozession bis 1920 führte. Für die Teilnehmer bedeutete dies bei einer Entfernung von 50 Kilometern mindestens 12 Stunden Gehzeit.

VORARLBERG

- In Höchst (Bezirk Bregenz) tragen die Erstkommunikanten und Ministranten am Weißen Sonntag eine Kopfbedeckung aus Efeublättern und Goldflitter (Bläktoschappel).
- In Schwarzenberg (Bezirk Bregenz) begleiten die ausschulenden Mädchen in Bregenzerwälder Tracht (mit Juppe und Schappale) die Erstkommunionkinder.

19. MÄRZ – JOSEF

Josef aus dem Geschlecht Davids lebte in Nazaret als Zimmermann. Als Verlobter Marias wurde er zum Nährvater des Jesuskindes. Josef muss zwischen der Wallfahrt mit dem zwölfjährigen Jesus nach Jerusalem und dessen öffentlichem Auftreten gestorben sein, danach wird er in der Bibel nicht mehr erwähnt. Seine Verehrung setzte im Orient früher ein als im Westen, hier geht die älteste Erwähnung auf das Jahr 850 zurück. Josef ist Landespatron von Kärnten, Steiermark und Tirol, seit 1870 Patron der katholischen Kirche. In der Barockzeit förderten die habsburgischen und bayrischen Herrscher seinen Kult, Josef wurde nun ein häufiger Vorname. Im 19. Jahrhundert erkoren ihn die Gesellenvereine zu ihrem Schutzherrn, dessen Tag sie feierlich begingen. Schon zuvor war er Patron der Bruderschaften, Familien, Reisenden und der Holz verarbeitenden Berufe. Weil man damals eher den Namens- als den Geburtstag feierte, gab es vielerorts Feste zu Ehren der Namensträger.

Bräuche in den Bundesländern

KÄRNTEN

Bis zum Zweiten Weltkrieg war Josefi in Kärnten Feiertag, jetzt ist am Tag des Landespatrons schulfrei.

- In Eberndorf (Bezirk Völkermarkt) findet seit 1909 der Josefimarkt statt, seit einigen Jahren zwei Tage hindurch am Wochenende. Neben dem Angebot der Marktfieranten gibt es einen Vergnügungspark und kulturelle Angebote der Gemeinde. Die Besucher kommen vor allem aus Unterkärnten und Slowenien.

NIEDERÖSTERREICH

- In Frankenfels (Bezirk St. Pölten) findet der heilige Josef besondere Verehrung. Es gibt einen eigenen Gottesdienst für die Zimmerleute.
- In Wieselburg (Bezirk Scheibbs) feiern die Zimmerleute am Josefstag ihren Gottesdienst.

OBERÖSTERREICH

- In Weyregg am Attersee (Bezirk Vöcklabruck) und anderen Orten wird bei den „Seppentreffen“ viel Bier getrunken.

April

„April, April tut, was er will …" Die Launen des Wetters könnten den 1. April zum Neck- und Scherztag gemacht haben. Der Redensart „jemanden in den April schicken" begegnet man erstmals 1618 in Bayern. Volkstümliche Erklärungen meinen, dass an diesem Tag Jesus von Pontius zu Pilatus geschickt worden sei.

Bräuche in den Bundesländern

SALZBURG

- In St. Gilgen (Bezirk Salzburg-Umgebung) gedenkt man Ende April mit einem Patroziniums- und Kirchweihfest des Patrons der Aberseer Kirche, des Kapuzinerpaters Konrad von Parzham, der am 21. April im Kalender steht.

WIEN

- Das erste Wiener Stadtfest fand am 29. April 1978 auf Initiative von Erhard Busek statt. Die Idee der „bunten Vögel", der auch etliche Grätzelfeste ihre Entstehung verdanken, sollte Abwechslung in den politischen Alltag bringen. Heute versteht sich das Stadtfest als Bekenntnis zur Lebensfreude und Einladung an alle Wiener und Besucher. Eventerfinder Alf Kraulitz stellte die Vielfalt der Kulturen in den Mittelpunkt des Konzeptes. 2003, als das Fest zum 20. Mal abgehalten wurde,

ist die Besucherzahl des zehnstündigen Open-Air-Spektakels auf 600.000 angestiegen.

23. APRIL – GEORG

Georg von Kappadozien zählt zu den populären Heiligen mit einer legendären Biographie. Demnach stammte er aus der östlichen Türkei, war Offizier im römischen Heer und wurde um das Jahr 305 enthauptet. Der Kult begann im heutigen Israel, wo sich sein Grab befindet. Ab dem 11./12. Jahrhundert wird der heilige Georg mit der mythischen Gestalt des Drachentöters verbunden: Einem Drachen mussten Menschenopfer gebracht werden. Als das Los auf die Königstochter fiel, stieß ihm Georg den Speer in die Seite. Der verletzte Drache wurde daraufhin zahm und ließ sich von der Prinzessin in die Stadt führen. König und Bewohner bekehrten sich zum Christentum, und Georg erlegte den Lindwurm.

Als Vorbild und Sinnbild ritterlicher Männlichkeit wurde er zum Patron der Ritter, Soldaten, Schützen und Pfadfinder. Die Landwirte (Georgos heißt griechisch Bauer) empfahlen dem Ritter ihre Pferde. Er zählt zu den vierzehn Nothelfern. Georgi war seit dem Mittelalter ein wichtiger Zins- und Rechtstermin, der auch als Frühlingsanfang galt. Die Weidesaison begann, nun durfte man die Wiesen nicht mehr betreten. Jetzt veranstalten vor allem Reiterklubs Georgiritte.

Bräuche in den Bundesländern

BURGENLAND

- In Mörbisch am See (Bezirk Eisenstadt-Umgebung) pflegt man um Georgi einen alten Rechtsbrauch, den Hottergang. Gemeindebedienstete und Obmänner aller Vereine gehen die Ortsgrenzen ab.

KÄRNTEN

Georgi wird diesseits der Drau am 23. April begangen, am anderen Ufer einen Tag später. Das Jörgenjagen im oberen Rosental ist ein Heischegang, bei dem eine

Gruppe Jugendlicher mit Lärminstrumenten umzieht und bei den Häusern Segen wünscht. Ihr Lohn (Fleisch, Eier, Geld) wird in einem Korb gesammelt und am Ende verteilt.

▪ In Latschach (Gemeinde Velden am Wörthersee, Bezirk Villach) wird am Abend des Georgstages ein Holzstoß entzündet und gemeinsam gebetet. Teilnehmer sind Buben ab der zweiten Volksschulklasse und Hauptschüler. Bis Mitternacht laufen sie mit Glocken, Hörnern und Deckeln lautstark von Haus zu Haus. Der Kapo klopft mit seinem Horn kräftig an und sagt seinen Spruch auf. Er verheißt Glück für Haus und Hof und verbannt Mäuse und Ratten.

NIEDERÖSTERREICH

▪ In Haag (Bezirk Amstetten) wird um den 23. April Kirtag gefeiert.

▪ In Katzelsdorf (Bezirk Wiener Neustadt) findet jedes Jahr um den Georgstag eine Pferdesegnung statt.

▪ In St. Georgen an der Leys (Bezirk Scheibbs) ist Georgi einer der beiden Kirtagstermine, der erste findet um Gregori (12. März) statt.

OBERÖSTERREICH

Georgiritte und Reiterspiele knüpfen an das Patronat für Pferde und Reiter an. Nach bayrischen Vorbildern sind publikumswirksame Veranstaltungen entstanden.

▪ In Eben (Gemeinde Altmünster, Bezirk Gmunden) feiert der Reiterklub einen Festgottesdienst und den Georgiritt. Besitzer von Pferden und Gespannen geben Proben ihres Könnens, Kinder dürfen Ponyreiten.

▪ In Micheldorf in Oberösterreich (Bezirk Kirchdorf an der Krems) finden um den 23. April der Georgiritt und ein mittelalterliches Treiben auf dem Hauptplatz statt.

SALZBURG

▪ In Eugendorf (Bezirk Salzburg-Umgebung) ist der Sonntag vor oder nach dem 23. April Termin des Kirchberger Georgirittes. Der Flurumritt beginnt um 13 Uhr mit der Pferdesegnung bei der Georgskirche und führt zum Kranzlstechen in die Rotte Drei Eichen.

▪ Neumarkt am Wallersee (Bezirk Salzburg-Umgebung), die junge Stadt im Flachgau, veranstaltet ihren Georgiritt in altertümlichen Kostümen. 📷

▪ In Salzburg wird auf der Festung Hohensalzburg das Georgikirchweihfest gefeiert.

▪ In St. Georgen (Gemeinde Bruck an der Großglocknerstraße, Bezirk Zell am See) hält man zu Ehren des Patrons einen Votivbrauch, das Viehumtragen, ab. Geschnitzte Tierfiguren werden im Opfergang auf den Altar gestellt.

▪ In Thomatal (Bezirk Tamsweg) pflegt Pfarrer Valentin Pfeifenberger neben dem Georgiritt das Sauhaxnopfer.

25. APRIL – MARKUS

Markus, ein hellenistischer Jude, konvertierte wahrscheinlich unter dem Einfluss von Petrus zum Christentum. Er wirkte als dessen Dolmetscher ins Griechische und gilt als Verfasser des Markusevangeliums, das er auf der Grundlage von Petrus' Predigten schrieb. Er begleitete Barnabas und Paulus auf Missionsreisen, gründete um 65 die Kirche von Alexandria und wurde Bischof. Christenfeindlich gesinnte Einwohner überfielen ihn, während er die Messe feierte, und schleiften ihn mit einem Strick um den Hals zu Tode. Ein Unwetter hinderte die Mörder, den Leichnam zu verbrennen, sodass er christlich bestattet werden konnte.

Der Evangelist ist u. a. Patron für gutes Wetter und gute Ernte. Die an seinem Tag abgehaltenen Flurumgänge (Bittprozessionen) gehen auf die römische Prozession Ambarvale zurück.

Bräuche in den Bundesländern

BURGENLAND

In einigen Orten des Burgenlandes finden um den Markustag Grenzbegehungen (Hottergang) statt. Dabei bessert man die Erdhaufen aus, welche die Gemeindegrenzen markieren. Dieser Rechtsbrauch ist u. a. aus Deutschkreutz, Neckenmarkt (beide Bezirk Oberpullendorf) und Schattendorf (Bezirk Mattersburg) überliefert.

▪ In Klingenbach (Bezirk Eisenstadt-Umgebung) ist die Markusprozession Brauch.

NIEDERÖSTERREICH

Markusprozessionen, oft mit einer Feldersegnung verbunden, sind in vielen niederösterreichischen Gemeinden alter oder neuer Brauch, so in Kirchberg am Wechsel (Bezirk Neunkirchen), Kirchschlag in der Buckligen Welt (Bezirk Wiener Neustadt), Ladendorf (Bezirk Mistelbach), Tribuswinkel (Gemeinde Traiskirchen, Bezirk Baden) und Zellerndorf (Bezirk Hollabrunn).

▪ In Groß-Engersdorf (Bezirk Mistelbach) pflegen die Gemeinderäte am Markustag die Grenzbegehung und das Leberbessern (Instandsetzen der Erdhügel, die die Gemeindegrenzen markieren).

▪ In Haringsee (Bezirk Gänserndorf) wird eine Markusprozession abgehalten. Zwei Kreuzträger, einer aus Haringsee, der andere aus der Katastralgemeinde Fuchsenbigl, treffen mit ihren Gruppen bei einem Marterl zusammen und gehen das letzte Stück gemeinsam. Ein Priester spendet den Flursegen.

STEIERMARK

▪ Von Aigen im Ennstal (Bezirk Liezen) führt eine Markusprozession, bei der um gute Ernte gebetet wird, nach Hohenberg.

BITTTAGE

Die Prozessionen über die Felder an den drei Tagen vor Christi Himmelfahrt haben antike Vorläufer. Die Römer hielten am 25. April Bittprozessionen (Ambarvale: um die Fluren herum) zu Ehren des Gottes Robigus zum Schutz des Getreides. Der Brauch wurde im 4. Jahrhundert von der älteren christlichen Bittprozession (Litania maior) abgelöst. Diese übernahm den Weg in Rom und schloss mit einer Messe im Petersdom. Die jüngeren Bittprozessionen (Rogationen, Litaniae minores) haben ihren Ursprung in Gallien. Dort ordnete Bischof Mamertus von Lyon 469 wegen Erdbeben und Missernten an den drei Tagen vor Christi Himmelfahrt Fasten und Bußprozessionen an.

Bräuche in den Bundesländern

BURGENLAND

Im Burgenland erfreuen sich Flurumgänge großer Beliebtheit. Ziel ist oft eine Kapelle, wo Gottesdienst gefeiert und eine Agape gehalten wird, z. B. in Großpetersdorf (Bezirk Oberwart), Klingenbach (Bezirk Eisenstadt-Umgebung), Ollersdorf im Burgenland (Bezirk Güssing) und Wolfau (Bezirk Oberwart).

▪ In Bad Tatzmannsdorf (Bezirk Oberwart) sind zwei neue, für den Ort wichtige Institutionen Ziel für Meditationen an den Bitttagen: die Kurhalle (Themen des Kurortes) und das Freilichtmuseum (Thema: Schöpfung, Altes bewahren, Neues gestalten).

NIEDERÖSTERREICH

In Feldern und Weingärten wird um den Segen für die Fluren gebetet, z. B. in Herzogenburg (Bezirk St. Pölten), Röschitz (Bezirk Horn), Schönbach (Bezirk Zwettl) und Watzelsdorf (Gemeinde Zellerndorf, Bezirk Hollabrunn).

OBERÖSTERREICH

Beim Kornfeldbeten ziehen kleinere Gruppen – nicht nur zu den Bitttagen – zu Bildstöcken und Kapellen, um durch Gebet (Rosenkranz und Litaneien) Schutz und Segen für die Felder zu erflehen.

▪ In Nebelberg (Bezirk Rohrbach) benachrichtigt der Dorfhauptmann einen Nachbarn vom Bittgang, indem er ihm seinen Stock mit einem Zettel, der über den Treffpunkt informiert, überreicht. Der Stock macht die Runde, bis das ganze Dorf Bescheid weiß.

STEIERMARK

▪ In Öblarn (Bezirk Liezen) geht am Dienstag eine Prozession, die der Pfarrer anführt, zur Brückentischlerbrücke und zum Bittgottesdienst in die Kirche. Am Mittwoch führt der Umgang nach Gstatt, am Donnerstag zur Kapelle in Niederöblarn. Dort betet man um gute Ernte.

WIEN

▪ Am Montag vor Christi Himmelfahrt feiern die Döblinger um 6.30 Uhr im höchstgelegenen Heurigengarten Wiens, bei Hans und Lisa Sirbu am Kahlenberg, einen Bittgottesdienst. Hildebrand Merkl, der damalige Pfarrer von Heiligenstadt, begründete den Brauch für die Döblinger Pfarren, nachdem in den 1970er Jahren die traditionelle Prozession mit Kirchenfahnen keinen Anklang mehr fand.

▪ Die Pfarre Stammersdorf, XXI., nannte den Bittgang der Wiener Landfrauen 1997 als neuen Brauch.

CHRISTI HIMMELFAHRT

Das bewegliche Fest am vierzigsten Tag nach Ostern fällt zwischen 30. April und 3. Juni. Biblische Grundlage ist die Apostelgeschichte: „40 Tage hindurch ist er ihnen erschienen und hat vom Reich Gottes gesprochen" (Apg 1,3) und der Bericht der Himmelfahrt (Apg 1,9–11).

Bräuche in den Bundesländern

BURGENLAND

In 16 Prozent der katholischen Pfarren ist Christi Himmelfahrt der Termin der Erstkommunion, in einigen evangelischen der Konfirmation.

▪ In Deutschkreutz (Bezirk Oberpullendorf) gibt es eine Weinbergprozession und anschließend eine Messe im Schloss.

▪ In Königsdorf (Bezirk Jennersdorf) ist Christi Himmelfahrt der Tag des Kirchweihfestes und eines Wettersegens.

▪ In Wiesen (Bezirk Mattersburg) hält der Gesangsverein einen Tag des Liedes ab.

KÄRNTEN

Die in der Barockzeit sehr beliebten Auffahrtsspiele kann man in einigen Kärntner Gemeinden sehen: Feistritz (Gemeinde Metnitz, Bezirk St. Veit an der Glan), Irschen (Bezirk Spittal an der Drau), Pulst (Gemeinde Liebenfels, Bezirk St. Veit an der Glan), Sagritz (Gemeinde Großkirchheim, Bezirk Spittal an der Drau).

▪ St. Lorenzen (Gemeinde Reichenau, Bezirk Feldkirchen) ist das höchstgelegene Bergdorf (1.473 Meter Seehöhe) und eine der ältesten Pfarren Kärntens (gegründet um 1200, Kirchweihe 1216). Vor dem Festgottesdienst trägt der Mesner eine barocke Statue des Auferstandenen durch die Fluren. Priester, Ministranten und die Gläubigen, die den glorreichen Rosenkranz beten, nehmen an der Prozession teil. In der Kirche angelangt, bleiben Priester, Ministranten und Mesner unter der Auffahrtsluke stehen. Der Kirchenchor stimmt einen Choral an, und aus der Luke schweben, in drehenden Bewegungen, zwei Engelsfiguren mit brennenden Kerzen. Es ist das Vorrecht dreier Bauernfamilien, das Engeleauffahren zu bewerkstelligen. Der Mesner hängt die Christusfigur in einem Holzring zwischen die Engel, und die drei Figuren tanzen im selben Rhythmus unter Chorgesang, Kirchenglocken und Böllerschüssen aufwärts.

NIEDERÖSTERREICH

▪ In Heidenreichstein (Bezirk Gmünd) ist die Kapelle Eberweis zu Christi Himmelfahrt seit hundert Jahren Ziel einer Wallfahrt, an der etwa zweihundert Pilger teilnehmen.

▪ In Karlstetten (Bezirk St. Pölten) ist zu Christi Himmelfahrt Radfahrertag.

▪ In Schottwien (Bezirk Neunkirchen) gehen die Kirchenbesucher um Christi Himmelfahrt in einer Prozession nach Maria Schutz.

OBERÖSTERREICH

▪ In Ebensee (Bezirk Gmunden) ist – seit 1895 – zu Christi Himmelfahrt die Steinwandkapelle mit ihrem Marienbild Ziel einer Prozession. Die Gläubigen, Ministranten mit Fahnen und der Priester ziehen singend und betend durch das Langbathtal. 1942 brannte die Kapelle, 1975 wurde sie renoviert.

▪ In Klaffer am Hochficht und Sarleinsbach (beide Bezirk Rohrbach) finden zu Christi Himmelfahrt Prozessionen statt.

VORARLBERG

▪ In Hohenems (Bezirk Dornbirn) wird eine Bittprozession gehalten.

30. APRIL – WALPURGISNACHT

Spätestens seit Goethes Faust ist die Walpurgisnacht als Hexennacht bekannt.
Doch nicht die Hexen sind schuld an der Unruhe, sondern die Burschen, die Rügebräuche ausführen. „Missliebigen" Frauen setzten sie dürre Äste mit Strohbändern als Schandmal vor das Fenster oder streuten ihnen Häcksel vor das Tor. Bauern fanden ihre Geräte auf Dächern und Bäumen. Angehörige neuheidnischer Religionen feiern um diese Zeit Beltane (Frühlingserwachen). „Die oftmals in der keltischen (esoterischen) Literatur genannte Durchführung jahreszeitlicher Feste, wie die Beltane (in der Nacht zum 1. Mai), lässt sich im archäologischen, d. h. wissenschaftlich überprüfbaren Material der Eisenzeit nicht belegen." (Otto H. Urban)

BURGENLAND

▪ In Rust wird die Unruhnacht musikalisch gestaltet: Die Männer des Gesangsvereins treffen sich um Mitternacht im Sängerheim und marschieren mit Ziehharmonika-Begleitung durch den Ort. An fünf bis sechs Stationen singen sie Trink- und Mailieder und werden mit einem Imbiss bewirtet.

NIEDERÖSTERREICH

▪ Im Weinviertel werden zwischen den Häusern unverheirateter Paare – oft kilometerlange – Spuren aus Kalk und Öl gezogen und, wo die Frauen wohnen, Sprüche oder Herzen auf den Gehsteig gemalt. Ihnen bleibt die unangenehme Aufgabe, den „Maistrich" möglichst schnell zu beseitigen.

SALZBURG

▪ Im Flach- und Tennengau gehen Rügebräuche für Unordentliche unter dem Namen Philippinacht vor sich. Der Apostel ist Patron für Treue und Ordnung. In seinem Namen verstecken Burschen alles, was nicht gut verwahrt ist, oder stellen es auf dem Dorfplatz zur Schau.

Mai

Der Wonnemonat Mai verdankt seinen Beinamen der Viehwirtschaft. Die Monatsliste Karls des Großen (742–814) nennt ihn Weidemonat (winnimanod, vom Althochdeutschen winne: Weideplatz). Der erste Maitag steht ebenso im Zeichen des Maibaums wie des Arbeiterfestes. Die Maifeiertage Pfingsten und Fronleichnam erfreuen die Bevölkerung auch durch verlängerte Wochenenden.

Bräuche in den Bundesländern

BURGENLAND

- In Deutsch Kaltenbrunn (Bezirk Jennersdorf) unterhält man sich am Sonntag vor Pfingsten am Exaudikirtag.
- Vor der Basilika in Loretto (Bezirk Eisenstadt-Umgebung) wird am 1. Mai die größte Fahrzeugsegnung der Diözese Eisenstadt abgehalten.
- In Neckenmarkt (Bezirk Oberpullendorf) findet am Sonntag nach Fronleichnam das Fahnenschwingen statt, das auf ein Privileg aus dem Jahr 1620 zurückgeht, als die Neckenmarkter Nikolaus Graf Esterházy militärisch beistanden. Seither dürfen sie an Feiertagen in ihrer Heiduckentracht, in Waffen und mit der Esterházy'schen Fahne ausrücken. Die Fahne ist aus Seide und hat den gekrönten Doppeladler aufgestickt. Im Lauf des Tages wird sie dreißig

Mal rechts und links geschwungen (je drei Mal). Um diesen Brauch hat sich eine Reihe burschenschaftlicher Rituale entwickelt, da ihn die unverheirateten Männer des Orts (Burschenschaft) durchführen. 📷

▪ In Zurndorf (Bezirk Neusiedl am See) besuchen die Erstkommunionkinder am 1. Mai um 6 Uhr früh den Pfarrer. Sie tragen eine mit weißen und gelben Seidenpapier-Rosen geschmückte Alexenstaude (Traubenkirsche), die mit Süßigkeiten und kleinen Geschenken behängt ist. Einige Kinder bringen Wein und Kaffee. Beim Hingehen singen sie „Hoch der 1. Mai" oder „Alles neu macht der Mai". Der Pfarrer zeigt sich überrascht, die Kinder bekommen eine Kleinigkeit. Der Brauch erinnert an die früher üblichen Lebensmittel-Zuwendungen für die schlecht bezahlten Lehrer und Pfarrer.

NIEDERÖSTERREICH

▪ St. Leonhard am Wald (Gemeinde Waidhofen an der Ybbs) ist alljährlich Ende Mai Ziel der Wiener Fiakerwallfahrt, deren Schutzheiliger der Pferdepatron Leonhard ist. Zwei Busse mit Berufsangehörigen kommen am Vormittag an und werden von Gemeindevertretern und der Dorfmusik begrüßt. An die Messe schließt sich ein gemütliches Beisammensein an, ehe man in die Wachau weiterreist. Bis zur Jahrhundertwende fuhren die Fiaker samt Ross und Wagen am Vorabend mit einem Schiff bis Pöchlarn und von dort mit ihren Zeugln zur Kirche.

▪ In Zell an der Ybbs (Gemeinde Waidhofen an der Ybbs) wird am ersten Maisonntag der Florianikirtag mit Festgottesdienst (für die Feuerwehr) und Jahrmarkt gefeiert.

TIROL

▪ In Zell am Ziller (Bezirk Schwaz) gilt das Gauderfest Anfang Mai als ältestes und größtes Volksfest des Zillertales. Es soll schon vor 400 Jahren mit starkem

Bockbier und kräftigen Würsten beim Gauderhaus, einem Bauernhof, begangen worden sein. Um 1900 wurde es folkloristisch mit Bräuchen wie Grasausläuten oder Tierkämpfen angereichert, die zu anderen Zeiten des Jahres stattfanden. Erneut belebt wurde das Fest ein halbes Jahrhundert später, nachdem es der Fremdenverkehrsverein in sein Programm aufgenommen und den Schauplatz in das Dorf verlegt hatte. Die Besucherzahl, derzeit bei 20.000, steigt weiter. Zu den Attraktionen zählen nun am Samstag das Frühjahrskonzert der Bundesmusikkapelle und der Bieranstich der ältesten Brauerei Tirols. 2003 wurden 48.000 Liter Gauderbock ausgeschenkt. Am Sonntag folgen der Umzug in Theaterkostümen nach einem historischen Motto und das Preisranggeln.

WIEN

▪ Im Mai und Juni steht ganz Wien im Zeichen der Festwochen, die anspruchsvolle Inszenierungen und Aufführungen an verschiedenen Spielorten anbieten. Zur traditionellen Eröffnung kommen mehr als 10.000 Personen auf den Rathausplatz. Daneben haben die Bezirksfestwochen seit 1951 ein treues Publikum. Ihr Angebot umfasst 800 vom Wiener Volksbildungswerk organisierte Veranstaltungen und fast ebenso viele, die von den einzelnen Kulturvereinen und Bezirken gestaltet werden.

- Mitte Mai findet in allen Sälen und Höfen des Rathauses der Life Ball statt. Seit 1993 jährlich abgehalten, ist er eines der größten Charity-Ereignisse in Europa. Der Reinerlös geht je zur Hälfte an Aidshilfe-Organisationen in Europa und die Elton-John-Foundation. Eröffnung und Modeschau am Rathausplatz sind kostenlos zugänglich. 4.000 zahlende Gäste erwartet in der Ballnacht ein vielfältiges Unterhaltungs- und gastronomisches Angebot.
- Ende Mai (anfangs im März, dann im April) wird seit 1984 alljährlich der Vienna City Marathon veranstaltet. 2003 waren 10.503 Teilnehmer registriert.
- In der Augustinerkirche, I., beginnt zum Fest der heiligen Rita von Cascia am 22. Mai um 18.30 Uhr ein Pontifikalamt, das Studierende der Musikuniversität mitgestalten. Am Ende des Gottesdienstes spendet der Zelebrant den Einzelsegen mit einer Reliquie der heiligen Rita und schenkt jedem Besucher eine Ritarose. Manche bringen auch Rosen mit, die sie weihen lassen. Die Augustinerin (1367–1447) gilt als Heilige des Unmöglichen und Fürsprecherin der aussichtslosen Fälle.

1. MAI

Der Maibaum steht in größerem Zusammenhang mit den individuell oder in Gemeinschaft gepflegten Baumbräuchen. Dazu zählen neben dem – im Allgemeinen in der Nacht zum 1. Mai aufgestellten – Maibaum der Sonnwendbaum – um den 23. Juni in der Nähe des Feuerplatzes aufgerichtet –, der Hüterbaum als Zeichen- und Rechtsbrauch der Weinberghüter und der Kirtagbaum. Im 20. Jahrhundert sind der „Christbaum für alle" und der „Osterbaum für alle" dazugekommen. Den Gemeinde-Maibaum, wie er auf Dorfplätzen oder vor Wirtshäusern steht, dürfte es vor dem Mittelalter nicht gegeben haben. Schriftliche Quellen aus Städten (1224 Aachen, 1230 Wien) belegen, dass das Aufstellen und Schmücken des Baums Sache der weltlichen Obrigkeit war. Später übernahmen Burschengruppen die Aufgabe, einen mächtigen Baum zu fällen, wobei ein Stehlrecht bestand. Außer dem Gemeinde-Maibaum sollen in der Barockzeit unzählige junge Stämme vor die Häuser und selbst in die Zimmer gesetzt worden sein. Nach Holzspar-Appellen zur Zeit Maria Theresias und der Aufklärung erfuhr der Brauch im 19. Jahrhundert eine Förderung. Die Bäume wurden nun immer stattlicher und verstärkt geschmückt, eine Reihe von Bräuchen knüpfte sich daran.

Zu den Maibaum-Bräuchen zählen das Stehlen des Baumes – sowohl aus dem Wald als auch durch rivalisierende Burschengruppen aus den Nachbardörfern –, das Aufstellen, der Tanz um den Baum und Wettspiele. Ein hoher Nadelbaum, von Ästen und Rinde befreit, wird am Wipfel geschmückt. Man bindet bunte Bänder und einen Kranz daran, an dem Würste, Brezeln und Weinflaschen hängen. Bei den Wettspielen kann die männliche Dorfjugend ihre Kräfte messen. Wer erklimmt als Erster den – oft mit Schmierseife eingelassenen – glatten Stamm und holt die Köstlichkeiten herunter? Je höher der Maibaum, umso größer ist das Ansehen und die Ehre, aber auch der Neid der Umgebung. Um das Stehlen oder Umschneiden des Baums zu vermeiden, bewachen ihn die Burschen oder bewehren den Stamm mit Nägeln. Stünde der Maibaum, versehen mit einer Spotttafel, dann in der Nachbargemeinde, wäre die Schande für sie groß. Der Bandeltanz, wie er rund um den Maibaum aufgeführt wird, ist seit dem 15. Jahrhundert bei verschiedenen Anlässen, wie religiösen Prozessionen und Kirchenfesten, in Österreich, Deutschland, Italien, Frankreich und Spanien bekannt. In der Zwischenkriegszeit pflegten die oft nationalromantisch gesinnten Volkstanzbewegungen den Tanz um den Baum.

Bräuche in den Bundesländern

NIEDERÖSTERREICH

Fast jeder Ort ist mit einem oder mehreren Maibäumen geschmückt. Neben dem Gemeindemaibaum sieht man individuelle Ehrenbezeugungen für die Liebste und Honoratioren wie Bürgermeister, Pfarrer oder Feuerwehrhauptmann. Als Dank gibt es ein Geldgeschenk und eine Einladung zum Maibier.

- In den Bezirken Hollabrunn und Mistelbach treten zunehmend Maitafeln an die Stelle des Ehrenmaien. Eine oder mehrere solcher Tafeln hängen am Haus des Geehrten, der dafür ebenso viel zu spenden hat wie für einen Baum. Der neue Brauch erklärt sich einerseits aus dem finanziellen Vorteil und der Bequemlichkeit der jungen Männer, andererseits aus der Befestigung der Straßen und Gehsteige.
- In Scheibbs veranstaltet die Jugendtrachtenkapelle einen Umzug vom Rathaus zum Sportplatz, wo das Fest mit Bandeltanz und Maibaumkraxeln vor sich geht.

- In Spitz (Bezirk Krems) organisiert die Dorfgemeinschaft Gut am Steg am 1. Mai das Aufstellen und die Versteigerung des Baumes.
- In Zwingendorf (Gemeinde Groß-harras, Bezirk Mistelbach) steht – seit 1995 – der Europamaibaum am Europa-Platz direkt an der tschechischen Grenze. Außenminister(in), der niederösterreichische Landeshauptmann und der Botschafter Tschechiens übernehmen die Patronanz.

OBERÖSTERREICH

Oft geht das Maibaumkraxeln im Rahmen eines Festes mit Musik und Tanz vor sich. In manchen Orten erfolgt der Wettkampf der Burschen vor dem Umschneiden und Versteigern des Maibaums am Monatsende oder um Pfingsten. Das Maibaumkraxeln findet statt u. a. in Attersee (Bezirk Vöcklabruck), Schärding (Bezirk Schärding), Spital am Pyhrn (Bezirk Kirchdorf an der Krems). Meist kümmern sich Vereine um den Maibaum, z. B. in Bad Ischl, Ebensee (beide Bezirk Gmunden), Klaffer am Hochficht (Bezirk Rohrbach), Königswiesen (Bezirk Freistadt), Obertraun (Bezirk Gmunden) und Sarleinsbach (Bezirk Rohrbach).

SALZBURG

Maibaumaufstellen und -kraxeln findet an vielen Orten im Salzburger Land unter der Mitwirkung von Heimatvereinen, Musikkapellen, Volkstanzgruppen und Schützenkompanien statt, z. B. in Faistenau, Großgmain, Hintersee (alle Bezirk Salzburg-Umgebung), Pfarrwerfen (Bezirk St. Johann im Pongau), Salzburg-Itzling, Salzburg-Maxglan, Seekirchen am Wallersee (Bezirk Salzburg-Umgebung), Unken (Bezirk Zell am See), Werfen (Bezirk St. Johann im Pongau).

▪ In St. Gilgen (Bezirk Salzburg-Umgebung) beginnt der Staatsfeiertag um 6 Uhr mit dem Weckruf der Bürgermusik und der Schafbergschützen im Seepark. Bei der Pfarrkirche rüstet man sich um 8 Uhr zur Fußwallfahrt auf den Falkenstein und besucht abends die feierliche Maiandacht.
▪ In Flachau (Bezirk St. Johann im Pongau) findet das Maifest der Stegerschützen mit Beteiligung der Ortsvereine ab 10 Uhr statt.
▪ In Lofer (Bezirk Zell am See) feiern die Bauernschützen ab 11 Uhr beim Heimathaus.
▪ In Strobl (Bezirk Salzburg-Umgebung) ist man stolz darauf, den Baum händisch – ohne Hilfe eines Traktors – aufzustellen.

STEIERMARK

▪ Im Ennstal (Bezirk Liezen) spendet ein Bauer den Maibaum, für den andernorts ein Stehlrecht besteht. Die hohe Fichte wird entrindet und an der Spitze geschmückt. Unter den Wipfel kommen ein großer Reisigkranz und zwei lebensgroße Strohpuppen (als Hansl und Gretl oder Bua und Dirndl bezeichnet). Vereine oder Ortsburschen stellen den Maibaum am Abend des 30. April auf und bewachen ihn drei Nächte lang. Eigentlich sollte er bis zum Monatsende stehen bleiben, doch findet jetzt meist im Sommer ein touristisches Fest mit Bierzelt und der Verlosung des Baumes statt. In den frühen Morgenstunden des 1. Mai marschieren die örtlichen Musikkapellen durch die Gemeinden, wecken die Bewohner mit einem Marsch und erhalten dafür Geld oder eine Einladung zum Frühstück, z. B. in Bad Mitterndorf (Bezirk Liezen).

WIEN

▪ Der erste Maibaum der Nachkriegszeit kam 1965 vor das Wiener Rathaus. Der Heimat- und Trachtenverein Wien-Umgebung hatte ihn anlässlich seines am Nachmittag stattfindenden Volkstanzfestes gespendet. Seither gab und gibt es mehrere Maibäume in den Bezirken, die zumeist von den Einkaufsstraßen-Vereinen gesetzt werden, z. B. beim Schutzengelbrunnen, IV., vor der Mariahilfer Kirche, VI., am Kutschkermarkt, XVIII., beim Pensionistenheim in der Grinzinger Allee, XIX., und beim Baumkreis am Himmel, XIX.

Der dienstfreie Tag der Arbeit wird seit 1890 begangen. 1888 beschloss die American Federation of Labour, den 1. Mai als Weltfeiertag des Proletariats auszurufen. Die Maifeiern sollten den Einzelnen emotional ansprechen und dadurch an sozialistische Ideen binden. Rote Fahnen prägten das Bild von Demonstrationen, Kundgebungen und Festakten, um die Stärke und das Selbstbewusstsein der Arbeiterbewegung zu unterstreichen. 1919 erhob die österreichische Nationalversammlung den früheren Streiktag zum allgemeinen Ruhe- und Festtag. 1955 führte Papst Pius XII. das Fest Josef des Arbeiters ein.

Bräuche in den Bundesländern

NIEDERÖSTERREICH

Umzüge und Aufmärsche gehören zum traditionellen Bild der niederösterreichischen Industriegemeinden, wie Wiener Neustadt. Am Vorabend finden oft Fackelzüge und Feuerwerke statt.

WIEN

Am Vorabend veranstaltet die Sozialistische Jugend einen Fackelzug. Rund 100.000 Personen kommen am Vormittag des 1. Mai zur Kundgebung auf die Ringstraße. Sie sammeln sich in den Bezirkssektionen und ziehen unter Musikbegleitung mit roten Fahnen zum Rathaus. Seit 1989 veranstalten die Wiener Sozialdemokraten gemeinsam mit dem Verein Wiener Kulturservice und den Praterunternehmern das Maifest im Prater. Das traditionelle Praterfest bietet Livemusik mit dreißig Bands, Folklore- und Blasmusik. Die Kinderfreunde haben ein Kreativ- und Mitmachprogramm vorbereitet, die Praterunternehmer locken mit Sonderpreisen. Schon im 19. Jahrhundert war der Prater Freizeitareal und Schauplatz der ersten Maikundgebungen.

Die traditionelle ländliche Volksfrömmigkeit bot den Laien viel Spielraum. Die Organisation von Wallfahrten, Rosenkranzbeten und Andachten lag in ihren Händen. Die Distanz zu den geistlichen Obrigkeiten war mehr oder weniger groß. Es sind alte Lieder und Gebete überliefert, die man auch bei heutigen Maiandachten manchmal hören kann. Jetzt bemühen sich oft Volksmusikensembles um die stimmungsvolle Gestaltung.

Bräuche in den Bundesländern

NIEDERÖSTERREICH

- In Frankenfels (Bezirk St. Pölten) wirken das Musikquartett und der Dreigesang bei den Maiandachten mit, die bei Bildstöcken und Kapellen stattfinden.
- In Haag (Bezirk Amstetten) gestalten die Besitzer von Bildstöcken die Maiandachten mit Gesang, Bläserquartett und Alphörnern.
- In Paudorf (Bezirk Krems) gibt es seit 1975 am 1. Mai den Gebetswandertag. Er führt auf den Waxenberg, die höchste Erhebung der Gegend, wo eine Gipfelmesse gefeiert wird.
- In Pitten (Bezirk Neunkirchen) hält man seit fünfzehn Jahren bei den Marterln wieder Maiandachten mit alten Liedern und Texten ab.
- In Rossatz-Arnsdorf (Bezirk Krems) wirkt bei den Maiandachten das bekannte Bläserquartett mit.

Peregrinus Laziosi (1265–1345) war in Italien Mitglied des Servitenordens. Er erfuhr die wunderbare Heilung eines Beinleidens und wurde 1726 heilig gesprochen. Stand früher das Patrozinium bei Fußkrankheiten im Vordergrund, so ist er jetzt der Patron der an Krebs oder Aids Erkrankten.

Bräuche in den Bundesländern

WIEN

- Die Servitenkirche in der Rossau, IX., ist das Zentrum der Peregrin-Verehrung. Rund um den Gedenktag am 1. Mai findet die Feier als Novene statt. Täglich werden bis zu fünf Gottesdienste gehalten, darunter Pontifikalämter, eine Krankenmesse und Messen für Wallfahrer. Diese kommen noch immer zahlreich in die – schon ein Jahr nach der Heiligsprechung erbaute – Kapelle. Dort und im Kreuzgang stehen Vitrinen mit lebensgroßen Darstellungen, die Peregrin und das Heilungswunder zeigen: Der Gekreuzigte beugt sich zu dem Mönch. In der Barock- und Biedermeierzeit spendete man zahlreiche Votivgaben aus Wachs und Silber. Zur Wallfahrt kam der Jahrmarkt, der, bis in die 1960er Jahre abgehalten, in jüngster Zeit eine Wiederbelebung erfährt. Besondere Bekanntheit erlangten (seit 1817) die Peregrinikipfel aus der nahe gelegenen Bäckerei Plank.

Moderne Kirtagsattraktionen prägen den jahrhundertealten Peregrinimarkt in Wien

4. MAI – FLORIAN

Florian diente als Offizier im römischen Heer und höchster Beamter in Lauriacum (Lorch bei Enns), dem Sitz des kaiserlichen Statthalters. Lauriacum war um 300 die Hauptstadt von Ufernorikum, dem Gebiet zwischen Inn und Raab, und Bischofssitz. In der Christenverfolgung unter Kaiser Diokletian (284–305) wollte Florian seinen Glaubensbrüdern beistehen und kam dabei selbst ums Leben. Weil er das vorgeschriebene Götteropfer ablehnte, wurde er gefoltert und, mit einem Stein beschwert, in die Enns gestürzt. An der Stelle seines Grabes erhebt sich das Chorherrenstift St. Florian. Als einer der populärsten Heiligen ist Florian in vielen Kirchen als Soldat mit einer Fahne, der mit einem Wasserkübel ein brennendes Haus löscht, dargestellt. Zahlreich sind seine Patronate gegen Dürre, Feuer- und Wassergefahr. Als Schutzherr der Brauereien, Töpfer, Schmiede, Rauchfangkehrer und Feuerwehrleute ehrt ihn besonders diese Berufsgruppe mit Bräuchen.

Bräuche in den Bundesländern

BURGENLAND

- In Frankenau-Unterpullendorf (Bezirk Oberpullendorf) schließt sich der Festmesse bei der Kapelle ein Festmahl im Feuerwehrhaus an.
- In Winden am See (Bezirk Neusiedl am See) dauert der Florianikirtag Anfang Mai drei Tage. Man begeht das Fest des Kirchenpatrons mit Jahrmarkt und Tanz.

KÄRNTEN

- In St. Veit im Jauntal (Gemeinde St. Kanzian am Klopeinersee, Bezirk Völkermarkt) ziehen die Burschen nach dem Betläuten von Haus zu Haus. Anschließend verzehren sie gemeinsam die erhaltenen Lebensmittel.
- In Eberndorf (Bezirk Völkermarkt) preist das Lied den Märtyrer, der ertränkt wurde, als „herrliche Blume in Gottes Garten“. Das Ritual sieht vor, dass die Sänger mit ihrem Glückwunsch vor verschlossenen Türen stehen. Danach öffnet sich das Fenster, und sie erhalten Eier und Schmalz. Erst dann geben sie das Lied zum Besten.
- In St. Marxen (Gemeinde Eberndorf, Bezirk Völkermarkt) verzehrt man einige Tage nach dem Fest Florianischnitten (Weißbrot- oder Kuchenscheiben werden in Ei getaucht und in Schmalz gebacken) beim Florianiwirt in einer fröhlichen Gesellschaft.
- In Zell (Bezirk Klagenfurt-Land) wird am Vorabend gesungen. Mehrere Gruppen von Burschen (früher: Hirten) wünschen den Hausleuten Gutes und heischen Eier, Milch, Schmalz und die daraus zubereiteten Florianischnitten. Das Lied vom heiligen Florian singen sie mehrstimmig in slowenischer Sprache.

NIEDERÖSTERREICH

In zahlreichen Gemeinden feiern die Freiwilligen Feuerwehren am Florianitag eine Messe, an der sie in Uniform teilnehmen. Meist sind damit die Angelobung der neu Eingetretenen und ein Fest verbunden, z. B. in Karlstetten (Bezirk St. Pölten), Orth an der Donau (Bezirk Gänserndorf), Paudorf (Bezirk Krems), Watzelsdorf (Bezirk Hollabrunn).

- In Groß-Engersdorf (Bezirk Mistelbach) ist Markttag, es wird eine Messe zelebriert, und die Feuerwehr hält eine Prozession mit Musik ab.

- In Sonnberg (Gemeinde Hollabrunn) befinden sich auf dem Dorfplatz eine Florianstatue und die ehemalige Rossschwemme. Am Mittwoch der Karwoche bekränzen die Ministranten, die dann ratschen gehen, die Statue mit Reisig. Am Festtag des heiligen Florian wird der Kranz abgenommen und mit dem Aufputzreisig der Ratschen verbrannt. Bei Einbruch der Dunkelheit ziehen die Ratscher Schiffchen mit Kerzen über die Rossschwemme und bewirten die zahlreichen Gäste mit Brot und Wein.

OBERÖSTERREICH

In diesem Land finden Florianifeiern u. a. in Bad Ischl und St. Wolfgang im Salzkammergut (beide Bezirk Gmunden) statt.

- In Markt St. Florian (Bezirk Linz-Land) ehrt das Stift seinen Patron mit einer feierlichen Messe. Um die Kirche ist ein Standlmarkt aufgebaut, und die Feuerwehr betreibt eine Grillstation. Vor dem Gottesdienst werden mit einer schlichten Benediktion die Kerzen gesegnet. An einem Stand gibt es rote und weiße Wetterkerzen zu kaufen.

SALZBURG

- In St. Gilgen (Bezirk Salzburg-Umgebung) feiert die Feuerwehr ihren Patron.
- In Strobl (Bezirk Salzburg-Umgebung) findet ein Florianikirtag statt.

STEIERMARK

Am Florianitag sind Wallfahrten – meist geselligen Charakters – zu nahe gelegenen Kirchen und Kapellen üblich. Ziele sind u. a. das Bergkirchlein auf dem Kulm in der Oststeiermark und die Florianikirche bei Graz-Straßgang. Nicht nur fromme Pilger nehmen den steilen Aufstieg auf sich, für viele ist es einfach ein Volksfest.

MUTTERTAG

1905 erfand die Amerikanerin Ann Jarvis den Muttertag in Erinnerung an den Todestag ihrer Mutter. Vom Erfolg war sie selbst überrascht, sie soll sich auch gegen die fortschreitende Kommerzialisierung ausgesprochen haben. Es begann mit einer privaten Feier und einem Gottesdienst. Die Methodistenkirche Philadelphia unterstützte die Idee, den zweiten Sonntag im Mai als „General Memorial Day of all Mothers“ zu begehen. 1914 erklärte ihn der Kongress der Vereinigten Staaten zum offiziellen Festtag.

1917 kam der Muttertag über die Heilsarmee in die Schweiz. In Deutschland wurde er zunächst mit den Leistungen und Opfern der „Weltkriegsmütter“ verbunden, nach 1922 löste er sich aus diesem Zusammenhang. Brauchträger waren damals die eher wohlhabenden Bewohner der Städte, unterstützt von den Kirchen. Arbeiter und Bauern zögerten, den neuen „Tag“ anzunehmen. 1926 berichtete die Verbandszeitung Deutscher Blumenhändler: „Dieser Arbeitsgemeinschaft (ARGE für Volksgesundung) wird es hoffentlich gelingen, weite Kreise hierfür zu interessieren, Kirche und Schule zu gewinnen und die Regierung dahin zu bringen, den Muttertag am zweiten Sonntag im Mai als offiziellen Feiertag festzulegen.“

In Österreich engagierte sich vor allem Marianne Hainisch (1839-1936), die Mutter des damaligen Bundespräsidenten, Friedensaktivistin und Frauenrechtlerin, für die Einführung (1926). Im Jahr 2000 verdankten die österreichischen Gärtner und Floristen dem Muttertag den zweieinhalbfachen Umsatz eines Durchschnittstags. Auch die Erzeuger von Süßwaren und anderen Geschenken wissen den Tag zu schätzen, was sich schon lange vor dem Fest an den Schaufenstern ablesen lässt.

Bräuche in den Bundesländern

NIEDERÖSTERREICH

- In Sonnberg (Gemeinde Hollabrunn) ehrt das Männerdoppelquartett die Mütter des Orts mit einem Ständchen.

OBERÖSTERREICH

- In Bad Ischl (Bezirk Gmunden) gibt die Bürgerkapelle am Vorabend ein Muttertagskonzert im Kongress- und Theaterhaus.
- In Königswiesen (Bezirk Freistadt) veranstalten die Musikschule ein Konzert und der Pensionistenverband eine Muttertagsfeier.

SALZBURG

In Salzburg erfreuen sich Muttertagskonzerte von Trachtenmusikkapellen und Gesangsvereinen großer Beliebtheit. Sie finden am Vorabend oder am Sonntag statt, z. B. in Abtenau (Bezirk Hallein), Badgastein (Bezirk St. Johann im Pongau), Bürmoos, Faistenau (beide Bezirk Salzburg-Umgebung), Oberalm (Bezirk Hallein), St. Michael im Lungau (Bezirk Tamsweg), Viehhofen (Bezirk Zell am See), Zederhaus (Bezirk Tamsweg).

WIEN

- In der Bundeshauptstadt laden die Praterunternehmer zum Muttertagsfest im Vergnügungspark ein.

PFINGSTEN

Am fünfzigsten Tag nach Ostern (zwischen 10. Mai und 13. Juni) wird das Pfingstfest begangen.

Die Osterzeit findet ihre Vollendung in der Geistsendung, von der die Apostelgeschichte (2,1–13) berichtet: „Da kam plötzlich vom Himmel her ein Brausen ... Und es erschienen ihnen Zungen wie von Feuer ... Alle wurden mit dem Heiligen Geist erfüllt.“ Dementsprechend entwickelte sich Pfingsten zum Termin der Firmung in den Bischofskirchen. In Wien findet die Sakramentenspendung im Stephansdom statt. Für viele Kinder aus dem Umland ist das die erste Möglichkeit, nach Wien zu kommen. Die Paten spendieren eine Fahrt im geschmückten Fiaker, Praterbesuch, eine goldene Uhr, Luftballon und gutes Essen. Die Redensart, jemand (fr)esse wie ein Firmling, hat sich noch erhalten.

Das christliche Pfingstfest weist Ähnlichkeiten mit dem jüdischen Fest Schawuot auf. Das Wochenfest wurde im alten Israel fünfzig Tage nach Passah als Erntedankfest begangen. Als Fest der Toragebung steht es zugleich im Zeichen der Gottesoffenbarung am Berg Sinai. Ist Passah gewissermaßen das Fest der körperlichen Befreiung, so gilt Schawuot als Fest der geistigen Befreiung. Im Gegensatz zu anderen Festen hat Schawuot kein eigenes Symbol, da das Wort Gottes zu weit und zu beziehungsvoll sei, um es symbolisieren zu können. Es ist nur üblich, Häuser und Synagogen mit Blumen und grünen Zweigen zu schmücken.

Grünbräuche spielen auch zu Pfingsten, das ebenfalls kein Symbol hat, eine große Rolle. Für weltliche Bräuche ist der Doppelfeiertag Anlass zu Frühlingsfesten, Wettspielen, Umzügen und Heischegängen.

Bräuche in den Bundesländern

BURGENLAND

Unter dem Einfluss der Katholischen Frauenbewegung hat sich schon in einem Drittel der Kirchen eine besondere Art der Dekoration des Altarraums mit sieben roten Kerzen oder Blumen herausgebildet.

Am Pfingstmontag bestehen verschiedene Traditionen:

- In Eberau (Bezirk Güssing) wird eine Prozession zur Bergkapelle abgehalten, wo eine Feldmesse stattfindet.
- In Kirchfidisch (Gemeinde Kohfidisch, Bezirk Oberwart) gibt es den Czardaberg-Kirtag.
- In Zagersdorf (Bezirk Eisenstadt-Umgebung) feiern die Jäger bei der Hubertuskapelle ihren Gottesdienst mit Agape.

KÄRNTEN

- In Feistritz an der Gail (Bezirk Villach-Land) findet am Pfingstmontag im Rahmen des Kirtags das Kufenstechen statt. Die Häuser sind mit Blumen und Fahnen geschmückt, Frauen und Männer präsentieren sich in traditionellen Festtrachten. Am Vormittag besuchen sie die Messe, danach singt man auf dem Kirchplatz Volkslieder in deutscher und slowenischer Sprache. Nachmittags verfolgen Tausende auf dem Dorfplatz das Wettspiel der Reiter. Bei der Linde ist ein mannshoher Pfahl eingeschlagen, den ein Fässchen (Kufe) krönt. Die Reiter – auf ungesattelten Pferden – versuchen die Kufe mit einer Eisenkeule zu zerschlagen. Dies erfordert zwanzig bis dreißig Runden. Eine Gailtalerin überreicht dem Sieger einen Blumenkranz, zuvor muss er im Galopp einen Reifen und einen Kranz treffen. Dann wird das slowenische Lindentanzlied gesungen und getanzt. Der Brauch, der auf mittelalterliche Ritterspiele zurückgeht, wiederholt sich am Nachmittag vor ebenfalls zahlreichem Publikum in Unterfeistritz. 📷

- In Himmelberg (Bezirk Klagenfurt-Land) steht das Pfingstringen auf dem Programm.
- In Weitensfeld im Gurktal (Bezirk St. Veit an der Glan) ist zu Pfingsten das Kranzelreiten ein beliebter Schaubrauch. Das Fest beginnt Sonntagmittag mit einem Umritt, anschließend werden die Häuser im Ort besucht, wobei man Vierzeiler singt (Gstanzelsingen). Nach einem Konzert Montagmittag formieren sich die Reiter zu einem Umzug, dem sich die Wettrennen von Reitern und weiß gekleideten Läufern anschließen. Im Mittelpunkt steht die Marktjungfrau auf dem Brunnen. 1977 hat Conrad Campidell die alte Holzfigur durch eine steinerne ersetzt. Zu Pfingsten wird sie bekleidet und bekränzt. Alle fünfundzwanzig Jahre nimmt eine Frau ihren Platz ein. Wie die Figur darf auch diese Maibraut vom Sieger umarmt und geküsst werden. Der Bürgermeister überreicht die Preise, traditionell Blumenkranz, Strümpfe und Halstuch, deren Qualität vom ersten bis zum dritten Platz abnimmt. Schließlich tanzt man zu den Klängen des Gurktaler Walzers „Jungfernkuss" um den Marktbrunnen. Nach der Überlieferung stammt der Brauch aus der Pestzeit. 1567 soll die Seuche nur das Schlossfräulein von Thurnhof und drei Bürgersöhne verschont haben, die um ihre Hand anhielten. Um keinen zu kränken, forderte sie alle drei zum Wettlauf auf und heiratete den Sieger.

NIEDERÖSTERREICH

- In Göttlesbrunn-Arbesthal (Bezirk Bruck an der Leitha) hat das Bildungs- und Heimatwerk vor einigen Jahren ein Pfingstkinifest eingeführt. Sonntag um 15 Uhr beginnt die Brauchtumsveranstaltung. Die Blasmusik begleitet den Pfingstkönig, einen Erwachsenen, der ein mit Laub bestecktes Drahtgestell trägt. Der Umzug ist ein Schaubrauch und kein Heischegang. Volkstänze werden vorgeführt, der Pfingstkönig trägt ein Gedicht vor, auch der Gesangsverein wirkt mit.
- In der Gemeinde Hohe Wand (Bezirk Wiener Neustadt) veranstaltet die SPÖ ein Pfingstfeuer.
- In Lassee (Bezirk Gänserndorf) organisiert die Pfarre zu Pfingsten eine Radfahrer-Wallfahrt.
- In Leopoldsdorf im Marchfeld (Bezirk Gänserndorf) findet zu Pfingsten die Pfarrwallfahrt nach Kopfstetten mit einer Fahrzeugsegnung statt.
- In Mönichkirchen (Bezirk Neunkirchen) spielt der Musikverein Blasmusik.
- In Patzmannsdorf (Gemeinde Stronsdorf, Bezirk Mistelbach) wird ein Bub der letzten Hauptschulklasse als Pfingstkönig verkleidet. Kegelförmig zusammengebundene Birkenzweige umhüllen ihn, an der Spitze stecken drei Pfingstrosen. Kinder führen die Gestalt durch den Ort, Trommler und Sammler begleiten sie. Alle 100 Meter drehen sie den Pfingstkönig, umtanzen ihn und heischen mit dem Lied: „Wir reisen dahin, wir reisen daher und bringen den grünen Pfingstkönig daher. Aus grüner Au, aus grüner Au, das ist bei uns zu Pfingsten der Brauch. Ein jeder soll Gott ehren auf seinem höchsten Thron. Christus ist geboren als Gottes einziger Sohn. Maria so rein soll Jungfrau sein. Und ein Silberfünfundzwanziger soll auch dabei sein, Juche!" Die Dorfbewohner geben den Kindern Geld, das sich die Akteure teilen.

Das Laubkleid wird am Ende in den Bach geworfen. Solche Grüngestalten gab es von England (Jack in the green), Frankreich (Le pere Mai), über die Schweiz (Maibär), Deutschland (Maigraf, Laubmann), Jugoslawien (Zeleny Juray) bis nach Russland. Die älteste Nachricht des Brauchs in Niederösterreich geht auf das Jahr 1555 zurück. Im Weinviertel wurde er Ende des 19. Jahrhunderts von einem Schuldirektor revitalisiert.

- In Wiesmath (Bezirk Wiener Neustadt) ist seit den 1980er Jahren das Pfingstschnalzen Brauch. Mitglieder der Schuhplattler- und Volkstanzgruppe, die sich der Brauchtumspflege verschrieben hat, führen es durch. Nach der Abendmesse am Pfingstsamstag ziehen die Schnalzer mit ihren 5 Meter langen Peitschen über die Hauptstraße und knallen im Drei- oder Vierachteltakt. Lärmbräuche gehörten zu allen Frühjahrs- und Sommerfesten. Mit dem Vordringen der Feuerwaffen wurde das Schnalzen mit den kurzstieligen Peitschen bald vom Lärm der Büchsen- und Böllerschützen abgelöst.

OBERÖSTERREICH, STEIERMARK

Wie die Mainacht ist auch die Nacht vor Pfingsten eine Zeit des Unfugs und der Rüge. Diese Unruhnacht ist in Teilen Oberösterreichs (Mühlviertel) und in den Dörfern der West-, Süd- und südlichen Oststeiermark üblich. Strohmänner (Pfingstlotter), Geräte oder Abfälle findet man auf Bäumen und Hausdächern. Zwischen den Häusern unverheirateter Paare ziehen sich Spuren aus Sägespänen oder Kalk.

SALZBURG

- In Strobl (Bezirk Salzburg-Umgebung) findet ein Pfingstfest auf der Laimeralm statt.

STEIERMARK

- Auf der Lugtratten (Gemeinde Oberwölz-Umgebung, Bezirk Murau) hat sich der Pfingstmontag als Ranggeltag eingebürgert.
- In Stögersdorf (Gemeinde Mooskirchen, Bezirk Voitsberg) schreckt die Bewohner in der Pfingstnacht (von Samstag auf Sonntag) Lärm aus den Betten, das so genannte Wiesbaum-Dangeln. Mit dem Wiesbaum, einem langen, geschälten Stamm, wurde früher die Heufuhre auf dem Pferdewagen niedergebunden. Dengeln (hämmern) musste man die Sense, um ihre Schneide zu erhalten. Bei dem Lärmbrauch schlagen die Burschen mit Holzstöcken auf den Stamm, der durch den Ort getragen wird.

DREIFALTIGKEITSSONNTAG

Das Hochfest am Sonntag nach Pfingsten ist eine späte Reaktion auf die Arianische Lehre. Arius (gest. 336), Priester in Alexandrien, trug eine Lehre über Jesus Christus vor, die mit dem philosophischen Denken seiner Zeit übereinstimmte, aber nach dem Urteil der Bischöfe dem christlichen Erbe widersprach: Christus sei als ein aus dem Nichts entstandenes Geschöpf Gottvaters zu betrachten, das erst zum Sohnesrang aufgestiegen sei. Kaiser Konstantin berief wegen dieser Streitfrage das ökumenische Konzil von Nizäa (325) ein. Dieses verurteilte die Arianische Lehre und formulierte das apostolische Glaubensbekenntnis.

Der Dreifaltigkeitssonntag kam um die erste Jahrtausendwende in den Benediktinerklöstern in Frankreich auf. Papst Johannes XXII. führte das älteste Ideenfest

1334 für die ganze Kirche ein. Ideenfeste sind keinem konkreten heilsgeschichtlichen Anlass zugeordnet, sondern haben ein Glaubensthema zum Gegenstand. Die Lehre von der Dreieinigkeit Gottes wurde zum zentralen Dogma des christlichen Glaubens.

Bräuche in den Bundesländern

KÄRNTEN

▪ Hüttenberg (Bezirk Spittal an der Drau) war bis 1978 ein wichtiger Ort für den Abbau von Eisenerz. Seither pflegt die Feuerwehr die ehemaligen Knappenbräuche. Kaiser Maximilian I. (1459–1519) bestätigte den Bergleuten einen Umzug mit Musik und Fahnen am Dreifaltigkeitssonntag. Der Reiftanz und das Laubhüttenfest verdanken ihre Entstehung den Streiks der Hüttenberger Knappen im 18. Jahrhundert. Damals holte man Arbeiter aus Tirol, die mit ihren Kärntner Kollegen Tänze mit Haselreifen aufführten. 1759/60 dauerte der Streik fast ein Jahr, am Ende gab es ein Anfahrtshochamt als Dankgottesdienst, dass die Gruben wieder angefahren wurden. Dabei beschlossen die Bergleute, den Reiftanz und das Laubhüttenfest beizubehalten. Diese finden, nach etlichen Unterbrechungen, seit 1923 jedes dritte Jahr statt. Im Fasching beginnen die Vorbereitungen, in der Karwoche werden die Haselstöcke geschnitten und von Probe zu Probe schöner geschmückt. Am Samstag nach Ostern ist die erste Probe – verbunden mit der Initiation neuer Tänzer, die vom Obermoar und dem Vortänzer angelobt werden. Vierundzwanzig Männer führen den Tanz auf. Die gebogenen Haselruten sind schließlich mit Buchsbaum, roten Nelken und bunten Bändern verziert. Der Fahnenjunker schwingt die weiße Bruderschaftsfahne aus dem Jahr 1777. Im Festzug gehen auch zwei Narrengestalten mit: Hans Obermoar, der am Sonntag und Montag die Befehlsgewalt im Markt Hüttenberg übernimmt und mit der „Pritsche“ schlagen darf, und der Schwoafträger, der seine Späße treibt und das Publikum mit Wasser bespritzt.

NIEDERÖSTERREICH

▪ In Röschitz (Bezirk Horn) wurde 1681 zum Dank für das Erlöschen der Pest eine Dreifaltigkeitskapelle erbaut. Dort findet am Dreifaltigkeitssonntag eine Feldmesse statt, die von der Musikkapelle des Ortes mitgestaltet wird.

▪ In Steinakirchen am Forst (Bezirk Scheibbs) geht man am Dreifaltigkeitssonntag in einer Prozession auf den Lonitzberg. Dort steht über einer als wundertätig geltenden Quelle eine Kapelle. In dieser wird eine Andacht gehalten, danach gibt es eine Jause beim Koarlbauern.

SALZBURG

▪ In Pfarrwerfen (Bezirk St. Johann im Pongau) findet eine dreistündige Prozession, ähnlich wie zu Fronleichnam, statt. Musikkapellen, Schützen und andere Vereine nehmen teil und tragen hohe, bunt geschmückte Prangstangen mit.

STEIERMARK

Der Dreifaltigkeitssonntag ist für viele Steirer ein beliebter Wallfahrtstag. So ziehen die Mauthneregger über die Soboth nach Lavamünd in Kärnten, wo sie die Dreifaltigkeitskirche oberhalb des Markts aufsuchen. Die Bewohner des Bezirks Murau kommen tags darauf nach Mariahof. Bis vor kurzem fanden dabei Opfergänge mit den alten Wachsvotiven rund um den Hochaltar statt.

- In Schladming (Bezirk Liezen) ist der Dreifaltigkeitssonntag Termin des großen Krämermarkts auf dem Hauptplatz. Er gilt als Kirchweihmarkt der Achatiuskirche.

FRONLEICHNAM (HOCHFEST DES LEIBES UND BLUTES CHRISTI)

Sechzig Tage nach Ostern, am Donnerstag nach dem Dreifaltigkeitssonntag, begehen die Katholiken ein weiteres Ideenfest: Fronleichnam. Obwohl am Gründonnerstag der Einsetzung des Altarsakramentes gedacht wird, feiert die Kirche am ersten „freien" Donnerstag nach der Osterzeit ein eigenes Hochfest des Leibes Christi. Der Name Fronleichnam leitet sich von fron (Herr) und lichnam (lebendiger Leib) ab. Das fromme Volk hielt dieses Fest wegen seiner prunkvollen Schaubräuche für das höchste des Jahres. Nach der Liturgiereform des Zweiten Vatikanischen Konzils wurde das – seit 1849 am 1. Juli begangene – Fest des kostbaren Blutes integriert.

Im Mittelalter gingen die Gläubigen nur zu Ostern, Pfingsten, Weihnachten, Mariä Himmelfahrt und Allerheiligen zur Kommunion. Umso größer war das Verlangen nach Schau und Verehrung des Sakraments. Die mittelalterliche Eucharistie-Theologie kam dem entgegen. Seit dem 12. Jahrhundert verbreitete sich von Frankreich aus der liturgische Brauch der Elevation: Nach der Wandlung hebt der Priester Hostie und Kelch hoch und zeigt sie dem Volk. Das Anschauen des Allerheiligsten als Augenkommunion galt als Ersatz für den Kommunionempfang. Das war die Vorstellungswelt, in der die Augustinernonne Juliane von Lüttich 1209 eine Vision hatte, in der sie den Vollmond mit einem dunklen Fleck sah, den sie als Fehlen eines besonderen Festes zu Ehren der Eucharistie deutete. 1264 schrieb es Papst Urban IV., der ebenfalls aus Lüttich kam, für die ganze Kirche vor. Der Kirchenlehrer und Dominikanerpater Thomas von Aquin (1225–1274) verfasste die Mess- und Gebetstexte für das neue Fest. Sein Orden förderte die Verbreitung.

Dem Umgang mit Monstranz und Himmel liegt die Tradition der beliebten Flurumgänge und Reliquienprozessionen zu Grunde. Verschiedene Gruppen begleiteten das Allerheiligste mit Fahnen, Bildern und szenischen Darstellungen. Daraus entwickelten sich die Fronleichnamsspiele. Seit dem 15. Jahrhundert ist es üblich, bei Altären 📷 an vier Stellen Halt zu machen und nach den Himmelsrichtungen die Evangelienanfänge als Segen zu singen. Der Prozessionsweg ist üblicherweise mit Birkenzweigen geschmückt, die am Ende von den Leuten mitgenommen werden, weil sie sich (wie vom Palmbuschen) davon Heil erhoffen. Es gab schon früh, aus Gründen der Holzersparnis, Verbote dieser Birkenzweige.

Prozessionen mit dem Allerheiligsten in der Monstranz, die der Priester unter dem alten Machtzeichen des Baldachins (Himmel) trägt, sind 1273 in der deutschen Abtei Benediktbeuren, in Wien seit 1334 überliefert. Der Reformator Martin Luther nannte Fronleichnam 1527 das „allerschändlichste Jahresfest", weil ihm die biblische Grundlage fehle. Die Umzüge empfand er als Gotteslästerung. Nach dem Konzil von Trient (1545–1563), welches das Fest bestätigte, wurde es zum konfessionsunterscheidenden Merkmal mit demonstrativ katholischem Akzent. Nach städtischem Vorbild (St. Stephan in Wien 1365) entstanden seit dem 14. Jahrhundert auch in den kleineren Orten fromme Bruderschaften, die besonders im 16. Jahrhundert zu Fronleichnam in Erscheinung traten.

Bräuche in den Bundesländern

BURGENLAND

- In Eberau (Bezirk Güssing) richtet man zu Fronleichnam bei Maria Weinberg eine Festwiese ein.

KÄRNTEN

In Kärnten nennt man Fronleichnam auch „Kranzltag", nach den Blumenkränzen, welche die kleinen Mädchen im Haar tragen.

- In Millstatt (Bezirk Spittal an der Drau) findet eine Schiffsprozession statt, an der die Schützen teilnehmen. Anschließend findet das Domitian-Fest am Schillerstrand statt.
- In St. Veit an der Glan sorgen die bürgerliche Trabantengarde und andere Traditionsvereine für die repräsentative Begleitung des Umgangs durch die Altstadt.

NIEDERÖSTERREICH

- In Großrußbach (Bezirk Korneuburg) werden zu Fronleichnam Blumenteppiche gelegt.
- In Kirchberg am Wechsel (Bezirk Neunkirchen) vertreten die „Viertelmänner" bei kirchlichen Festen ihr Viertel aus dem Pfarrgebiet. Zu Fronleichnam wie auch bei Hochämtern treten sie mit roten Umhängen als Lichtträger in Erscheinung.
- In Lassee (Bezirk Gänserndorf) zieht sich ein Grasteppich durch den ganzen Ort.
- In Rohr im Gebirge (Bezirk Wiener

Neustadt) wurden zur josephinischen Zeit Salzburger Holzknechte angesiedelt, die den Brauch der mit Blumen umwundenen Prangstangen mitbrachten. Ein geschmückter Fichtenwipfel (Wirl) krönt die bis zu 30 Kilo schweren Stangen. Die Burschen holen die sechs Stangen um 6 Uhr aus dem Pfarrhof, umwinden sie mit den bis zu 10 Meter langen Blumengirlanden und setzen die Wirl auf. Der Umgang führt durch den Ort und die Felder, am Ende werden die Stangen abgeräumt. Die Blumen erfüllen die Rolle des Fronleichnamsgrüns, das man als Segen bringend mit nach Hause nimmt. Die Stangenträger sind zum Mittagessen eingeladen.

- In Waidhofen an der Ybbs wird zu Fronleichnam die gotische Messerer-Monstranz für einen Tag aus dem Tresor geholt und mit dem Allerheiligsten unter dem Himmel durch die Stadt getragen.

OBERÖSTERREICH

Fronleichnamsprozessionen auf den Salzkammergutseen sind beliebte Ziele des Brauchtumstourismus. Ursprünglich sollte auf diese Art die Lebensgrundlage (üblicherweise die Felder, hier der Salzbergbau) durch Segen gesichert werden. Die prächtige Ausformung geht auf die Zeit der Gegenreformation zurück, als die Jesuiten hier einen hohen Anteil protestantischer Bevölkerung antrafen.

- In Hallstatt (Bezirk Gmunden) findet das Hochamt in der Pfarrkirche um 8 Uhr statt. Um 9 Uhr beginnt die Prozession, an der weiß gekleidete Mädchen, Goldhauben-Frauen und Männer mit Zunftfahnen teilnehmen. Der erste Altar steht bei der Dreifaltigkeitssäule am Marktplatz. Zwei Schiffe – der Priester mit dem Allerheiligsten auf der Himmelsfuhr – und die Musik werden auf den See hinausgerudert. Mit Blick auf den Salzberg bleibt man stehen, und der Priester spricht den Segen. Die dritte Station, bei der Insel, ist den Bergarbeitern und dem Fremdenverkehr gewidmet, die vierte, beim Kriegerdenkmal, dem Totengedenken. Die zweite Messe beginnt um 11 Uhr. Die Hallstätter Seeprozession ist seit 1623 bekannt, fünf Jahre später übernahm die Saline das Patronat in Form einer Stiftung.

▪ In Königswiesen (Bezirk Freistadt) veranstalten die Musikvereine um 6 Uhr einen Weckruf auf dem Ortsplatz. Am Abend gibt die Kapelle ein Platzkonzert. Am Sonntag danach lädt die Dorfgemeinschaft Haid zum Dorffest ein.

▪ In Traunkirchen (Bezirk Gmunden) haben die Jesuiten die Seeprozession 1632 eingeführt. Auch hier gibt es zwei Hauptschiffe, die Himmelsfuhr für die Geistlichkeit und Begleiter mit Zunftfahnen und die Gegenfuhr für die Pfarrangehörigen. Die erste Station ist beim Hotel in Winkl-Buch, zwei weitere auf dem See und die vierte auf dem Ortsplatz.

SALZBURG

An den Fronleichnamsprozessionen im Land Salzburg beteiligen sich Musikkapellen, Heimatvereine und Schützenkompanien, z. B. in St. Margarethen im Lungau, St. Michael im Lungau (beide Bezirk Tamsweg), Thalgau (Bezirk Salzburg-Umgebung) und Wagrain (Bezirk St. Johann im Pongau).

▪ Im Bezirk St. Johann im Pongau (Bischofshofen, Hüttau, Mühlbach am Hochkönig, Pfarrwerfen, Werfen, Werfenweng) sind die Prangstangen eine Spezialität. Sie werden schon im 16. Jahrhundert beschrieben. Die hohen, schlanken Pongauer Prangstangen sind zumeist mit bunter Wolle umwickelt, nur der gebogene Wipfel wird mit Naturblumen und Fähnchen verziert. Außer Fronleichnam gibt es noch mehrere Termine, an denen die Stangen ausrücken, sonst sind sie bis Oktober in der Kirche aufgestellt.

▪ In Bischofshofen (Bezirk St. Johann im Pongau) gibt es seit den 1980er Jahren mit Blumen verzierte sieben Prangstangen für die sieben Rotten. Jedes Jahr trägt ein anderer Bauer die bis zu 7 Meter hohe Stange und bewahrt sie auf. Das Schmücken besorgen die Frauen gemeinsam. Am Dienstag werden die Blumen gepflückt, die sie für die fünf verschiedenfarbigen Girlanden (Kranzl oder Bandl) brauchen: gelber Klee, weiße Margeriten, roter Klee, blauer Enzian, dazu grüner Buchs. Die umgebogene Spitze ziert ein Strauß Pfingstrosen. Dazwischen flattern bunte Bänder und bestickte Fähnchen. Das Binden der Girlanden dauert fünf, das Umwickeln drei Stunden, das Annageln besorgen die Männer. Mittwochabend tragen sie die Stangen in die Kirche.

▪ In Mühlbach am Hochkönig (Bezirk St. Johann im Pongau) schließen sich an die Feldmesse die Prozession mit den Prangstangen und ein Konzert der Knappenmusikkapelle.

▪ Im Lungau gibt es zu Fronleichnam ebenfalls Prangstangen. Eine besondere Attraktion ist der Auftritt des Samson. Umzüge mit der Figur des biblischen Riesen mit Helm und Hellebarde erinnern an barocke Fronleichnamsumzüge. Der Aufbau des Riesen wird von einem Mann auf den Schultern getragen. Er geht eine Runde durch den Ort und tanzt vor verschiedenen Personen, um ihnen die Reverenz zu erweisen. Man kann Samson und seine Begleiter – ein Zwergenpaar mit großen Köpfen und Hüten – zu Fronleichnam und anderen Terminen im Bezirk Tamsweg bewundern: Mariapfarr, Muhr, Ramingstein, St. Andrä im Lungau, St. Margarethen im Lungau, St. Michael im Lungau, Tamsweg, Unternberg, Wölting.

▪ In Oberndorf bei Salzburg (Bezirk Salzburg-Umgebung) findet zu Fronleichnam das „Himmelbrotschutzen“ statt. Bei

der Schiffermesse um 8 Uhr werden vier Hostien geweiht, um 9.15 Uhr bewegt sich die Prozession zur Brücke. Von dort segnet der Priester nochmals das Schiff mit vier Angehörigen des Schifferschützen-Corps und vier Buben, die ein Tuch tragen, in dem die Hostien in einem Kranz liegen. Während sie unter der Brücke durchfahren, schleudert ein Schiffer mit dem Ruderblatt den Kranz mit den Hostien in die Salzach. Das Schiff fährt bis Altach, die Prozession geht zu den vier Altären. Schließlich ergänzt der Priester den Segen mit der Bitte um Abwendung von Überschwemmungen und Unfällen auf dem Fluss: „Ab inundatione aquarium et ab omni malo libera nos, Domine."

STEIERMARK

Samsonfiguren nach Salzburger Vorbild gibt es in Krakaudorf (Bezirk Murau) und Murau.

- Im Bezirk Deutschlandsberg werden zwischen 3 Uhr und dem Beginn der Frühmesse Teppiche und Blumenmosaike bei den Altären und am Prozessionsweg gelegt. Der Untergrund besteht aus Reisig oder Sägespänen, die Ornamente aus Garten- oder Wiesenblumen. Der Brauch ist im Vatikan seit dem Jahr 1625 bekannt, 1778 fand er von Genzano bei Rom durch Ordensleute weite Verbreitung, so auch im Bistum Lavant, zu dem Teile der Steiermark gehörten.
- In Adriach (Gemeinde Frohnleiten, Bezirk Graz-Umgebung), Krakaudorf (Bezirk Murau) und anderen Pfarren trägt man geschmückte Heiligenstatuen beim Umgang mit.
- In Schladming (Bezirk Liezen) gehen am Fronleichnamsmorgen ein Trommler und zwei Klarinettisten zum Jungfrauenwecken durch den Ort. Sie spielen vor den Fenstern der ledigen Frauen eine ins Ohr gehende Melodie und erhalten dafür Schnaps, Zigaretten oder Geld. Nach der Überlieferung hat einst ein Bursch seine Braut am Fronleichnamstag durch das Spiel mit der Schwegelpfeife aufgeweckt. Dabei entdeckte er einen Brand, der noch rechtzeitig gelöscht werden konnte.

TIROL

- In Brixen im Thale, Kirchberg in Tirol und Westendorf (alle Bezirk Kitzbühel) findet zu Fronleichnam der Antlassritt statt. Er wurde schon 1655 als alter Brauch genannt: Am Nachmittag treffen sich die Reiter auf den mit Pfingstrosen und Lärchenzweigen geschmückten Pfer-

den beim Pfarrhof in Brixen. Der Dechant befördert das Allerheiligste in einer Bursa hoch zu Ross. Bis zum Ortsende begleitet die Musikkapelle den Zug, der in streng festgelegter Ordnung abläuft. In Kirchberg, der letzten Station, werden die Evangelien verlesen und der Wettersegen gespendet. Nach einem Imbiss treten die Reiter den Heimweg an. 📷

VORARLBERG

Fronleichnamsprozessionen wirken in Vorarlberg besonders festlich. Sie werden am Sonntag nach dem Fest wiederholt. Im Bregenzerwald heißt der Kopfschmuck der Mädchen und ledigen Frauen Schappele. Das Krönchen aus Goldfäden und Flitter wird zur Bregenzerwälder Tracht getragen. Im Bezirk Bregenz spielen die Schützen eine große Rolle. Sie waren früher in der Landesverteidigung und vor dem Bestehen der Gendarmerie zum Schutz der Bürger wichtig. Jetzt präsentieren sie sich bei Veranstaltungen wie der Fronleichnamsprozession.

- In Alberschwende (Bezirk Bregenz) ist der Feiertag ein besonderes Fest mit der Fronleichnamskompanie (Prozession mit Ausrückung der verschiedenen Schützenformationen in alten Uniformen) und sonstigen Vereinen.
- In Doren (Bezirk Bregenz) besteht der Bürgerschützenverein seit 1827. Am Fronleichnamstag rückt er bei der Prozession aus.
- In Egg (Bezirk Bregenz) tragen die Mädchen eine Madonnenstatue, die Buben eine Figur des heiligen Josef.
- In Hohenems (Bezirk Dornbirn) wird eine große Fronleichnamsprozession abgehalten.
- In Hörbranz (Bezirk Bregenz) gibt es zu Fronleichnam um 6 Uhr eine Feldmesse, um 8 Uhr einen Gottesdienst mit anschließender Prozession ins Oberdorf. Nach der Vesper, die um 14 Uhr beginnt, findet der große Aufmarsch der Fronleichnamsschützen statt.
- In Schwarzenberg (Bezirk Bregenz) kann man an einem prächtigen Umgang teilnehmen.

WIEN

- In Wien zeichnet sich der Stadtumgang, die traditionelle Fronleichnamsprozession beim Stephansdom, durch die Teilnahme des Erzbischofs, des Bundespräsidenten und anderer prominenter Personen sowie der Ritterorden und Studenten in Uniform aus.

Juni

Im Monat der Sommersonnenwende geht es in vielen Bundesländern heiß her: Rund um den 21. Juni, den astronomischen, oder den 24., den populären Termin, brennen Bergfeuer. Man bringt sie mit Heiligen wie Johannes, Peter und Paul oder mit dem Herz-Jesu-Fest in Zusammenhang. Zu den weltlichen Bräuchen im Frühsommer zählen Kirtage, Almauftrieb und Kräftemessen.

Bräuche in den Bundesländern

KÄRNTEN

- In Globasnitz (Bezirk Völkermarkt) gibt es Ende Juni den Almkirchtag auf der Wackendorferalm.
- In Gurk (Bezirk St. Veit an der Glan) steht am 29. Juni, ihrem Todestag, die heilige Gräfin Hemma (gest. 1045) im Mittelpunkt der Feierlichkeiten. In der Krypta des romanischen Doms befinden sich ihr Grab und der Hemma-Stein, den man bei unerwünschter Kinderlosigkeit aufsucht. Am Gedenktag wird der Augensegen mit dem Hemma-Ring erteilt.
- In Kaning (Gemeinde Radenthein, Bezirk Spittal an der Drau) findet am 22. Juni der Burschenkirtag statt. Dem Festgottesdienst folgen der Einzug der Zechburschen auf dem Dorfplatz, Tuschblasen, Musik und Unterhaltung.
- In Wolfsberg wird im Juni der Schönsonntagmarkt abgehalten.

OBERÖSTERREICH

- In Schwanenstadt (Bezirk Vöcklabruck) gibt es an den Sonntagen zwischen Juni und August die Siebenbürger Spezialität Fleckebraten, Buhei oder Holzfleisch. Veranstalter ist die Siebenbürger Landsmannschaft. Die Grillfeste sind allgemein zugänglich, ihr Erlös kommt Sozialprojekten zugute.

SALZBURG

- In Mauterndorf, Mariapfarr (beide Bezirk Tamsweg) und Tamsweg tanzt der Samson zu Beginn und im Laufe des Monats.
- In Mühlbach am Hochkönig (Bezirk St. Johann im Pongau) feiert man um den 22. Juni Bergmessen mit Musik auf der Molteraualm am Widdersberg.

▪ In Scheffau am Tennengebirge (Bezirk Hallein) gibt es auf der Wallingalm ein Almfest mit Trachtenmusikkapelle und Weisenbläsern.

▪ In Bramberg am Wildkogel, St. Johann im Pongau und Taxenbach (alle Bezirk Zell am See) messen die Burschen beim Ranggeln ihre Kräfte.

STEIERMARK

▪ Bad Aussee (Bezirk Liezen) und das Ausseerland stehen Anfang Juni ganz im Zeichen des größten Blumenfestes Österreichs. Seit 1960 veranstaltet der Verein zur Förderung der Kultur und Heimatkunde, Heimat- und Denkmalpflege im Ausseerland das Narzissenfest. Es zählt 3.000 Mitwirkende und 20.000 Gäste. Auf dem Programm stehen Volksmusik und -tanz, Armbrustschießen, Festzelt sowie die Wahl der Narzissenkönigin und der beiden Prinzessinnen. Den Höhepunkt bildet der Auto- und Bootskorso am

Sonntag. An die achtzig Fahrzeuge tragen große Aufbauten, die mit Narzissen (Narcissus poeticus) besteckt sind. Bis zu 30.000 Blüten sind pro Motiv nötig.

- In Krakaudorf (Bezirk Liezen) findet Anfang Juni das Samsontreffen aller Lungauer und steirischen Samsone statt.

TIROL

- In Matrei in Osttirol (Bezirk Lienz) wird Anfang Juni das Länderranggeln veranstaltet.

WIEN

- Seit 1990 organisiert das Kulturamt der Stadt Wien das Blasmusikfest auf dem Rathausplatz. Dutzende Kapellen aus ganz Österreich geben Platzkonzerte.
- Die Regenbogenparade, die die Anliegen der Homosexuellen mit einem öffentlichen Fest sichtbar macht, findet nach amerikanischem Vorbild seit 1996 mit inzwischen 100.000 Teilnehmern statt.
- Wenig später wird die Free Party nach Vorbild der Berliner Love Parade abgehalten. Trucks mit DJs und Partypeople präsentieren sich bunt und ausgelassen auf der Ringstraße.

HERZ-JESU-FEST

Am dritten Freitag nach Pfingsten begehen die Katholiken das Hochfest Herz Jesu. Es wurde 1672 auf Initiative des Oratorianerpaters Johannes Eudes (1601 bis 1680) in Frankreich eingeführt. Gleichzeitig hatte Margarete Maria Alacoque (1647–1690) vom Orden der Heimsuchung im französischen Paray-le-Monial Visionen des auf sein Herz weisenden Jesu. Sie verstand diese als Auftrag, sich für ein neues Fest, die Pflege der Herz-Jesu-Freitage und der heiligen Stunde einzusetzen. Die heilige Stunde ist eine einstündige Meditation über die Passion, die Liebe Gottes und die Eucharistie. Durch die Teilnahme können Ablässe gewonnen werden. Pius IX. approbierte das Herz-Jesu-Fest 1856 für die gesamte katholische Kirche.

Im Zusammenhang mit der Herz-Jesu-Verehrung steht die Herz-Mariä-Verehrung. 1646 führte Johannes Eudes in

seiner Ordensgemeinschaft ein Herz-Mariä-Fest ein. Im 19. Jahrhundert vom Papst anerkannt, wurde der Gedenktag unter dem Einfluss der Erscheinungen von Fatima (Portugal) nach 1917 wichtig.

Bräuche in den Bundesländern

STEIERMARK

- In St. Benedikten (Gemeinde St. Lorenzen bei Knittelfeld, Bezirk Knittelfeld) wird am zweiten Sonntag nach Fronleichnam (Herz-Jesu-Sonntag) eine 15 Meter lange, mit Wachs umwundene Stange aus der Kirche geholt. Diese Pestkerze steht im Mittelpunkt einer Prozession mit Musik, Fahnen, Himmel und vier Altären. 1855 erneuert, geht sie auf ein Gelübde aus dem Jahr 1713 (nach anderen Quellen 1480) zurück. Vier Burschen tragen die Kerze, an deren Spitze ein Licht in einer Laterne brennt, acht weitere stützen sie mit langen Stangen, auf denen bunte Bänder wehen. Bei einem Todesfall in einer der für den Brauch zuständigen Familien ersetzen schwarze die farbigen Schleifen.

TIROL

1796 erfolgte die Weihe des Landes Tirol an das Heiligste Herz Jesu. Anlässlich des 80-Jahr-Jubiläums wurden auf den Bergen die ersten Herz-Jesu-Feuer entzündet. Zur Hundertjahrfeier 1896 erfand man die Zeichenfeuer in Form christlicher Symbole. Diese entwickelten sich als wirkungsvoller kirchlicher Antibrauch zu den inzwischen propagandistisch verwendeten Sonnwendfeuern. Am Samstag oder Sonntag nach dem Herz-Jesu-Fest beginnen die Feiern gegen 21 Uhr auf den Bergen und Hängen des gesamten Bundeslandes. 📷

24. JUNI – GEBURT JOHANNES DES TÄUFERS

Der Wendepunkt des Jahres, der Sommerbeginn am 21. Juni, vereinigt eine Reihe alter Glaubensvorstellungen auf sich. Zur Sonnenwende sind Feuerbräuche nahe liegend. Sie wurden mit Heiligen verbunden, deren Gedenktage in diese Zeit fallen, wie Vitus am 15., Johannes am 24. oder Peter und Paul am 29. Juni.

Johannes der Täufer ist (außer Maria) der einzige Heilige, dessen Geburtstag und Todestag (29. August) gefeiert wird. Die Bibel stellt ihn als Vorläufer Jesu dar (Mt 3, Mk 1, Lk 1, Joh 1). In der Tradition gilt er als letzter Vertreter des Alten Bundes, der auf den Messias und damit auf den Neuen Bund hinweist. Jesus empfängt von dem ein halbes Jahr Älteren die Bußtaufe (Mt 3,13–17). Die Termine beider Feste – Weihnachten und die Geburt Johannes des Täufers – stehen im Zusammenhang mit der Sommer- bzw. Wintersonnenwende, welche die Kirche heilsgeschichtlich interpretierte.

Das Mittelalter machte aus dem Johannesfest ein Sommer-Weihnachten mit einer Mitternachtsmette und Johanneswein. Seit damals gibt es auch Belege für Johannesfeuer. In Wien waren sie seit dem 15. Jahrhundert öffentliche brauchtümliche Verpflichtungen, an denen der kaiserliche Hof, der Stadtrat und sonstige hochrangige Vertreter der Gesellschaft teilnahmen. Licht- und Lärmbräuche zur Zeit der Sonnenwende lassen sich aus Schilderungen, Rechnungen und Verboten nachweisen.

In den Bundesländern ist der Sommerbeginn Anlass für eine Reihe altartig wirkender Rituale. Auf den Bergen werden mächtige Holzstöße angezündet, um die man sich versammelt. Musik spielt, man singt und springt über das Feuer. Häufig sind (Turn)vereine Veranstalter der Feierlichkeiten, die an einem Wochenende stattfinden.

Bräuche in den Bundesländern

BURGENLAND

▪ In St. Margarethen im Burgenland (Bezirk Eisenstadt-Umgebung) feiert man den Johanneskirtag mit Jahrmarkt und Musikvereinsfest. Beim Kreuz auf dem Kogelberg brennt ein Johannesfeuer.

▪ In Zagersdorf (Bezirk Eisenstadt-Umgebung) verbinden sich Kirtag und Pfarrfest.

KÄRNTEN

Johannes der Täufer ist der Patron der Diözese Gurk-Klagenfurt.

▪ In St. Lorenzen im Gitschtal (Gemeinde Gitschtal, Bezirk Hermagor), am Weißensee und am Lurnfeld ist zum Sommerbeginn das Scheibenschlagen üblich. Wie andernorts am Funkensonntag wirbelt man glühende Holzscheiben an langen Stangen durch die Luft und lässt sie fliegen, während Ehren- oder Spottverse gerufen werden.

NIEDERÖSTERREICH

Sonnwendfeuer, die sich in der Donau spiegeln, wurden schon 1835 von Reisenden als herrliches Schauspiel geschildert. Wirte, Vereine und Studentenverbindungen pflegten um 1900 den Brauch, der auch heute zu den Attraktionen der Wachau zählt.

Es gibt eine Reihe weiterer Johannes- bzw. Sonnwendfeuer, z. B. in Biedermannsdorf (Bezirk Mödling), Edlitz (Bezirk Neunkirchen), Groß Siegharts (Bezirk Waidhofen an der Thaya), Großriedenthal (Bezirk Tulln), Haag (Bezirk Amstetten), Haslau-Maria Ellend (Bezirk Bruck an der Leitha), Kirchschlag in der Buckligen Welt (Bezirk Wiener Neustadt), Obermallebarn (Gemeinde Sierndorf, Bezirk Korneuburg), Petzenkirchen (Bezirk Melk), Pitten (Bezirk Wiener Neustadt), Poysdorf (Bezirk Mistelbach), St. Georgen an der Leys (Bezirk Scheibbs), Schönkirchen-Reyersdorf (Bezirk Gänserndorf), Schottwien (Bezirk Neunkirchen), Sonnberg (Gemeinde Hollabrunn), Tribuswinkel (Gemeinde Traiskirchen, Bezirk Baden), Warth (Bezirk Neunkirchen), Weißenkirchen an der Perschling (Bezirk St. Pölten) und in Wiener Neustadt.

▪ In Eggenburg (Bezirk Horn) ist die Wiese beim Kanzlerturm Veranstaltungsort der Sonnwendfeier und des Landesschützentreffens.

▪ In Frankenfels (Bezirk St. Pölten) gibt es ein Johannesfeuer, eine Bittmesse auf der Alm und ein Feuerwerk.

▪ In der Gemeinde Hohe Wand (Bezirk Wiener Neustadt) ist Johannes Kirchenpatron, daher findet in der Festhalle eine Messe statt, außerdem ein Feuerwehrfest. Der Kirtag mit Frühschoppen, Tanz und Feuerwerk dauert von Freitagabend bis Sonntagnachmittag. Das Feuer wird von der FPÖ organisiert.

▪ Kleinschweinbarth (Bezirk Mistelbach) ist um Johanni Schauplatz mehrerer Veranstaltungen: Auf dem Kreuzberg findet eine große Sonnwendfeier statt, ebenso eine Festmesse anlässlich des Kreuzbergtreffens, dem der Südmährerkirtag folgt.

- In Spitz (Bezirk Krems) bietet die letzte Juniwoche etliche Schaubräuche: Am 21. Juni veranstaltet der Tourismusverband eine Sonnwendfeier, am 22. Juni um 15 Uhr wird in Vießling der Maibaum verlost. Die Sonnwendfeier der Dorfgemeinschaft Gut am Steg findet am 28. Juni statt.
- In Waidhofen an der Ybbs gehen um den 24. Juni die Türkenpfeifer bei Nacht durch die Stadt. Sie tragen dunkle Anzüge und rote Fez. Die Musikanten spielen mit zwei Querflöten und einer Trommel bei den einzelnen Häusern einen türkischen Marsch, der eigentlich ein Grenadiermarsch aus Maria-Theresianischer-Zeit ist, und bekommen Geldspenden. Um 1530 erreichten türkische Spähtrupps die Gegend. Die Waidhofener Sensenschmiede erhielten wegen ihrer tapferen Verteidigung das Privileg für diesen Heischeumzug (Gassatengehen).

OBERÖSTERREICH

Sonnwendfeuer gibt es z. B. in Andorf (Bezirk Schärding), Damberg (Gemeinde Steyr), Gilgenberg (Bezirk Braunau am Inn), Laussa (Bezirk Schärding-Land), Linz, St. Georgen im Attergau (Bezirk Vöcklabruck), Natternbach (Bezirk Grieskirchen). Auf dem Scheiterhaufen der Sonnwendfeuer werden oft Strohpuppen verbrannt. Man nennt sie Sonnwendhansel (Johannestag am 24. Juni) und Gretel (Margarete, 17. Juni) oder „der Luther und seine Kathel".

- Auf der Moseralm in Mönchdorf (Gemeinde Königswiesen, Bezirk Freistadt) spielen die Schönauer Alphornbläser Samstagabend beim Petersfeuer. Sonntagmittag beginnt in Königswiesen das Mühlviertler Jagdhornbläsertreffen.

SALZBURG

Sonnwendfeiern, Johannesfeuer und ähnliche Bräuche finden in diesen Tagen an zahlreichen Orten statt, z. B. in Elsbethen, Grödig, Hof bei Salzburg, Lamprechtshausen, Salzburg-Rott und St. Gilgen auf dem Falkenstein (alle Bezirk Salzburg-Umgebung). Auf der Salzach treiben Sonnwendlichter.

- In Mühlbach am Hochkönig (Bezirk St. Johann im Pongau) gibt es ein Hans-Treffen auf der Pronebenalm.
- In Ramingstein (Bezirk Tamsweg) hat die Männergesangsrunde den Brauch des Sonnwendscheibentreibens 1983 nach vier Jahrzehnten wieder zum Leben erweckt.
- In Salzburg veranstaltet die Stachelschützengilde der Stadt ihr Sonnwendschießen im Vereinsheim bei der Monikapforte.
- In Zederhaus (Bezirk Tamsweg) ehrt man Johannes den Täufer mit dem Prangtag. Ende des 17. Jahrhunderts sollen Heuschrecken alle Pflanzen vernichtet haben, ausgenommen die Margeriten. Zum Gedenken, so die Überlieferung, bindet man sie zu langen Girlanden und wickelt sie um Stangen. An die 50.000 Blüten werden verwendet, die Margeriten bilden den Untergrund, darauf kommen bunte Ornamente aus Arnika, Pfingstrosen und Enzian. Die Stangen wiegen bis zu 80 Kilo. Nach dem Hochamt beginnt die Prozession, an der die uniformierten Himmelschützen und die Himmelträger in roten Bruderschaftsmänteln mit gelben Kapuzen teilnehmen. Nach dem Segen werden die Stangen in die Kirche getragen und bleiben bis Mariä Himmelfahrt dort stehen. Dann bekommen die Bauern

ihre Girlanden zurück, um sie in den weihnachtlichen Rau(ch)nächten als Segen bringend zu verbrennen.

STEIERMARK

■ Im Ennstal, z. B. in Bad Mitterndorf (Bezirk Liezen), bindet man vor dem 21. Juni Büschel aus einer gewissen Anzahl bestimmter Pflanzen und verschenkt sie an nahe stehende Personen. Diese hängen die Sonnwendbüschel am Johannestag an die Haustür, wo sie vor Gewitter, Feuer und anderen Gefahren schützen sollen.

Die Sträuße des Vorjahres werden im Sonnwendfeuer verbrannt, das auf vielen Berggipfeln und bei Gehöften brennt.

▪ In Gallmannsegg und Geistthal (beide Bezirk Voitsberg) ist das Sonnwend-Rachn Brauch. Man legt feuchte Äste auf das Feuer und versprach sich einst gute Ernte auf den Feldern, die der Qualm bedeckte.

▪ In Leoben feiert man im Juni den Oberlandler Kirtag. Die Alpine Tischgesellschaft d' Oberlandler z' Graz wurde 1883 gegründet. Sie entstand aus einer Stammtischrunde, die auf ihren Ausflügen in die steirischen Alpen die Armut der dortigen Bewohner kennen lernte und durch Sachspenden zu lindern suchte. Auch heute verbinden die Vereinsmitglieder Geselligkeit und karitative Einstellung.

TIROL

Trotz der Konkurrenz durch die Herz-Jesu-Feuer gibt es auch in Tirol Sonnwendfeiern. Veranstalter sind hier meist politische Gruppierungen, Vereine und andere nichtkirchliche Organisationen.

29. JUNI – PETER UND PAUL

Die Apostelfürsten erlitten unter Kaiser Nero (54–68) das Martyrium, Petrus durch Kreuzigung, Paulus durch Enthauptung. Obwohl sich nicht nachweisen lässt, wann und ob dies gleichzeitig geschah, wird das Gedächtnis der beiden seit der Mitte des 3. Jahrhunderts am 29. Juni begangen. Petrus und Paulus wurden schon früh gemeinsam dargestellt, Petrus mit breitem Kopf, lockigem Haar und Rundbart, Paulus mit länglichem Kahlkopf und langem Bart. Schriftrolle und Buch weisen die beiden als Apostel aus. Petrus ist u. a. der Patron der Fischer und des Baugewerbes (Pontifex maximus). Paulus, der ehemalige Zeltmacher, gilt als Schirmherr der Leder verarbeitenden Gewerbe, Theologen und Journalisten.

Bräuche in den Bundesländern

NIEDERÖSTERREICH

In den an Oberösterreich grenzenden Landesteilen, z. B. um Waidhofen an der Ybbs und Scheibbs, gibt es mehrere Jahresfeuer-Termine in rascher Folge: Sonnenwende, Johannes sowie Peter und Paul.

▪ Kammern (Gemeinde Hadersdorf-Kammern, Bezirk Krems) veranstaltet zu Peter und Paul ein großes Pfarr- und Kinderfest.

OBERÖSTERREICH

▪ In Helfenberg (Bezirk Rohrbach) findet der Feuerbrauch zu Ehren von Graf Revertera statt. Nach dem Gang zum Schloss und einem Gottesdienst begibt man sich zum Peterl-Feuer, um darüber zu springen.

SALZBURG

▪ Von Fusch an der Großglocknerstraße (Bezirk Zell am See) führt am Morgen des

28. Juni die Tauernwallfahrt zum Bricciusgrab nach Heiligenblut in Kärnten. Nach zehnstündigem Marsch werden die Teilnehmer vom Pfarrer, der Trachtenkapelle unter Glockengeläute begrüßt und zur Andacht eingeladen. Am Peter-und-Paul-Tag findet der Wallfahrtsgottesdienst statt. Heiligenblut verdankt seinen Namen dem dänischen Edelmann Briccius, der eine Heiligblut-Reliquie aus Konstantinopel bei sich trug. Von einer Lawine getötet, fand er hier seine Ruhestätte.

▪ In Köstendorf (Bezirk Salzburg-Umgebung) begehen die Prangerstutzenschützen in der Filialkirche St. Johann am Berg ihren Kirtag mit Gottesdienst und Frühschoppen.

▪ In Muhr (Bezirk Tamsweg) werden Prangstangen mit kleinen Nadelbäumen an der Spitze angefertigt und zur Kirche getragen. Nach der Messe findet die Prozession mit den Stangen statt. Wie in Zederhaus bleiben die Stangen bis Mariä Himmelfahrt in der Kirche stehen.

▪ In Mühlbach am Hochkönig (Bezirk St. Johann im Pongau) wird das Peter-und-Paul-Fest auf der Mitterfeldalm veranstaltet.

▪ In Salzburg-Rott kann man an einer Flurprozession teilnehmen.

ENDE JUNI – SCHULSCHLUSS

Die Zeugnisverteilung und der Beginn der Sommerferien sind für die meisten Familien ein prägender Einschnitt im Jahreslauf. Besonders wichtig ist der Schulschluss für die Maturanten, für die mit dem Eintritt in die Universität oder den Beruf eine neue Lebensphase beginnt.

Bräuche in den Bundesländern

OBERÖSTERREICH

▪ In Kremsmünster (Bezirk Kirchdorf an der Krems) veranstalten die Maturanten des Stiftsgymnasiums vor der schriftlichen Prüfung (im Mai) den Pflanzsonntag. Sie besuchen die Messe mit Zylinder und Blume im Knopfloch und „pflanzen" die Mitbürger. Einem spektakulären Umzug folgt die Dankrede des Klassensprechers für die zu Ende gehende Mittelschulzeit.

STEIERMARK

Von Graz ausgehend ist seit 1951 das Hissen einer weißen Fahne an der Schule üblich, wenn alle Kandidaten die Matura bestanden haben. Braucherfinder war der Volkskundler und damalige Internatsleiter Sepp Walter. Ihn inspirierte eine Zeitungsmeldung, wonach am Bezirksgericht Landeck eine weiße Fahne aufgezogen wurde, als zum Jahreswechsel 1949/50 das Gefängnis ohne Insassen war. Die Farbe der Unschuld wurde zum Zeichen des Erfolgs, als alle Heimschüler die Prüfungen gut absolviert hatten.

WIEN

▪ In Wien geht Ende Juni an drei Veranstaltungstagen Europas größtes Open-Air-Spektakel über zahlreiche Bühnen. Schauplatz ist die 20 Kilometer lange und 400 Meter breite Donauinsel. Geboten wird den Besuchern – pro Tag fast eine Million – Kultur aller Art, Sport, Information, Kinderprogramme und viel Musik. Anfangs öffentliche Raumaneignung als populäre Kultur- und Parteiveranstaltung einer sozialistischen Sektion, entwickelte es sich bald zum modernen Volksfest. Motor der Veranstaltung (wie auch anderer Wien-Events) ist der Braucherfinder Gemeinderat Harry

Kopietz. 2003 fand es zum 20. Mal statt. 2.000 Künstler präsentierten 600 Stunden Programm. Das „kulturelle Frühjahrsfest“ (Kopietz) ist auch ein bedeutender Wirtschaftsfaktor: Jeder Besucher gibt durchschnittlich € 32,– aus, die Umwegrentabilität für die Stadt Wien macht rund 39 Millionen € aus.

▪ Für Kinder im Alter von sechs bis dreizehn Jahren veranstaltet das Landesjugendreferat seit 1973 das Wiener Ferienspiel. Nach dem Startfest stehen 110 Organisationen den jungen Besuchern verbilligt oder gratis offen. „Lustig, spannend und lehrreich" ist die Devise der Angebote aus Sport, Spiel und Kultur. Bei der größten Ferienveranstaltung Europas haben bereits Millionen Jugendliche mitgemacht.

▪ Auf dem Rathausplatz findet den Sommer über ein großes Film-Festival statt, der Besuch ist zahlreich (und gratis). Geboten werden Opern-, Musik- und Tanzfilme sowie ein kulinarisches Potpourri. 📷

▪ Am Donaukanal, IX., hat der „Kulturverein Alsergrund – Unsere 9" 1996 die Summer Stage mit moderner Kunst, Musik, Wellness und gastronomischen Angeboten etabliert.

Juli

Als vor hundert und mehr Jahren die Bevölkerung eine überwiegend bäuerliche war, blieb im Sommer nicht viel Zeit zum Feiern, nur die Kirtage machten eine Ausnahme. Anders in der modernen touristischen Urlaubssaison: Sie provoziert geradezu Schaubräuche und neue Attraktionen.

Bräuche in den Bundesländern

KÄRNTEN

Kärntner Tourismusmanager sind besonders einfallsreich im Erfinden von Festen. So initiierte der Verein „Wir laden zum Hadn" (Buchweizen) das Hadnfest rund um den Hartl-Wirt in Neuhaus (Bezirk Völkermarkt). Seit 1993 feiert man im Juni das Gailtaler Speckfest. Ende September wird das Karnische Käsefest inszeniert. Die Versatzstücke sind meist die gleichen: Bauernmarkt, kulinarische Spezialitäten, Gottesdienst, Frühschoppen und Volkstanz.

- In Maria Saal (Bezirk Klagenfurt-Land) hat der Kirchtag der Kärntner Landsmannschaft am zweiten Julisonntag überregionale Bedeutung. Trachtengruppen aus dem ganzen Bundesland kommen zum Gottesdienst und dem anschließenden Programm im Freilichtmuseum.

NIEDERÖSTERREICH

- In Karlstetten (Bezirk St. Pölten) findet am ersten Feriensonntag das Ulrichsfest mit Pfarrfest und Kinderprogramm statt.
- Spitz (Bezirk Krems) feiert am letzten Wochenende im Juli sein größtes Fest, den Marillenkirtag mit Spezialitäten aus der Wachau. Seit 1950 wird der Kirchenplatz zum Festgelände. Nach dem traditionellen Frühschoppen ziehen am Sonntagnachmittag König Marillus und Prinzessin Apricosia durch den Ort. Am Festplatz werden Volkstänze und Lieder dargeboten und die „goldene Marille" verliehen. Der Abend endet mit Tanzmusik.
- Ulrichskirchen-Schleinbach (Bezirk Mistelbach) begeht den Tag seines Pfarr- und Gemeindepatrons um den 4. Juli mit einem Burschenamt und Tanz.
- In Untersiebenbrunn (Bezirk Gänsern-

dorf) veranstalten Gemeinde und Pfarre von Juli bis September Kulturtage, an denen sich die Vereine beteiligen. Zu den Attraktionen zählen ein Bauernmarkt, der Spektakelsonntag, Musik, Konzerte, Theater, Sportveranstaltungen und das Feuerwehrfest.

OBERÖSTERREICH

▪ In Garsten (Bezirk Steyr-Land) gedenkt man am 27. Juli des heiligen Berthold (gest. 1142). Er reformierte das ehemalige Kloster (in dem sich heute die Strafanstalt befindet). Nach dem Pontifikalamt führt eine Prozession zur Pestsäule, wo der Segen mit seiner Reliquie erteilt wird. Anschließend gibt die Blasmusikkapelle ein Platzkonzert.

▪ In Hinterstoder (Bezirk Kirchdorf an der Krems) findet am letzten Wochenende im Juli das Maibaumkraxeln statt, nach dem der Baum verlost wird.

▪ In Königswiesen (Bezirk Freistadt) wird am 22. Juli auf dem Marktplatz der Magdalenakirtag abgehalten.

SALZBURG

Die Mitglieder der Salzburger Samson-Familie rücken am ersten Sonntag im Juli in Tamsweg und Unternberg aus.

▪ In Hüttau (Bezirk St. Johann im Pongau) sind am ersten Julisonntag die Prangstangen zu sehen.

▪ In Oberndorf bei Salzburg (Bezirk Salzburg-Umgebung) findet in den Sommermonaten fallweise das Schifferstechen auf der Salzach statt. 📷 Das Wasserstechen der Schiffer, erstmals 1596 erwähnt, wurde im 19. Jahrhundert auf Fronleichnam verlegt. Eine Zille steht gegen die Flussrichtung, eine zweite nähert sich. Beide Stecher versuchen, den Gegner mit einer zwei Meter langen

Stange aus dem Boot zu werfen. Vor Beginn des Turniers rufen sie: „Bruada nimm mas net für übi, wann i di ins Wasser stich!“ und: „Stich nua zua!“. Beim zweiten Spiel, dem Kranzlspringen, muss der Springer Wurstkränze erreichen, die auf einem über der Salzach gespannten Seil hängen. Dabei entscheidet die Geschicklichkeit der Schiffer über eine günstige Position für den Sprung. Abwechselnd mit dem Schifferstechen wird – vor mehreren tausend Zuschauern – die Piratenschlacht abgehalten. Das Banditenfangen beginnt zu Mittag, wenn die Räuber nach Gasthausbesuchen ihr Lager aufgeschlagen haben und die Hochzeit ihres Hauptmanns mit Tanz, Spießbraterei und Trunk feiern. Da meldet ein Späher einen Überfall auf ein Salzschiff in Laufen, am bayrischen Ufer der Salzach. Worauf eine wilde Schlacht zwischen Gardisten und Räubern folgt.

▪ In Ramingstein (Bezirk Tamsweg) bestand von 1443 bis 1780 ein bedeutendes Silberbergwerk. 1459 erhielt der Ort mit der Bergordnung das Recht des Wochenmarkts. Daran knüpft der Silber-

markt an, der seit 1998 am dritten Julisonntag stattfindet. In einem Schmelzofen wird Silber gegossen und dem Bürgermeister überreicht. Später kann man Münzen schlagen („Ramingsteiner Batzen", 1559). Weitere Programmpunkte sind der Frühschoppen der Trachtenkapelle, Auftritte der Volkstanzgruppe Ramingstein und des Samson mit seinen Zwergen. Die 80 Kilo schwere und 6 Meter hohe Samsonfigur wurde 1991 angeschafft und 1997 durch zwei Zwerge, nach den Kirchenpatronen Achazius und Maria benannt, ergänzt. Achatz trägt die Bergwerksuniform und einen Knappenhut, Maria ist als Lungauer Dirndl mit Gretlfrisur gestaltet. Eine besondere Attraktion ist das Spiel der Zwerge mit den Kindern, die sie reizen und dann von den Zwergen gejagt werden.

▪ In der Stadt Salzburg bildet die Aufführung des Alt-Salzburger Fackeltanzes den Auftakt der Festspiele. Einem Versuch 1949 folgte 1952 die erste Vorstellung der Volkstumsgruppe Jung Alpenland. Der Tanz, der in der Tradition der Ehrenbezeugungen für hohe Gäste steht, ist den Festspielbesuchern gewidmet. 150 Paare in Tracht tanzen mit Lichtern einen Reigen um den Residenzbrunnen. Als Abschluss der Darbietung werfen sie ihre Fackeln in hohem Bogen ins Wasser. Die Prangerstutzenschützen geben mit Handböllern lautstarken Salut. 📷

- In St. Gilgen (Bezirk Salzburg-Umgebung) finden im Juli fünf Veranstaltungen mit Volksfestcharakter statt.
- In Wagrain und Werfenweng (Bezirk St. Johann im Pongau) kann man am ersten Julisonntag die Prangstangen sehen.

STEIERMARK

- In Schladming (Bezirk Liezen) ist der letzte Julisonntag der Trachtensonntag. Gottesdienstbesuch, Frühschoppen und Maibaumumschneiden am Nachmittag stehen auf dem Programm, wobei die Besucher ihre Trachten angelegt haben.

TIROL

- In Untermieming (Gemeinde Mieming, Bezirk Imst) findet am ersten Julisonntag eine Flurprozession statt, die auf das Hauptfest der 1634 gegründeten Isidor-Bruderschaft zurückgeht. Zwei als Engel verkleidete Buben mit einem Pfluggespann begleiten die Figur des Heiligen. Die Prozession führt ein Herold an, dem verschiedene Gruppen mit charakteristischen Statuen folgen: Schulbuben mit Schutzengel, junge Männer mit Aloisius, Männer mit Josef, Schulmädchen mit Maria, junge Frauen mit Notburga, Frauen mit Anna. Der Legende nach war Isidor (gest. 1130) ein frommer spanischer Bauer, für den die Engel arbeiteten, während er betete. Als Patron der Landwirte ist er für den Regen zuständig. 1622 heilig gesprochen, förderten die Jesuiten seinen Kult und die Bruderschaften. Die Tiroler Isidor-Bruderschaft zählte bei ihrer Aufhebung unter Joseph II. 2.000 Mitglieder und bestand als Geheimgesellschaft weiter.

VORARLBERG

In Vorarlberg beginnt Anfang Juli die Übersiedlung auf die Hochalpe. Während dieser Tage bestehen besondere Weiderechte für die Durchziehenden. Die Almen werden mit Salz und Wasser gesegnet.

2. JULI – MARIÄ HEIMSUCHUNG

Das Lukasevangelium berichtet vom Besuch Marias bei ihrer Verwandten Elisabet nach der Verkündigung (Lk 1,39–56) und dem Lobpreis (Magnificat). Vor allem die Franziskaner machten daraus ein feierliches Gedächtnis, ihr General Bonaventura führte das Fest 1263 für den Orden ein. Als Datum wählte man den Oktavtag von Johannes. Der neue Römische Kalender verlegte es auf den 31. Mai, das deutsche Messbuch hielt jedoch mit Rücksicht auf die tiefe Verwurzelung in der Volksfrömmigkeit am alten Termin fest.

Bräuche in den Bundesländern

SALZBURG

- In der Stadt Salzburg unternehmen die Lieferinger Prangerschützen einen Bittgang zur Haselwimmer-Kapelle in Salzburg-Rott. Der Abmarsch erfolgt um 18 Uhr bei den drei Linden, Ecke Bichelfeldstraße/Rottweg.

STEIERMARK

- In Gröbming (Bezirk Liezen) versammeln sich seit 1994 viele Pilger zur Wallfahrt „Übers Gebirg“. Ihr Weg führt über die Vierbergealm zum Hochmühleck (1731 Meter). Nachdem dort der Wortgottesdienst stattgefunden hat, wandern sie über die Goseritzalm nach Knoppen. Gegen 18 Uhr ist das Ziel, die Wallfahrtskirche Maria Kumitz bei Pichl bei Aussee, erreicht, wo eine Messe gefeiert wird.

20. JULI – MARGARETA

Margareta von Antiochia zählt zu den bekanntesten frühchristlichen Märtyrerinnen. Sie soll während der diokletianischen Christenverfolgung um 305 alle Martern überstanden und den Teufel besiegt haben. Bei den vierzehn Nothelfern bildet sie mit Katharina und Barbara die Gruppe der Virgines Capitales (drei heilige Madln). Sie ist die Patronin der Bauern (Margareta war ein bäuerlicher Zinstag), Frauen und Mädchen.

Bräuche in den Bundesländern

NIEDERÖSTERREICH

- In Frankenfels (Bezirk St. Pölten) findet zu Margareta wie am 28. Oktober (Simon und Judas) ein Kirtag mit Frühschoppen und vielen Standeln statt.
- In Obersdorf (Gemeinde Wolkersdorf im Weinviertel, Bezirk Mistelbach) feiert man rund um Margareta vier Tage lang Kirtag.

SALZBURG

- In Krimml (Bezirk Zell am See) wird bei Schönwetter der Krimmler Kirchtag mit Volksmusik und Volkstanzgruppe abgehalten.

STEIERMARK

- In Bad Mitterndorf (Bezirk Liezen) gibt es am Sonntag nach Margareta zum traditionellen Kirtag ein Festzelt.
- In Teufenbach (Bezirk Murau) gestaltet der Trachten- und Heimatverein die Feier des Patroziniums, bei dem ein Umgang mit vier Altären stattfindet.

24. JULI – CHRISTOPHORUS

Der heilige Christophorus soll im 3. Jahrhundert in Kleinasien gelebt haben. Eine Legende aus dem 10. Jahrhundert erzählt von einem Riesen namens Offerus, der Reisende über einen Fluss trug. Er wollte dem Mächtigsten dienen, gab sich jedoch weder mit dem König noch mit dem Teufel zufrieden. Als er ein Kind über das Wasser bringen wollte, überstieg dies seine Kräfte. Nun erkannte er den Allmächtigen: Aus Offerus wurde Christophorus, der Christusträger. Diese Allegorie auf die Taufe entfaltete sich in der mittelalterlichen Frömmigkeit zur bildhaften Darstellung in Fresken an der Außenseite der Gotteshäuser. Sie zeigen den Riesen mit einem Baum als Stock, wie er mit dem Jesuskind auf der Schulter den Fluss überquert. Wer ein solches Bild auch nur von weitem sah, wähnte sich an diesem Tag eines unversehenen Todes sicher. Seit dem 16. Jahrhundert prägte man Taler mit Christophorus-Bildern, Vorläufer der Plaketten in den Autos. Als einer der vierzehn Nothelfer ist er ein Patron gegen Krankheiten und Widerwärtigkeiten, Helfer der Transportgewerbe, der Mütter und Kinder.

Wer sich beim Autofahren nicht nur auf seine Reaktionsfähigkeit verlassen will, schließt gerne beim heiligen Christophorus eine fromme Zusatzversicherung ab. Fahrzeugsegnungen sollen vor Unfällen bewahren. Die Autoweihe kommt aus Frankreich und geht auf eine 1899 gegründete Bruderschaft zurück, deren Mitglieder sie in der Pfarre St.-Christophe in Paris durchführten.

Bräuche in den Bundesländern

KÄRNTEN

Segnungen von Autos und Traktoren werden u. a. in Eisenkappel-Vellach (Bezirk

Völkermarkt), Innerkrems (Bezirk Spittal an der Drau) und Maria Wörth (Bezirk Klagenfurt-Land) durchgeführt.

NIEDERÖSTERREICH

In Niederösterreich gibt es zahlreiche Fahrzeugsegnungen, z. B. in Haslau-Maria Ellend (Bezirk Bruck an der Leitha), Großweikersdorf (Bezirk Tulln), Hochneukirchen (Bezirk Wiener Neustadt), Hollabrunn, Immendorf (Gemeinde Wullersdorf, Bezirk Hollabrunn), Kirchberg am Wechsel (Bezirk Neunkirchen), Krumbach (Bezirk Wiener Neustadt).

- In St. Christophen (Bezirk St. Pölten) findet die Wallfahrt der Verkehrsteilnehmer am Christophorus-Sonntag 2003 zum 75. Mal statt. 1928 hatte der Wiener Taxifahrer Viktor Heidrich die Fahrzeugsegnung in der Normandie kennen gelernt und den Pfarrer von St. Christophen, Karl Koch, dazu motiviert. Schon im folgenden Jahr kamen viele Autobesitzer, nach zwei Jahren bereits 200. Höchste geistliche Würdenträger wie Kardinal Innitzer spendeten den Christophorus-Segen, der sich so großer Beliebtheit erfreute, dass die Lenker auch an anderen Sonntagen und sogar bei Wochentagsmessen darum baten. Ihren Höhepunkt erreichte die Autoweihe in den 1960er Jahren. In den siebziger Jahren erfolgte die Umbenennung in Autofahrerwallfahrt bzw. Wallfahrt der Verkehrsteilnehmer. Seit den neunziger Jahren kommen verstärkt Oldtimergruppen. Jetzt finden sich an die 500 Lenker mit ihren Fahrzeugen, vom Fahrrad bis zum Traktor, zur Feier ein, aber auch Kinder mit Spielzeugautos.

OBERÖSTERREICH

Bekannte Fahrzeugsegnungen werden in Waizenkirchen (Bezirk Grieskirchen) und Wartberg an der Krems (Bezirk Freistadt) abgehalten.

STEIERMARK

- Mariazell (Bezirk Bruck an der Mur) ist als Wallfahrtsort Schauplatz der steirischen Fahrzeugsegnung.

25. JULI – JAKOBUS

Nach dem biblischen Bericht über die Berufung der ersten Jünger (Mt 4, 18–22) war Jakobus der Ältere wie sein Vater Zebedäus und sein Bruder Johannes Fischer. Die Brüder folgten dem Ruf Jesu, Menschenfischer zu werden. Um Ostern 44 erlitt Jakobus unter Herodes Agrippa den Märtyrertod. Nach spanischer Überlieferung brachte man den Leichnam nach Santiago de Compostela, wo ihn Bischof Theodomir von Iria im 9. Jahrhundert auffand. Daraus entwickelte sich eine der berühmtesten christlichen Wallfahrten. Pilgerwege, an denen sich Jakobskirchen und Hospize befinden, führen aus allen Ländern zum Grab des Apostels. Er wird mit Buch, Pilgerstab, -beutel und -muschel oder als Soldat dargestellt, der die Mauren besiegt. Jakobus ist u. a. der Patron Spaniens, der Krieger, Pilger, Arbeiter, Hutmacher, Wachszieher, Schmiede und Apotheker. Er soll gegen schlechtes Wetter und Rheumatismus helfen und das Gedeihen von Obst und Getreide fördern.

Bräuche in den Bundesländern

BURGENLAND

- In Klingenbach (Bezirk Eisenstadt-Umgebung) begeht man den St.-Jakobs-Kirtag.

NIEDERÖSTERREICH

Das Land unter der Enns feiert eine Reihe von Jakobikirtagen mit Hochamt, Standlmarkt, Tanz und Vergnügungspark. Jener in Böheimkirchen (Bezirk St. Pölten) zählt zu den größten Kirtagen des Bundeslandes. Weitere Veranstaltungen dieser Art findet man in Bad Schönau (Bezirk Wiener Neustadt), Bockfließ (Bezirk Wolkersdorf), Hohenberg (Bezirk Lilienfeld), Payerbach (Bezirk Neunkirchen), Rossatz-Arnsdorf (Bezirk Krems) und Warth (Bezirk Neunkirchen).

SALZBURG

- Am Hundstein, einem 2.100 Meter hohen Almberg bei Maria Alm (Bezirk Zell am See), findet an einem Sonntag um Jakobi der wichtigste Rangglerwettbewerb statt. Er bringt neben der Ehre die Siegesfahne und eine Goldmedaille ein. Die Teilnehmer, die jüngsten sind zehnjährige Buben, treten in Leinenhemden und -hosen barfuß an. Wer auf dem Rücken liegt, hat verloren, wer alle besiegt hat, wird als Hagmoar gefeiert. Der Sport geht auf mittelalterliche Kampfspiele zurück.
- In St. Jakob am Thurn (Gemeinde Puch bei Hallein, Bezirk Hallein) führen die Jakobischützen am Sonntag nach dem 25. Juli einen seit 1738 bekannten Tanz auf. Nach dessen Revitalisierung sind sechzehn Schützen in Tracht und mit Prangstutzen die Ausführenden, dazu kommen Pfeifer und andere Brauchtumsgruppen. Bei der Aufführung, die szenische Elemente enthält, stellen die Männer den heiligen Jakob als Türkenbefreier dar. Die Gründung der Jakobibruderschaft als Bauernwehr wird mit Türkeneinfällen im Lungau anno 1476 in Zusammenhang gebracht.
- In Tamsweg erlebt man um Jakobi auf dem Hauptplatz den Samsonumzug und einen großen Zapfenstreich, ebenso rückt der Riese im Ortsteil Wölting aus.

26. JULI – JOACHIM UND ANNA

Legenden um die Eltern der Muttergottes fanden mit dem Aufblühen des Marienkultes im Spätmittelalter Verbreitung. Das Protoevangelium des Jakobus, eine apokryphe Schrift aus der zweiten Hälfte des 2. Jahrhunderts, gibt ihre Namen mit Joachim und Anna an. Sie gelten als Helfer bei Familienproblemen. Darstellungen zeigen die Heilige Sippe oder Anna Selbdritt (Anna, Maria und das Jesuskind).

Bräuche in den Bundesländern

BURGENLAND

- In Gattendorf (Bezirk Neusiedl am See) kommen bei einer grenzüberschreitenden Veranstaltung viele Gäste aus Ungarn und der Slowakei zur Annenkapelle.

KÄRNTEN

- In Maria Saal (Bezirk Klagenfurt-Land) wird am Sonntag nach dem Annatag der Annakirchtag in der Kirche Karnburg gehalten.

NIEDERÖSTERREICH

- Von Bromberg (Bezirk Neunkirchen) aus findet alljährlich am Wettermesstag eine Prozession auf den Annaberg statt.
- In Kirchschlag in der Buckligen Welt (Bezirk Wiener Neustadt) ist der Annatag ein Wallfahrtstag.
- In Pöggstall (Bezirk Melk) hält man bei St. Anna im Felde einen Großkirtag ab.

STEIERMARK

- In Öblarn (Bezirk Liezen) steht ein Besuch der Annakapelle in der Walchen

mit Gottesdienst und anschließendem Beisammensein im Gasthaus auf dem Programm.

WIEN

In der Barockzeit förderten die Habsburgerinnen die Annenverehrung. Sie schätzten besonders die Annahand, die 1678 am großen Reliquienmarkt in Konstantinopel gekauft worden sein dürfte und im Ruf der Wunderkraft stand. 1743 schenkte sie Maria Anna der Kirche in der Annagasse, I., wo sie bis heute am Festtag zum Kuss gereicht wird.

- Am Dornbacher Annenkirtag (XVII., Rupertusplatz) erhält die älteste Annerl ein Ehrengeschenk. Einer Feldmesse folgen Frühschoppen, Flohmarkt, Bauernmarkt und Unterhaltungsprogramm. Der Vergnügungspark bietet Schaukel, Ringelspiel, Schießbuden und Luftburg.

August

Mariä Himmelfahrt am 15. August ist der größte Feiertag im Hochsommer. Mit dem Großen Frauentag, der Marias Aufnahme in den Himmel feiert, beginnt der „Frauendreißiger": In der Zeit bis zum Kleinen Frauentag am 8. September (Mariä Geburt) bzw. dem Fest Kreuzerhöhung am 14. September wird den Heilkräutern eine besondere Wirkkraft zugeschrieben. Um diese zu erhalten, lässt man sie weihen.

Bekannte Kirtage finden im August statt. Kirtage zum Festtag des jeweiligen Kirchenpatrons sind wie die Termine der Kirchenweihe über das ganze Jahr gestreut; nur in der Fastenzeit und im Advent feierte man nicht. Zur heiligen kam bald die profane Messe, der Jahrmarkt.

Seit dem Spätmittelalter wurden Missstände am Kirtag beklagt, doch dauerte es bis ins 18. Jahrhundert, bis sich die weltliche Obrigkeit für eine Reform aussprach. Joseph II. bestimmte den dritten Oktobersonntag als Allerweltskirtag. Doch konnte der verordnete Kaiserkirtag die angestammten Termine nicht verdrängen, im Gegenteil, er kam noch dazu.

Um 1970 entstand in Wien eine Reihe neuer Kirtage und Feste.

Bräuche in den Bundesländern

KÄRNTEN

- Der Villacher Kirchtag, 1936 eingeführt und seit 1948 wieder begangen, ist Kärntens großes Volksfest. Der Termin um den 1. August knüpft an das historische Privileg an, vierzehn Tage vor und nach Jakobi (25. Juli) einen Jahrmarkt abzuhalten, das Herzog Friedrich II. der Stadt verliehen hat. Die neue Form, erfunden von der Villacher Bauerngman, einer traditionsverbundenen Gemeinschaft von vierundzwanzig Bürgern, wird vom Villacher Kirchtagsverein durchgeführt. Dem Fest geht eine Brauchtumswoche mit Darbietungen von Musikkapellen, Gesangsvereinen, Trachten- und Volkstanzgruppen voraus. Am Kirchtagswochenende verwandelt sich die für den

Kärntens großes Volksfest: Der 1936 eingeführte Villacher Kirchtag

Verkehr gesperrte Innenstadt zum Festplatz mit Tanzboden, Buden, Fahnen und Lichterketten. Samstagvormittag rücken die traditionellen Kirtagslader aus, am Nachmittag präsentieren sich die Volkstanzgruppen, und der große Landestrachtenzug der Brauchtumsgruppen findet statt. Nach der offiziellen Eröffnung durch den Bürgermeister nehmen der Kirchtag und am Sonntag der Nachkirtag ihren Lauf. Um Mitternacht bewundern die zahlreichen Besucher ein großes, von der Draubrücke abgeschossenes Feuerwerk.

NIEDERÖSTERREICH

- In Gföhl (Bezirk Krems an der Donau) steht Ende August ein Erdäpfelfest auf dem Programm.
- In Herzogenburg (Bezirk St. Pölten) veranstaltet das Stift an den letzten Ferienwochenenden die niederösterreichischen Kindersommerspiele. Es begann 1971 mit einem Kinderfest, das Jungscharleiter Bertl Rumpler zur Finanzierung eines Jungscharlagers organisierte. Daraus entwickelte sich das größte Kinderfestival Niederösterreichs mit 500 Mitarbeitern. Am Vormittag gibt es Wettbewerbe und Werkstätten, Theater, ein Kreativzentrum und eine Experimentierwerkstatt. Nach einer Stärkung können die Kinder das Stift besuchen und am Chorgebet teilnehmen. Das Nachmittagsprogramm bietet viel Abwechslung bei Zirkus, Ballett, Theater, Puppenspielen, Spaß und Action. Der Abend klingt mit einem Gottesdienst am Lagerfeuer aus. Für Jugendliche gibt es einen Diskostadl, und wer will, kann sogar im Zeltlager übernachten.
- In Maria Enzersdorf am Gebirge (Bezirk Mödling) wird der Portiuncula-Kirtag mit einem Standelmarkt, Weinkost und kulinarischen Spezialitäten gefeiert. Das Franziskanerkloster ist neuerdings wieder ein beliebtes Wallfahrtsziel, um den Portiuncula-Ablass zu erwerben.
- Im Gemeindegebiet von Mistelbach finden Mitte August der Feldsberger Kirtag und der Weinviertler Kirtag in Siebenhirten statt.
- In Petzenkirchen (Bezirk Melk) ist am Sonntag nach dem 3. August Kirtag und Markt.
- In St. Johann am Steinfelde (Gemeinde Ternitz, Bezirk Neunkirchen) wird am 24. August der Augustinikirtag mit einer Festmesse und anschließendem Frühschoppen gefeiert.
- In Tribuswinkel (Gemeinde Traiskirchen, Bezirk Baden) findet das größte Fest im Ort Ende August statt. Der Kirtag dauert von 10 bis 22 Uhr, Hochamt, Grillen, Schnitzelessen, Bieranstich und Tanz sind einige der Programmpunkte.

OBERÖSTERREICH

- In Gaflenz (Bezirk Steyr-Land) ist die Kirche auf dem Heiligenstein die einzige Verehrungsstätte des Nürnberger Stadtpatrons St. Sebald in Österreich. Nach einer Legende soll der Einsiedler im 8. Jahrhundert in Gaflenz gelebt haben und gestorben sein. An seinem Festtag, dem Sonntag nach dem 19. August, kommen hunderte Wallfahrer zur Frühmesse in die Pfarrkirche oder nehmen an der Prozession auf den Heiligenstein teil, wo ein Festgottesdienst im Freien stattfindet.
- In Königswiesen (Bezirk Freistadt) führen der Musikverein und die Goldhaubengruppe im August den Tag der Blasmusik und den Tag der Tracht durch. Letzterer, der um diese Zeit auch in anderen oberös-

terreichischen Orten stattfindet, wurde in den 1980er Jahren kreiert. Dazu gehören eine Festmesse, zu der Bewohner und Gäste in Tracht gekleidet erscheinen, und Aktivitäten der veranstaltenden Vereine.

- In Obertraun (Bezirk Gmunden) findet Ende August das Almfest auf der Koppenwinkelalpe statt.
- In Vorderstoder (Bezirk Kirchdorf an der Krems) veranstaltet man Mitte August ein Kirchweihfest und den Trachtensonntag.

SALZBURG

- Der Anifer Kirtag (Bezirk Salzburg-Umgebung) mit Unterhaltung auf dem Dorfplatz, Frühschoppen, Trachten- und Blasmusikkapellen findet an einem Wochenende Anfang August statt.
- In Lofer (Bezirk Zell am See) ist Anfang August das Marktfest Treffpunkt der örtlichen Vereine, die nach dem Frühschoppen der Bürgermusikkapelle in einem Festzug durch den Ort marschieren.
- In Mühlbach am Hochkönig (Bezirk St. Johann im Pongau) feiert man am 9. August das Dorffest. Es beginnt um 14 Uhr mit dem Einzug der Musikkapellen, der Mühlbacher Schnalzer und anderer Vereine. Konzerte der Knappenmusikkapelle und der Mühlbacher Holzmusik, ein Bauernmarkt, Tanz und Unterhaltung sowie ein eigenes Kinderprogramm gehören dazu.
- In Oberndorf bei Salzburg (Bezirk Salzburg-Umgebung) findet die „historische Piratenschlacht“ des Schifferschützen-Corps bei der Salzachschleife statt (siehe Seite 126).
- St. Gilgen (Bezirk Salzburg-Umgebung) lädt Anfang des Monats zum Tag der Blasmusik und Ende August zum Auftaktfest des Bauernherbstes ein.

STEIERMARK

- Bad Mitterndorf (Bezirk Liezen) hält am Sonntag vor Mariä Himmelfahrt den Fetzenmarkt ab.
- In Zauchen (Gemeinde Bad Mitterndorf, Bezirk Liezen) wird am ersten Wochenende im August ein Waldfest gefeiert.

WIEN

- Der Neustifter Kirtag, XIX., beginnt am Freitag des dritten Augustwochenendes und bezieht nach alter Gewohnheit auch den Montag mit ein. Höhepunkt des Kirtags ist der Umzug mit der Hauerkrone. Die meterhohe Bügelkrone, die auf die Zeit Maria Theresias zurückgehen soll, als die Weinbauern der Kaiserin ihre Aufwartung machten, ist an einem Ring drehbar an einer Stange befestigt. Zwischen den in mehreren Reihen gesteckten, vergoldeten Nüssen befinden sich Porzellanpüppchen. Im Ort sind Kirtagsbuden aufgestellt, und alle Heurigen haben Hochbetrieb.

- Der Kahlenbergerdorfer Kirtag, XIX., 1982 erstmals zum Neunzigjahrjubiläum der Eingemeindung nach Wien abgehalten, hat sich vom Dorffest im Pfarrgarten zum überregionalen Volksfest entwickelt und zählt an drei Tagen zehntausende Gäste. Veranstalter ist der Verein Freunde des Kahlenbergerdorfes.

5. AUGUST – OSWALD

Der englische Königssohn Oswald (604–642) machte sich um die Christianisierung der Angelsachsen verdient. Die iroschottischen Mönche verbreiteten seinen Kult von Skandinavien bis Italien. Seit der ersten Jahrtausendwende tauchten zahlreiche Legenden auf. Im deutschsprachigen Gebiet verehrte man ihn als einen der vierzehn Nothelfer; in der Diözese Graz-Seckau und im Schweizer Kanton Zug, dessen Patron er ist, mit einem Gedenktag. Darstellungen zeigen ihn als König mit Kreuz, Rabe, Taube und einem goldenen Hirsch. Oswald ist u. a. Patron der Kreuzfahrer, Schnitter und des Viehs.

Bräuche in den Bundesländern

STEIERMARK

- In Krakaudorf (Bezirk Murau) wird der heilige Oswald am Vormittag des ersten Augustsonntags mit einem großen Umgang gefeiert. Als Hirten verkleidete Buben tragen eine Prozessionsstatue des Pfarrpatrons. Am Nachmittag hat der 6 Meter hohe Samson seinen Auftritt. Die Riesengestalt wiegt 70 Kilo und wird von einem Burschen getragen. Er lässt den Samson vor den Honoratioren tanzen, während die Schützen Salut feuern. Bayerische Kapuziner brachten – vermutlich im 17. Jahrhundert – die Samsonfiguren als Requisiten der Fronleichnamsprozessionen in den Salzburger Lungau und ins obere Murtal.

10. AUGUST – LAURENTIUS

Der römische Diakon Laurentius war schon Anfang des 4. Jahrhunderts einer der berühmtesten und meistverehrten frühchristlichen Märtyrer. Der Überlieferung nach verteilte er den Kirchenbesitz unter den Bedürftigen, statt ihn dem römischen Kaiser zu übergeben. Daraufhin soll Laurentius auf einem glühenden Rost zu Tode gefoltert worden sein und dabei zum Henker gesagt haben: „Der Braten ist schon fertig, dreh ihn um und iss!“ Die Legende machte den Märtyrer zum Patron der Berufe, die mit dem Feuer (und dem Kochen) zu tun haben, der armen Seelen, Schüler und Studenten.

Bräuche in den Bundesländern

NIEDERÖSTERREICH

In Niederösterreich sind rund zwei Dutzend Pfarrkirchen dem heiligen Laurentius geweiht, der mit entsprechenden Kirtagen gefeiert wird, so in Drösing (Bezirk Gänserndorf), Gablitz (Bezirk Wien-Umgebung), Haringsee (Bezirk Gänserndorf), Hochwolkersdorf und Katzelsdorf (beide Bezirk Wiener Neustadt), wo man neuerdings einen Kirtagbaum aufstellt.

SALZBURG

- In der Stadt Salzburg findet auf dem Kapuzinerberg am Nachmittag das Laurenzischießen der St. Leonharder Weihnachtsschützen im Rahmen des Jahrtags der Köche statt. Sie feiern ihren Schutzpatron u. a. mit einem Umzug.

15. AUGUST – MARIÄ AUFNAHME IN DEN HIMMEL (MARIÄ HIMMELFAHRT)

Ein Marienfest am 15. August war in Jerusalem schon im 5. Jahrhundert üblich, in Rom seit dem 7. Jahrhundert. Natale S. Mariae wurde an der Wende vom 7. zum 8. Jahrhundert mit einer Prozession ausgezeichnet. Besondere theologische Bedeutung erhielt der Feiertag durch die Dogmatisierung der leiblichen Aufnahme Marias in den Himmel, 1950. Alte Gesänge preisen Maria – in Anlehnung an das Hohelied – als „Blume auf den Wiesen und Lilie der Täler". Nach der Legenda Aurea aus dem 13. Jahrhundert trug ein Engel dem Leichnam Mariens eine Palme voraus, die unbeschreiblich guten Duft verbreitete. Später erklärte man die Verbindung Maria – Blumen damit, dass nach ihrer Himmelfahrt im Grab Rosen gefunden worden seien.

Der Brauch zum Tag, die Kräutersegnung, erfreut sich zunehmender Beliebtheit. Es ist wohl ein getaufter Brauch, der um die Jahrtausendwende in Deutschland entstand – in Abgrenzung zur kosmisch-magischen Frömmigkeit der Herbarii. Die Kirche verhängte strenge Strafen über jene Herbarii, die Pflanzen unter Beschwörungsformeln ausgruben und damit zu heilen und zu zaubern verstanden. Man stellt – je nach Vorkommen in Zahl und Art unterschiedliche – Kräuterbuschen (Würzwisch) zusammen und lässt diesen den kirchlichen Segen angedeihen. Die Verwendung des Kräuterbuschens als Segen bringendes und Unheil abwehrendes Mittel entspricht dem Palmbuschen.

Bräuche in den Bundesländern

BURGENLAND

- In Loretto (Bezirk Eisenstadt-Umgebung) wird bei der Basilika ein Markt abgehalten.
- In Ollersdorf im Burgenland (Bezirk Güssing) findet der Großkirtag mit Messen in deutscher und kroatischer Sprache unter Beteiligung zahlreicher Fußwallfahrer statt.
- Nach Rattersdorf (Gemeinde Mannersdorf an der Rabnitz, Bezirk Oberpullendorf) kommen Pilger aus Piringsdorf, Klostermarienberg, Oberloisdorf, Güns (Köszeg) und Kroatisch Gerersdorf zum „zweiten Kirtag".
- In Steinbrunn (Bezirk Eisenstadt-Umgebung) spielt die Tamburizzakapelle zur Festmesse.

KÄRNTEN

- Der Wörthersee ist am Vorabend des Himmelfahrtstages Schauplatz einer spektakulären Schiffsprozession mit Illumination, Musik und Feuerwerk. Anlass war im Marianischen Jahr 1954 eine Fatima-Muttergottes, die man feierlich in die Kirche St. Josef in Klagenfurt-Siebenhügel brachte. Jetzt steht die ganze Wörtherseeflotte im Dienst des Brauchs. In den Urlaubsorten wird Station gemacht, gesungen, gebetet und gepredigt. Höhepunkt ist der Aufenthalt in Maria Wörth mit einer Ansprache des Bischofs.
- In Globasnitz (Bezirk Völkermarkt) ist der Feiertag Anlass zur Abhaltung des Farant-Straßenfestes. Farant bedeutet Feierabend. Die Farant-Bauern verkaufen Produkte aus dem Jauntal und verbreiten alte Kochrezepte.
- In Maria Saal (Bezirk Klagenfurt-Umgebung) findet am Großen Frauentag eine Kräuterweihe im Dom statt.

NIEDERÖSTERREICH

In vielen Kirchen ist es üblich, Kräutersträußchen zu weihen und zu verschenken, z. B. in Maria Gugging (Gemeinde Klosterneuburg, Bezirk Wien-Umgebung) oder Untersiebenbrunn (Bezirk Gänserndorf).

- In Falkenstein (Bezirk Mistelbach) feiert man ein Grottenfest.
- In Trautmannsdorf an der Leitha (Bezirk Bruck an der Leitha) zieht am Himmelfahrtstag eine Prozession mit einer geschmückten Madonnenstatue von der Kirche zur Mariensäule des Markts.
- In Watzelsdorf (Gemeinde Zellerndorf, Bezirk Hollabrunn) findet vor der Weihe ein Flurgang mit Kräutersammlung statt.

OBERÖSTERREICH

Die traditionsbewussten Goldhauben- und Kopftuchgruppen belebten in den 1980er Jahren den Kräuterbuschen-Brauch.

- In Bad Goisern (Bezirk Gmunden) veranstaltet die Kurdirektion seit 1961 die Gamsbart-Olympiade, derzeit im Vierjahresintervall. Die Gamsjaga-Tage sind ein gemütliches Fest für Einheimische und Urlaubsgäste. Es finden Volksmusik- und Schießbewerbe, das Schützenmahl und ein Fahnenumzug mit Pfeifer und Trommler als Abschlussveranstaltung der Saison statt.
- Nach Ebensee (Bezirk Gmunden) kommen in der Woche vor dem 15. August Gäste aus Salzburg in die Christophorushütte auf dem Feuerkogel. Der Gauverband der Flachgauer Heimatvereine hat sie zum Ort ihrer seit 1990 stattfindenden Almsingtage auserkoren.
- In Grieskirchen (Bezirk Kirchdorf an der Krems) werden Kräuter geweiht und ein Kräutermarkt abgehalten.
- In Klaffer am Hochficht (Bezirk Rohrbach) findet die Kräuterweihe im Ersten Oberösterreichischen Heilkräutergarten statt.
- In Mönchdorf (Gemeinde Königswiesen, Bezirk Freistadt) steht der Ortsplatz den ganzen Tag im Zeichen des Feierns: Abgehalten werden ein Dorffest, eine Kräuterweihe und der Tag der Blasmusik.

SALZBURG

Am und um den Feiertag gibt es Samsonumzüge, z. B. in Mauterndorf und St. Michael im Lungau, und internationale Samsontreffen, z. B. in Mariapfarr (alle Bezirk Tamsweg).

- In Mühlbach am Hochkönig (Bezirk St. Johann im Pongau) findet das Skapulierfest statt, das zur Zeit der Gegenreformation entstanden ist, als sich Bruderschaften der Marienverehrung widmeten. Nach der Feldmesse, die um 9 Uhr beginnt, veranstalten die örtlichen Vereine eine Prozession mit den Prangstangen. Die Knappenmusikkapelle gibt ein Konzert.
- In Muhr (Bezirk Tamsweg) findet eine Kräuterweihe statt, danach werden die Prangstangen von der Kirche zu den Bauernhöfen heimgetragen.
- In Thomatal (Bezirk Tamsweg) führen Kinder auf dem Platz zwischen Schule und Kirche das Untersbergtheater, ein Rusticale von Pfarrer Valentin Pfeifenberger, auf.

Es endet mit einem Süßigkeitenregen auf die Zuschauer.

STEIERMARK

Die Segnung von Heil- und Gewürzkräutern ist besonders in der Obersteiermark, z. B. in Irdning (Bezirk Liezen), Mariahof (Bezirk Murau), und in der nördlichen Oststeiermark üblich. Die Frauen binden sie zu Büscheln oder Kränzen.

▪ Im Salzkammergut findet am Großen Frauentag seit 1925 der Pfeifertag statt. Die Anregung ging von den Volksmusikforschern Raimund Zoder und Karl M. Klier aus. Seitel- bzw. Schwegelpfeifen werden seitlich geblasen. Traditionell spielten Jäger, Holzknechte und Bergleute auf den klappenlosen Holzinstrumenten. Der erste Pfeifertag fand auf der steirischen Blaa-Alm statt. Jetzt treffen sich die Musikanten auch auf anderen Almen des steirischen, oberösterreichischen und Salzburger Salzkammerguts, um unter freiem Himmel zu musizieren.

▪ Im Großen Sölktal ist seit den 1980er Jahren der Sonntag nach dem 15. August der große Tag der Ranggler. Früher fand der Wettkampf zu Mariä Himmelfahrt, Jakobi (25. Juli) oder Bartholomäus (24. August) statt.

▪ Am Pass Stein finden sich am 15. August Wallfahrer aus St. Martin am Grimming, Öblarn, Irdning, Kleinsölk, Stein an der Enns, Gröbming, Haus, Schladming und Bad Mitterndorf zu einer Andacht beim Maria-Hilf-Bild ein. Die Pfarr-Gruppen treffen gegen 10 Uhr beim Bildstock am großen Anger auf der Ennstaler Seite der Passstraße zusammen und legen das letzte Wegstück in etwa 30 Minuten gemeinsam zurück.

▪ In Murau geht am Nachmittag der Samson um. Stadtkapelle, Bürgergarde (1929 wieder gegründet), Fahnenpatinnen und ein Kapuziner geleiten ihn. Vor bestimmten Häusern wird eine Salve abgeschossen, und der Riese tanzt. 1746 verkaufte die Tamsweger Fronleichnamsbruderschaft ihren Samson nach Murau. 1968 belebte der Apotheker Ernst Gasteiger den Umzug. Er erwarb in Ramingstein (Salzburg) einen Samsonkopf und ließ den Körper nach dem Vorbild von Tamsweg anfertigen. Der 5,20 Meter große und 85 Kilo schwere Samson wird während des Jahres im Bezirksgericht Murau aufbewahrt.

VORARLBERG

In Vorarlberg kommt auch Gemüse wie Rüben, Rettich, Zwiebel und Suppengrün in die Kräuterbuschen.

24. AUGUST – BARTHOLOMÄUS

Der Apostel Bartholomäus predigte der Überlieferung nach in Indien und Mesopotamien. Dort soll er das Martyrium durch Enthäuten erlitten haben. Mit dem Messer als Attribut wurde er zum Patron der Fleischhauer, Lederverarbeiter und Winzer.

Die Redensart: „Wissen, wo der Barthel den Most holt“, bedeutet: sich zu helfen wissen, alle Schliche kennen, gewandt, schlau und verschlagen sein. Literarisch findet sie sich zur Zeit des Dreißigjährigen Krieges in Grimmelshausens Simplicissimus, später in der Sprichwortsammlung der Gebrüder Grimm. Der 24. August war ein Lostag für die Weinernte, das Sprichwort hat aber eher mit dem Obstmost zu tun.

Bräuche in den Bundesländern

SALZBURG

▪ In Maria Alm am Steinernen Meer (Bezirk Zell am See) besteht seit 1666 am Wochenende um den Bartholomäustag eine Wallfahrt. Um 8 Uhr wird bei der ersten Station, dem Riemanns-Haus, eine Bergmesse gelesen, über das Kärlingerhaus er-

reichen die Pilger gegen 16 Uhr ihr Ziel St. Bartholomä am Königssee (Deutschland).

▪ In Mauterndorf (Bezirk Tamsweg) findet zugleich mit dem Bartholomäuskirtag der Rösselmarkt statt.

▪ Bei Tamsweg gibt es am Wochenende um den Bartholomäustag mit dem Prebersee-Scheibenschießen eine einzigartige Veranstaltung. Gezielt wird nicht direkt auf die Scheibe, sondern auf deren Spiegelbild im See. Das Projektil (Geller) taucht einige Zentimeter ins Wasser ein und soll die 120 Meter weit entfernte Scheibe treffen. Der von der Privilegierten Schützengesellschaft Tamsweg-Prebersee durchgeführte Bewerb ist seit 1834 bekannt. 📷

STEIERMARK

▪ Im Ennstal (Bezirk Liezen) führt man am Bartholomäustag die Pferde von der Alm.

▪ In Ranten (Bezirk Murau) wird Bartholomäus an einem Wochenende mit einem Kirtag und Jahrmarkt gefeiert. Am Vorabend gibt es für die Schützen einen Zapfenstreich, Sonntag eine Frühmesse. Nach dem Hochamt wandert eine Prozession durch den Ort. Am Nachmittag kommen Schützengarde und Musik zur Segensandacht in die Kirche, anschließend zur Generaldecharge zu Ehren des Pfarrers und der Honoratioren.

Der Bezirk Murau ist die Heimat der Bürgergarden, die aus Fronleichnamsschützen hervorgegangen sind.

September

In den Städten beginnt nach den großen Ferien und dem Urlaub mit dem Schulanfang ein neues Arbeitsjahr. Anders in den ländlichen Gebieten, hier bereitet man sich mit dem Almabtrieb und den ersten Erntedankfesten auf eine ruhigere Zeit vor.

Bräuche in den Bundesländern

BURGENLAND

- In Klingenbach (Bezirk Eisenstadt-Umgebung) begeben sich die Bewohner an einem Samstag um den 14. September zur Fußwallfahrt nach Loretto.

KÄRNTEN

- Die Gemeinde Gurk (Bezirk St. Veit an der Glan) ehrt Mitte September Ehepaare aus nah und fern, die eine Jubelhochzeit feiern. Bänderhutfrauen, Trachtenkapellen und Hochzeitslader gratulieren ihnen. Nach einer Messe im Dom werden die Gäste mit einer Maut zur Kasse gebeten und mit Kutschen zum Mittagessen gebracht.
- Auf dem Hemmaberg bei Globasnitz (Bezirk Völkermarkt) feiert man am dritten Septembersonntag den Rosalienkirtag zu Ehren der Pestpatronin (gest. um 1160). Der 840 Meter hohe Vorberg der Karawanken war schon in der Mittleren Bronzezeit besiedelt, seit dem 4. Jahrhundert bestehen Kirchenbauten. Archäologen haben hier fünf verschiedene frühchristliche Gotteshäuser nachgewiesen. Unterhalb der heutigen Kirche liegt die Rosaliengrotte als Quell- und Felsenheiligtum. Im 17. Jahrhundert errichtete man zu Ehren der Augustinereremitin eine hölzerne Kapelle. An die 5.000 Besucher kommen alljährlich zum Jahrmarkt und Rosalienkirchtag, wo sie fünf Messen, Lieder in deutscher und slowenischer Sprache, Metstände und Jahrmarktsattraktionen erwarten. Das Quellwasser in der Grotte soll bei Augenleiden helfen. Wer am Glockenstrick in der Kapelle zieht, darf sich etwas wünschen. Die Steinfigur der liegenden heiligen Rosalia in Kärntner Tracht schuf Hans Planger aus Bozen nach dem Entwurf von Switbert Lobisser (1927).

▪ In Maria Luggau (Gemeinde Lesachtal, Bezirk Hermagor) finden im September zwei Brauchtumsfeste statt: die Prozession zum Siebenschmerzenfest am dritten Sonntag und der Erntedank eine Woche später. Er besteht aus dem Gottesdienst und einem Umzug, bei dem seit 1955 eine Erntekrone mitgetragen wird (zuvor war es ein Kranz mit einem Brotlaib). Vor der Kirche, bei der die Dankprozession beginnt und endet, liegt ein bunter Blumenteppich. Musikanten, die Himmelträger in purpurroten Mänteln, ein Priester mit der Monstranz, geistliche und weltliche Honoratioren sowie Wallfahrer nehmen daran teil.

NIEDERÖSTERREICH

▪ In Albrechtsberg an der Großen Krems (Bezirk Krems) begeht man Ende September zugleich mit dem Erntedankfest den Tag der Tracht.

▪ Armschlag (Gemeinde Ottenschlag, Bezirk Zwettl) feiert um den Herbstbeginn den Mohnkirtag. Das „Mohndorf", das sich die Würdigung des alten Waldviertler Lebensmittels zur Aufgabe gemacht hat, bietet einschlägige Spezialitäten an. Ein Mohnstrudel-Wanderweg und ein Mohn-Lehrpfad sind entstanden.

▪ In Bromberg (Bezirk Neunkirchen) ehrt man um den 18. September den Bauernpatron Lambert mit einem Fest in der ihm geweihten Kirche.

▪ In Hochneukirchen-Gschaidt (Bezirk Wiener Neustadt) finden sich alljährlich am zweiten Sonntag im September über 1.000 Katholiken und Protestanten zu einem Gottesdienst am Dreiländerstein ein. Dieser markiert auf einer Wiese die Grenze der Bundesländer Niederösterreich, Steiermark und Burgenland. Die Idee stammte von einem Hartberger Bezirksrichter, der um 1980 die Grenzbegehung am Nationalfeiertag mit einem Gottesdienst verbunden wissen wollte. Zelebrant war der Kaplan von Pinggau. Heute wird der Gottesdienst abwechselnd von niederösterreichischen, steirischen und burgenländischen Geistlichen (Pastor von Scheffern) in ökumenischer Verbundenheit gefeiert. Die Fahnen der drei Bundesländer stehen beim Altar, der sich nach dem Gottesdienst in eine Tafel verwandelt. Nach dem Essen und dem Frühschoppen beginnt das bis zum Abend dauernde Fest, an dem auch die Bürgermeister teilnehmen.

▪ In Maissau (Bezirk Hollabrunn) veranstaltet die Stadtmusik am zweiten Septembersonntag einen dreitägigen Kirtag mit Gastkapellen, Frühschoppen und Tanz.

▪ In Reichenau an der Rax (Bezirk Neunkirchen) findet Anfang September der Jahrmarkt statt.

OBERÖSTERREICH

▪ In Bad Ischl (Bezirk Gmunden) ist die Rettenbacheralm Ende September Schauplatz zweier Bräuche: Am 21. findet dort das Almfest der Bauern mit Musikantentreffen statt, am Samstag der darauf folgenden Woche der Almabtrieb. Am letzten Sonntag des Monats feiern die Bad Ischler ihr Erntedankfest in der Stadtpfarrkirche und der Kaiser-Franz-Joseph-Straße mit einem Konzert der Musikkapelle Mitterweißenbach.

▪ In Lambach (Bezirk Wels-Land) begeht man am Sonntag nach dem 16. September das Adalberofest zu Ehren von Adalbero, Bischof von Würzburg (1010–1090), der seine Stammburg Lambach in ein Benediktinerkloster verwandelte.

▪ In Reichersberg (Bezirk Ried im Innkreis) wird Mitte September zum Erntedankfest ein Standlmarkt abgehalten.

- In St. Wolfgang im Salzkammergut (Bezirk Gmunden) findet der Almabtrieb beim Lippenbauer am letzten Septembersamstag statt.
- In Spital am Pyhrn (Bezirk Kirchdorf an der Krems) holt man das Vieh zwischen 16. und 30. September von den Almen.
- Vorderstoder (Bezirk Kirchdorf an der Krems) ist Ende September Schauplatz eines großen Erntedankfestes.

SALZBURG

- In St. Gilgen und Strobl (beide Bezirk Salzburg-Umgebung) wird Mitte September das Ende der Weidesaison gefeiert. Nach der Postalmmesse mit der Ortsmusikkapelle Strobl folgt eine Bergmesse auf dem Zwölferhorn in St. Gilgen und Almkranzbinden mit Musik auf der Lärchenhütte am Zwölferhorn. In Strobl feiert man das Herbstfest auf der Laimeralm.
- In Krimml (Bezirk Zell am See) kommt zum Almabtrieb ein Bauernmarkt.
- In Mittersill (Bezirk Zell am See) wird Ende September ein Herbstfest mit Almabtrieb, Schmankerln der Region und Musik beim Felberturm-Museum inszeniert.
- In Mühlbach am Hochkönig (Bezirk St. Johann im Pongau) findet Mitte September das Bauernherbstfest statt. Das Programm ist ähnlich wie beim Dorffest im August.

TIROL

- In Eben am Achensee (Bezirk Schwaz) ist die Kirche am Fest der heiligen Notburga (14. September) Ziel so vieler Pilger, dass die Predigt im Freien von einem gegenüber liegenden Balkon gehalten wird. Mädchen tragen die Notburga-Statue in der Prozession. Zahlreiche Frauen in Unterinntaler Tracht begleiten sie. Die Magd Notburga von Eben (1265–1313) ist eine populäre Patronin der Landarbeiterinnen. Nach der legendären Überlieferung blieb ihre Sichel in der Luft stehen, um ihr Zeit zum Gebet zu verschaffen. Ihr Leichnam wurde auf einem Ochsenkarren nach Eben am Achensee gebracht, wobei die Tiere die Stelle der späteren Wallfahrtskirche gewiesen haben sollen. Seit 1738 steht das in Brokat gekleidete Skelett in einem Glasschrein auf dem Hochaltar der Kirche in Eben, der Kult ist seit 1862 anerkannt.

VORARLBERG

In Vorarlberg verlassen die Senner mit ihren Tieren Mitte des Monats die Almen. Die Rinder tragen einen Stirnschmuck aus Zweigen, Blumen und Spruchtafeln.

- In Egg (Bezirk Bregenz) findet die Alpabfahrt am Heiligkreuztag (14. September – Kreuzerhöhung) statt. Wenn alle die vergangenen Monate gut überstanden haben, bekränzen die Älpler das Vieh und schmücken ihre Hüte mit Blumenkränzen (Mojen). Im Ort werden sie mit Musik empfangen.
- In Hohenems (Bezirk Dornbirn) findet der feierliche Almabtrieb je nach Wetterlage zwischen Ende September und Anfang Oktober statt.
- In Schwarzenberg (Bezirk Bregenz) verbindet man Ende September den Alptag mit einem Markt.

WIEN

- Am Wochenende zwischen 8. und 12. September vereint die Mariä-Namen-Feier des Rosenkranz-Sühnekreuzzugs 15.000 Gläubige in der Stadthalle. In Wien besteht eine besondere Beziehung

Almabtrieb mit geschmücktem Vieh: Wirtschaftsbrauch und Freudenfest

zum Fest Mariä Namen, weil an jenem Tag 1683 die Entscheidung in der Türkenbelagerung fiel. 1950 rief der Franziskanerpater Petrus Pavlicek während der Verhandlungen über den Staatsvertrag erstmals zu einer Bittprozession für Frieden und Freiheit auf. Zu den Gestaltungselementen der Feier zählen der feierliche Einzug mit einer Fatima-Madonna, Lichterprozession, Musik und Meditationen. Bischöfe zelebrieren die Gottesdienste.

- Wien steht seit 1997 Mitte September eine Woche lang im Zeichen des multikulturellen Festivals Hallamasch. Die Bezeichnung kommt aus dem Ungarischen und wird mit „wilde Mischung" oder „von allem das Beste" übersetzt. 1.000 Künstler wirken bei Europas größtem Fest dieser Art mit. Musik, Poesie, Tanz und Performance vereinen in Crossover-Produktionen alte Traditionen und moderne Stilelemente. Zum Programm zählen u.a. das Eröffnungsfest, Kulinarisches, ein Kunsthandwerk-Markt und eine Parade, die zum Abschlussfest des Weltkultur-Festivals auf dem Heldenplatz führt.

SCHULBEGINN

Als sichtbares Zeichen des neuen Lebensabschnitts tragen Schulanfänger die Schultüte, ein halbmeterhohes buntes Gebinde, das mit Schulsachen und Süßigkeiten gefüllt ist. Der junge Brauch hat Parallelen zu älteren Gewohnheiten, den Kindern den Schulbeginn oder die Geburt eines Geschwisterchens mit Näschereien schmackhaft zu machen.

Schultüten waren zunächst in den protestantischen Landschaften Thüringens, Sachsens und Schlesiens verbreitet, verschieden groß und mit unterschiedlichem Inhalt. Um 1900 wurden auch Glückwunschkarten zum Schulbeginn verschickt, die Kinder mit den Tüten zeigen. In Österreich kennt man Schultüten seit 1938, verbreitet hat sich der Brauch mit der Wohlstandswelle der 1950er Jahre und ist inzwischen allgemein üblich.

1. SEPTEMBER – ÄGIDIUS

Ägidius (gest. 721) lebte als Einsiedler in der französischen Provence. Er gründete um 680 das nach ihm benannte Kloster St.-Gilles, das mit seinem Grab zu einer berühmten Station auf dem Pilgerweg nach Santiago de Compostela in Spanien wurde.

Seine Verehrung war im Mittelalter im deutschsprachigen Gebiet weit verbreitet, wovon Ortsnamen wie St. Ägyd oder St. Gilgen Zeugnis ablegen. Mit einer Hirschkuh dargestellt, ist Ägydius u. a. Patron der Jäger und Bauern.

Bräuche in den Bundesländern

KÄRNTEN

- In Bleiburg (Bezirk Völkermarkt) findet am Wochenende nach dem Ägidiustag der Wiesenmarkt statt, das größte und älteste Volksfest Unterkärntens. Seine Tradition reicht in das Jahr 1393 zurück. Seit 1428 ist die Zinsabgabe an den Gutsherrn Brauch: Am Sonntag vor dem Fest bringt der Marktkommissär dem Besitzer des Marktgeländes einen roten Samtbeutel mit drei Münzen und wertvollen Gewürzen. Seit dem 600-Jahr-Jubiläum 1993 dauert der Bleiburger Wiesenmarkt von

Freitag bis Montag. Im historischen Festzug wird die Marktfreyung, die geschmückten Stadt- und Landeswappen auf einer rot-weißen Stange, durch die Stadt zur Wiese getragen. Der Herold reitet voraus, ihm folgen der Stadtrichter und vier Hellebardenträger in mittelalterlichen Kostümen. Stadtregierung, Ehrengäste und andere Teilnehmer schließen sich an. Mit dem Verlesen der Jahrmarktsurkunde aus dem Jahr 1579 beginnt das Volksfest, zu dem sich tausende Besucher einfinden.

SALZBURG

Im Lungau und Pinzgau kehren die Schafe von den Almen zurück und werden an einem bestimmten Platz auf die Besitzer verteilt. Dieses Schaföschö (Auseinanderschälen) wird gefeiert bei Musik, Gesang, Lammbraten und Umtrunk.

- In Böckstein (Gemeinde Badgastein, Bezirk St. Johann im Pongau) führt die Schwerttanzgruppe beim Volksfest einen „historischen Knappentanz" auf.
- In St. Gilgen (Bezirk Salzburg-Umgebung) feiert man eine Patroziniumsmesse. Am Sonntag darauf findet ein weiterer Kirtag statt.

STEIERMARK

- In Altaussee (Bezirk Liezen) findet an einem Sonntag um den 1. September der Ägidikirtag statt. Viele Besucher aus dem Salzkammergut kommen in Trachtenkleidung.

8. SEPTEMBER – MARIÄ GEBURT

Das Fest geht wahrscheinlich auf das Weihefest der Annakirche in Jerusalem zurück, die am angeblichen Ort von Marias Geburtshaus im 5. Jahrhundert erbaut wurde. In Rom ist das Fest Mariä Geburt seit dem 7. Jahrhundert bekannt und wurde wie das Fest der Aufnahme Mariä in den Himmel mit einer Prozession begangen. Anders als der Große ist der Kleine Frauentag kein Hochfest, aber vielerorts Termin für Wallfahrten und auch für den Almabtrieb.

Bräuche in den Bundesländern

BURGENLAND

- Am Kleinen Frauentag besuchen Pilger aus Donnerskirchen, St. Margarethen und Purbach zu Fuß die Wallfahrtskirche in Loretto. Die Kroatenwallfahrt folgt am dritten Septembersonntag.
- In Ollersdorf (Bezirk Güssing) im Burgenland findet eine Autosegnung statt.
- In Rattersdorf (Gemeinde Mannersdorf an der Rabnitz, Bezirk Oberpullendorf) begrüßt man beim dritten Kirtag Pilger aus dem eigenen Ort.

KÄRNTEN

Zum Almabtrieb wird die Leitkuh, welche die Glocke trägt, mit einem Kranz aus Zirbenzweigen, Blumen und Buntpapier geschmückt. Die Sennerin verteilt Rumplernudeln – ein Schmalzgebäck – an alle, die dem Zug begegnen, und bringt sie den Bauern mit.

NIEDERÖSTERREICH

- In Andlersdorf (Bezirk Gänserndorf) sind um Mariä Geburt Kirchweih und Erntedank Anlass eines dreitägigen Festes, wobei die Festmesse im Zelt stattfindet.
- In Poysdorf (Bezirk Mistelbach) feiert man auf der Brünndlwiese zu Mariä Geburt das Brünndlfest.

OBERÖSTERREICH

- Ab Mariä Geburt hält man in Bad Goisern und Obertraun (beide Bezirk

Gmunden) die Schafsuchertage ab. Am Ende der Weidesaison werden die Schafe zusammengetrieben, ausgemustert und die Zuchttiere prämiert. Die Bewertung, die einige Tage dauert, erfolgt durch die Schäfer und eingeladene Männer. Auf manchen Almen folgt im Oktober das Nachsuchen.

SALZBURG

- In Mühlbach am Hochkönig (Bezirk St. Johann im Pongau) begleitet Musik und Gesang den Schafabtrieb von der Mitterfeldalm.

STEIERMARK

- Im Ennstal (Bezirk Liezen) ist der frühere Bauernfeiertag ein Termin des Almabtriebes. Gab es in der vergangenen Weidesaison auf der Alm kein Unglück, werden Kühe, Kälber, Stiere und Ochsen aufgekranzt: Sie bekommen Halskränze und verzierte Hörner. Auch Pferde, Ziegen und Schweine werden geschmückt. Bei einem Todesfall auf dem Bauernhof verwendet man Klagekränze mit dunklen Bändern. Zum Dank für eine gute Saison besuchen die Sennerinnen eine Messe. In Aigen machen sie eine Wallfahrt.

24. SEPTEMBER – RUPERT

Graf Rupert von Salzburg war mit den Karolingern verwandt und kam 696 als Bischof nach Bayern. In Salzburg gründete er das Benediktinerkloster St. Peter und das Frauenkloster auf dem Nonnberg. Nach irischem Vorbild war er ein Klosterbischof ohne Diözese, der Missionsreisen unternahm und Kirchen gründete. Legendär sind seine Taufe des Herzogs Theodo und die Stiftung des berühmten Gnadenbildes von Altötting. Rupert starb 718, nachdem er das Osterhochamt gehalten hatte. Seine Gebeine wurden am 24. September 774 im Salzburger Dom feierlich beigesetzt. Er ist der Patron des Erzbistums und Landes Salzburg, des Bergbaues und der Salinenarbeiter.

Bräuche in den Bundesländern

SALZBURG

- In Dienten am Hochkönig (Bezirk Zell am See) feiern die Senner und Sennerinnen ihre Rückkehr von der Alm mit einem Kranzltanz. Die Frauen schmücken die Männerhüte mit Rosmarin, Kunstblumen, Zigaretten und Zigarren. Die Männer laden sie dafür zum Essen ein.
- In Hallein findet um Ruperti am Dürrnberg das jährliche Wettschießen der Stachel- oder Armbrustschützen statt, die seit 1601 bekannt sind; 1612 wurden Büchsen von Bergbau-Technikern konstruiert. Bis zum 19. Jahrhundert durften nur Bergleute Schützen sein, dann gingen ihre Bräuche in die bürgerliche Traditionspflege ein, heute sind alle Berufe vertreten. Um 1910 bildete sich ein uniformiertes Schützen-Korps, das sich 1912/13 zu den Prangerschützen umformierte. Seit 1929 pflegen die Dürrnberger Weihnachtsschützen das Weihnachts- und Neujahrsschießen.
- In Salzburg wird auf dem Residenzplatz rund um den Dom der Rupertikirtag abgehalten. Das Marktrecht erhielt die Stadt zugleich mit Maut- und Münzrechten schon 996; der Rupertimarkt ist seit 1331 auf verschiedenen Plätzen bekannt. Die Salzburger Dult (weil der Markt geduldet wurde) bestand bis 1856, wurde 1924/25 wieder belebt und seit

1977 erneut in der Altstadt abgehalten. Der Rupertikirtag dauert jetzt fünf Tage, von Freitag bis Dienstag. Am Vorabend veranstalten die Festungsprangerstutzenschützen von der Kuenburgbastei der Festung Hohensalzburg ihr Rupertischießen.

29. SEPTEMBER – MICHAEL

Der Erzengel gilt als Vorkämpfer der Engel, die Gott nach dem Abfall von Luzifer treu blieben. Sein Kult begann in der Ostkirche und verbreitete sich im 5. Jahrhundert über Italien im ganzen Abendland. Er gilt als Schutzherr der Christen gegen die Heiden, Seelenwäger und Begleiter zum Thron Gottes. Der Engel wird in Ritterrüstung mit Schwert oder als Held dargestellt, der einen Drachen tötet oder eine Waage hält. Der „deutsche Michel" ist Landespatron und Schutzherr u. a. der Soldaten, Kaufleute, Maler, Bankangestellten (seit 1958), der Sterbenden, der armen Seelen und gegen Unwetter.

Mit Michaeli beginnen die Goldenen Samstage bzw. Sonntage, die in vielen Orten für Wallfahrten genutzt werden und Termine für den Almabtrieb sind.

Bräuche in den Bundesländern

KÄRNTEN

- In St. Veit an der Glan wird am Sonntag nach Michaeli der Wiesenmarkt abgehalten. Die geografische Lage der Stadt und ein herzogliches Privileg aus dem Jahr 1362 verhalfen dem ersten Jahrmarkt Kärntens zu großer Bedeutung. Die Freyung, ein geschnitzter Arm, der ein aufgerichtetes Schwert in der Hand trägt, wird – mit Blumen und Bändern geschmückt – vierzehn Tage vor Marktbeginn auf dem Hauptplatz aufgestellt und am Marktsonntag in feierlichem Zug zur Wiese getragen. Den Ehrenschutz gibt die rot-weiß-gold uniformierte Trabantengarde mit ihrer großen schwarzgelben Fahne ab. Der Wiesenmarkt mit Vergnügungspark, Ausstellungshallen und Krämermarkt dauert zehn Tage.

NIEDERÖSTERREICH

In Niederösterreich finden um diese Zeit Kirtage, Bauernmärkte und Erntedankfeste statt. In Haag (Bezirk Amstetten) ist Michaeli einer der drei Kirtagstermine (neben Georgi und Thomas). Weiters z. B. in Kaumberg (Bezirk Lilienfeld), Orth an der Donau (Bezirk Gänserndorf) oder Schönbach (Bezirk Zwettl).

OBERÖSTERREICH

In Oberösterreich zählt man rund 330 Almen. Michaeli und die erste Goldene Nacht, der Samstag danach, sind bevorzugte Termine für den Abtrieb der geschmückten Rinder, der häufig mit einem Rahmenprogramm kombiniert wird.

- In Bad Ischl (Bezirk Gmunden) feiert man nach Michaeli den Lichtbratlmontag. Ischler, die einen runden Geburtstag haben (ab fünfzig Jahre), werden von einem eigenen Komitee zu einem Jahrgangstreffen eingeladen. Vom Fototermin im Kurpark gehen die Jubilare in einem Festzug durch die Stadt, die Älteren fahren in Pferdekutschen. Passanten beschenken die Geburtstagskinder mit Blumensträußen. Den Lichtbratlmontag in dieser Form gibt es seit einem Jahrhundert. Vorläufer war der „blaue Montag", den die Handwerker ihren Gesellen gewährten, wenn sie ab Michaeli wieder bei Licht arbeiten mussten.

▪ In Königswiesen (Bezirk Freistadt) gibt es zu Michaeli einen Kirtag und in Mönchdorf das Erntedankfest.

SALZBURG

▪ In Krimml (Bezirk Zell am See) beteiligen sich alle Vereine des Orts am Almabtrieb und am Bauernmarkt.

▪ In Mühlbach am Hochkönig (Bezirk St. Johann im Pongau) finden um Michaeli auf der Dientalm der traditionelle Hiatatanz und der Almabtrieb mit Abschiedsfest und Hoffest statt.

▪ In Strobl (Bezirk Salzburg-Umgebung) feiert man den Lichtbratlmontag auf der Laimeralm.

STEIERMARK

▪ Im Ennstal (Bezirk Liezen) findet um den 20. September in der Kleinen und Großen Sölk der Almabtrieb statt. Der 29. September ist der Tag des Schafabtriebs.

Oktober

Erntedankfeste, der österreichische Nationalfeiertag, Jahrmärkte und Kirtage bestimmen die Schaubräuche des Monats Oktober. Vor einigen Jahren ist das gruselige Halloween-Fest dazugekommen.

Bräuche in den Bundesländern

NIEDERÖSTERREICH

- Frankenfels (Bezirk St. Pölten) feiert den Kirtag Ende Oktober mit vielen Ständen und einem Frühschoppen.
- In Gumpoldskirchen (Bezirk Mödling) ist das Gebirgaufschießen Anfang Oktober der Startschuss zur Weinlese.
- In Kleinschweinbarth (Gemeinde Drasenhofen, Bezirk Mistelbach) findet die Jägermesse bei der Hubertuskapelle zu Beginn der Niederwildjagd am ersten oder zweiten Samstag im Oktober statt.

OBERÖSTERREICH

- In Bad Zell (Bezirk Freistadt) ist das Hedwigsfest am 16. Oktober ein wichtiger Tag im Kalender des Kurorts. Viele Gäste nehmen an der Prozession zur Hedwigskapelle und -quelle teil.
- In Wolfsegg am Hausruck (Bezirk Vöcklabruck) wird am zweiten Samstag im Oktober der Kirchweih-Standlmarkt abgehalten.
- In Scharnstein (Bezirk Gmunden) findet am zweiten Samstag im Oktober die Staberlprozession statt. Die Wallfahrt beginnt um 4 Uhr und führt über die Spitalskapelle in Viechtwang nach Adelwang.

SALZBURG

- In Bischofshofen (Bezirk St. Johann im Pongau) laden die Marktgemeinde und der Heimatverein D' Hochgründecker seit 1960 zum großen Amselsingen in die Hermann-Wielandner-Halle ein. Eine geschnitzte Amsel ist der Wanderpreis für die beste alpenländische Volksmusikgruppe. Mit dem Wettbewerb ist ein Frühschoppen verbunden, bei dem die mitwirkenden Gruppen auftreten.
- In Grödig (Bezirk Salzburg-Umgebung) finden an einem Sonntag Mitte Oktober beim Heimathaus der Grödiger Kirtag und der Tag der Blasmusik statt.
- Auf der Gruberalm in Hintersee (Bezirk

Salzburg-Umgebung) gibt es zwei Veranstaltungen in der Mayerlehenhütte: Almliedersingen und Kasmandl-Austreiben.

- In St. Gilgen (Bezirk Salzburg-Umgebung) findet Mitte Oktober das Rupertischießen der privilegierten Schützen auf dem Fürberg statt.

STEIERMARK

- In Gößl (Gemeinde Grundlsee, Bezirk Liezen) feiert man am letzten Oktobersonntag ein Volksfest. Um 10 Uhr wird in der Kapelle zu Ehren des Ortspatrons (Erzengel Raphael) die Raffelmess gelesen. Um die Mittagszeit beginnen die Kinder mit dem großen Kochen (Ruabfeldeln) bei vielen Feuern auf der Wiese vor der Steinfeldwand: Zuerst gibt es Schwarztee mit reichlich Zucker und Schnaps, dann Erdäpfelsterz mit Würsteln. Nach dem Essen bringen sie das Geschirr wieder in Schubkarren nach Hause. Die restlichen Lebensmittel werden am Abend, wenn die Dorfjugend tanzt, im Ort ebenfalls auf offenem Feuer verkocht. Das Fest leitet sich von einem Brauch bei der Rübenernte, der letzten des Jahres, ab. Weil man dem Wetter nicht mehr trauen konnte, machten die Erwachsenen keine Mittagspause und teilten ihre Kinder zum Kochen auf dem Feld ein. (Bis in die 1920er Jahre war in der Steiermark der Oktober schulfrei.) Ähnliche Feste gibt es in Grundlsee, Wienern und Gaiswinkel.
- In Leoben steht Anfang Oktober der Gösser Kirtag auf dem Programm.

TIROL

- In Zirl (Bezirk Innsbruck-Land) wird der heilige Zachäus (Gedenktag: 23. August) am zweiten Oktobersonntag mit einem Kirtag gefeiert. Dabei gibt es nicht nur die üblichen Attraktionen, sondern mit dem Zachäussingen einen seit 1723 üblichen Brauch. Das Bußlied, wie es in den Pestzeiten des Barock weit verbreitet war, wechselt strophenweise mit einem Heimatlied ab („O, ihr Berge, helft uns trauern" und „Nur einmal noch in meinem Leben"). Der Kirchenchor singt es um 5 Uhr vom Kirchturm.

ERNTEDANK

Erntedankfeste waren schon in der Antike üblich. Einige der bedeutendsten jüdischen Feste wie das Laubhüttenfest (Sukkot) und das Wochenfest (Schawuot) sind Erntedankfeste. Die heute allgemein bekannten kirchlichen Feiern sind weit jüngeren Ursprungs. Sie wurden in den 1930er Jahren als christliche Überhöhung profaner Arbeitsbräuche eingeführt. Sichtbares Zeichen ist die Erntekrone, eine Bügelkrone mit vier oder sechs Bögen, die auf einem Reifen sitzen und meist in einem Kreuz münden. Das meterhohe Metallgestell ist mit Getreide verschiedener Arten umwunden, das Kreuz an der Spitze aus vergoldeten Nüssen, Mohnkapseln oder Ähnlichem gefertigt.

Aus einem schlichten Zeichen, dem Kranz der Gutshof- und Saisonarbeiter, die damit der Fertigstellung der Arbeit und ihrer Forderung nach dem entsprechenden Fest Ausdruck verliehen, wurde ein katholisches Standessymbol der Bauern. Innovatoren waren geistliche Volksbildner wie Josef Weigert in Deutschland oder Leopold Teufelsbauer in Österreich. Teufelsbauer widmete 1933 dem Erntedankfest eine Kleinschrift des von Pius Parsch geleiteten Volksliturgischen Apos-

Die Erntekrone entstand im Zeitgeist der 1930er Jahre

tolats in Klosterneuburg. Er schlug vor, das neue Fest am Quatembersonntag Mitte September, in Weinbaugemeinden an einem Sonntag im Oktober zu begehen. Das Heft beschreibt ein Modell bis ins Detail, von der Einladung über Lieder und Texte, Herstellung der Erntekrone und Anregungen für das anschließende Dorffest. Als Direktor des bäuerlichen Fortbildungswerkes im niederösterreichischen Hubertendorf bei Blindenmarkt hatte Teufelsbauer starken Einfluss auf die Verbreitung des Brauchs: Seine 115 Volksbildungskurse, die er in den Jahren zwischen 1929 und 1935 abgehalten hatte, zählten fast 5.000 Teilnehmer.

Das Erntedankfest entsprach dem Zeitgeist. Nicht nur die Katholiken, auch die politischen Machthaber erkannten den Wert des demonstrativen Zeichens. Die Bestrebungen gipfelten in dem seit 1933 organisierten Erntedanktag des deutschen Volks am Bückeberg bei Hameln. 1997 suchte die oberösterreichische Landjugend Alternativen zum vertrauten und selten hinterfragten Symbol der Erntekrone und stellte auf der Rieder Messe fünfzehn „kritische Erntekronen" aus: Den ersten Preis erhielt die „Trans-Gene-Zukunft" betitelte Kreation, bei der Halme und Ähren in Form einer DNS-Spirale gewunden waren. Üblicherweise orientiert sich das Geschehen der Erntedankfeste aber nach wie vor am Teufelsbauer-Modell: Festgottesdienst, Segnung der Erntegaben, Frühschoppen, Agape, Umzug mit der Erntekrone und rustikal geschmückten Wagen, Tanz und Unterhaltung.

In vielen Pfarren erhalten die Besucher Ernesträußchen als Souvenir.

Bräuche in den Bundesländern

BURGENLAND

Im Burgenland gibt es auf Initiative der Katholischen Frauenbewegung nicht nur große Erntekronen in den Kirchen, sondern auch kleine für den Privatgebrauch. Umzüge mit Erntekronen und -wagen unter Beteiligung der örtlichen Vereine sind in vielen Gemeinden üblich.

- In Bad Tatzmannsdorf (Bezirk Oberwart) verteilt die Volkstanzgruppe 800 Erntesträußchen an die Gäste. Krone und Brotkörbe werden in die Kirche getragen, wo die Erntekrone bis Allerheiligen stehen bleibt. Nach der Messe gibt es eine Agape mit Brot und Most, und die Volkstanzgruppe tritt auf.
- In Breitenbrunn (Bezirk Eisenstadt-Umgebung) ist der Erntedank zugleich ein Fest der Winzer, die mit einer großen Traube auf einer Tragestange umgehen.
- In Schützen am Gebirge (Bezirk Eisenstadt-Umgebung) gestaltet die Volkstanzgruppe die Feier von Erntedank und Lesedank.

NIEDERÖSTERREICH

- In Brunn am Gebirge (Bezirk Mödling) gibt es beim Erntedankfest statt der Krone einen Erntekranz, die Weinhauer veranstalten einen Hütereinzug oder eine Weinsegnung.
- In Geras (Bezirk Horn) steht der Erntedank im Zeichen der Erdäpfel. Seit seiner Einführung 1997 hat sich das Erdäpfelfest Geras zu einem beliebten Straßenfest entwickelt, das Spezialitäten, Volkstümliches, Traditionelles und Kunsthandwerk ebenso wie ein Kinderprogramm bietet. Am Nachmittag findet ein Oldtimer-Traktor-Umzug statt.
- In Stein an der Donau (Gemeinde Krems an der Donau) organisiert der Verschönerungsverein ein repräsentatives Erntedankfest.
- In Steinakirchen am Forst (Bezirk Scheibbs) bringen Kinder Körbe mit Früchten zum Erntedankfest in die Kirche.
- In Obersdorf (Gemeinde Wolkersdorf im Weinviertel, Bezirk Mistelbach) gehören zum Erntedankfest Weinverkostung und das Umschneiden des Hüterbaums.
- In Spitz (Bezirk Krems) wird das Ende der Erntezeit mit einer folkloristischen Prozession vom Schloss zur Kirche begangen. Männer, Frauen und Kinder in Tracht,

zu der die charakteristische Wachauer Goldhaube gehört, nehmen am Einzug der Erntekrone in die Kirche teil.

OBERÖSTERREICH

▪ In Hinterstoder (Bezirk Kirchdorf an der Krems) findet ein großer Festzug vom Pfarrhof zur Seilbahn und zurück statt. Dabei wird nicht nur die mit Getreide und Latschen geschmückte Erntekrone mitgeführt, sondern auch ein erlegter Hirsch. Die Jägerschaft tritt dabei ebenso in Erscheinung wie Goldhauben- und Kopftuchgruppen und viele Kinder, die Körbchen mit Obst, Gemüse und Blumen tragen.

▪ In St. Wolfgang (Bezirk Gmunden) werden Anfang Oktober zugleich Erntedankfest und Jahrgangsfeier begangen.

SALZBURG

Im Salzburger Land werden – teils im Rahmen des Tourismus-Events „Bauernherbst" – im September und Oktober Erntedankfeste unter Mitwirkung der örtlichen Vereine gefeiert, z. B. in Hof bei Salzburg (Bezirk Salzburg-Umgebung), Mühlbach am Hochkönig (Bezirk St. Johann im Pongau), Muhr im Lungau (Bezirk Tamsweg), St. Gilgen (Bezirk Salzburg-Umgebung), St. Michael im Lungau (Bezirk Tamsweg), Thalgau (Bezirk Salzburg-Umgebung), Wagrain (Bezirk St. Johann im Pongau).

▪ In Ramingstein (Bezirk Tamsweg) führt man im Anschluss an das Erntedankfest das „Spiel vom Riesen Goliath und dem Hirtenknaben David" auf. Es setzt die biblische Geschichte in Szene und wird nur hier gespielt.

STEIERMARK

In der Steiermark haben sich seit den 1950er Jahren zur Erntekrone weitere Volkskunst-Symbole gesellt. Goldglänzende Ähren und Getreidekörner werden zu Monstranzen, Girlanden und Bildern verarbeitet und in der Kirche ausgestellt. Zur Weinlese ist seit längerem die Weinbeergeiß, ein mit Trauben behangenes Holzgestell, bekannt. Auf Bezirks- und Landeserntedankfesten zeigen Festwagen Szenen alter ländlicher Arbeiten, wie Flachsverarbeitung, Spinnen und Dreschen.

▪ Im Ennstal, z. B. Bad Mitterndorf (Bezirk Liezen), treten Landjugend und Brauchtumsvereine in Aktion, wenn es gilt, die Erntekrone (aus viererlei Getreide: Roggen, Weizen, Gerste, Hafer) zu binden und in die prächtig geschmückte Kirche zu bringen.

WIEN

▪ Neben den Erntedankfesten in den Außenbezirken – z. B. Leopoldauer Erntedankfest mit Andacht, großem Festzug, Weinkost und Musik – findet seit dem Jahr 2000 auf dem Heldenplatz an einem Herbstwochenende „Bauern-Power" statt. Das groß angelegte Bauernbund-Event vereint traditionelle und moderne Programmpunkte wie Ministeransprache, „Blasmusik modern", Volkstanzen, Fahnenschwingen und Goasslschnalzen, Extremtrachtenmodeschau, Confetti-Kinderprogramm, Karaoke-Show, Segnung der Erntekrone, Umzug der Erntewägen aus allen Bundesländern, Platzkonzert, Kulinarisches, Kunsthandwerk, Motorsägen-Performance, Festzelt und Ochsenbraterei.

4. OKTOBER – WELTTIERSCHUTZTAG

Franz von Assisi (Giovanni Bernadone, 1181–1226) entstammte einer wohlhabenden Familie aus Perugia (Italien). Seine Mutter war Französin – daher der Rufname Francesco (kleiner Franzose). Nach seiner Bekehrung 1206 vom Vater enterbt, sammelte Franziskus ein Dutzend Gefährten um sich, mit denen er sein Ideal, „die Armut des Herzens um Christi willen", lebte. 1210 bestätigte der Papst die Ordensregel der Franziskaner. Zwei Jahre später gründete Franz mit Clara von Assisi einen Frauenorden und 1221 den dritten Orden für verheiratete Laien.

Franziskus hatte eine große Liebe zur Natur und sah in allen Geschöpfen Brüder und Schwestern, wie sein Sonnengesang poetisch zum Ausdruck bringt. Darstellungen zeigen ihn im dunkelbraunen Franziskanerhabit, mit Wundmalen oder den Fischen und Vögeln predigend. Zu seinen zahlreichen Patronaten – u. a. Weber, Kaufleute, Sozialarbeiter, gegen Kopfschmerzen, Pest – erhielt Franziskus 1979 das Patronat über den Umweltschutz. Tiersegnungen sind am 4. Oktober in vielen Pfarren üblich.

Bräuche in den Bundesländern

BURGENLAND

- In Wolfau (Bezirk Oberwart) veranstaltet der Reiterverein eine Tiersegnung.

WIEN

- Bei der Apostelkirche, X., kommen zahlreiche Kinder und Erwachsene mit ihren Hunden, Hasen, Hamstern, Katzen und anderen Haustieren in den Pfarrgarten. Die Kinder aus dem Kindergarten tragen Tiermasken und spielen „Arche Noah".

12. OKTOBER – MAXIMILIAN

Maximilian war Missionsbischof. In Celeia (Celje, Slowenien) geboren, soll er im Pongau gewirkt haben. Im 8. Jahrhundert errichtete man über seinem angeblichen Grab in Bischofshofen eine Kapelle. In einem Salzburger Missale wird er im 11. Jahrhundert als Bischof genannt. Maximilian wird als Bischof mit Kreuz oder Schwert dargestellt und ist zweiter Diözesanpatron von Passau, wo sich einst seine Reliquien befanden. In Österreich wird er in den Diözesen Linz, Graz und Salzburg besonders verehrt.

Bräuche in den Bundesländern

STEIERMARK

- In Niederwölz (Bezirk Murau) ist das Wochenende um den 12. Oktober Termin des Maxlan-Markts. Nach dem Hochamt am Sonntag wird die Freyung, eine 4 Meter lange Stange mit einem Schwertarm, durch den Ort getragen und auf der Marktwiese eingesetzt. Dort erfolgt die Verlesung der Marktbewilligungsurkunde aus dem Jahr 1536. Der Umzug hat eine traditionelle Reihenfolge: Auskehrer, Männerchor, Musikkapelle, Freyung und Gemeinderat. Bei den Gasthäusern wird zwecks Bewirtung und Ständchen Halt gemacht.

13. OKTOBER – KOLOMAN

Der irische Pilger Koloman (gest. 1012) befand sich auf dem Weg ins Heilige Land, als er bei Stockerau als Spion verdächtigt, gefoltert und gehängt wurde. Am 13. Oktober 1014 ließ Markgraf Heinrich I. seine Gebeine in das Stift Melk bringen, von wo sich der Kult rasch ausbreitete. Der Heilige ist der Patron der Stadt und des Stifts und war bis 1663 auch Landespatron Österreichs (seither: St. Leopold). Zahlreiche Kirchen, Kapellen und Quellheiligtümer sind ihm geweiht, im Wiener Stephansdom gibt es einen Kolomanistein.

Bräuche in den Bundesländern

KÄRNTEN

- In Wolfsberg wird ein Kolomanimarkt abgehalten.

NIEDERÖSTERREICH

- In Melk zählt der Kolomanikirtag zu den größten und ältesten Kirtagen des Landes. Er besteht seit 1451.

26. OKTOBER – ÖSTERREICHISCHER NATIONALFEIERTAG

Staatliche Jubiläen und nationale Feiertage sollen das Bekenntnis zu Staat und Nation festigen und beanspruchen, Ausdruck eines gemeinsamen Selbstverständnisses zu sein. Allgemein werden solche Festtage auf ein Datum gelegt, das sich auf die Staatsgründung, siegreiche Kriege, Revolutionen oder die Verfassungsgebung bezieht. 1919 erklärte die Konstituierende Nationalversammlung den 12. November zum Staatsfeiertag (nicht zum Nationalfeiertag). Laut Gesetz war er dem immer währenden Gedenken an die Ausrufung des Freistaats Deutschösterreich gewidmet. Große Teile des bürgerlichen Lagers wollten jedoch den 12. November ebenso wie den im gleichen Gesetz zum Ruhe- und Festtag erklärten 1. Mai als „rote" Feiertage nicht annehmen. Mit dem Ständestaat wurde 1934 der Staatsfeiertag abgeschafft und der 1. Mai zum Gedenken an die Proklamation der Verfassung zum Staatsfeiertag umfunktioniert – was wiederum die Arbeiterbewegung ungern akzeptierte. Während des Nationalsozialismus galt der 1. Mai als „Nationaler Feiertag des Deutschen Volkes" und zugleich als „Feiertag der nationalen Arbeit". Von 1945 bis 1955 hatte Österreich keinen Nationalfeiertag. In den Jahren von 1946 bis 1954 wurde der 13. April als „Tag der Befreiung" (Wiens durch die Rote Armee) begangen. Die anfangs drei Tage lang dauernden Feiern – mit Beflaggung öffentlicher Gebäude, Schulferien, mit Kranzniederlegungen und Betriebsversammlungen, Aufmärschen und Festsitzung des Gemeinderats – büßten jedoch mit andauernder Besatzung ihre Akzeptanz ein.

Erst die Unterzeichnung des Staatsvertrages am 15. Mai 1955 und die Wiederherstellung der vollen Souveränität Österreichs nach dessen Inkrafttreten am 27. Juli 1955 lösten ein von breiten Bevölkerungsschichten getragenes Bewusstsein nach gemeinschaftlicher Feierlichkeit aus. Der Österreichische Unabhängigkeitstag, auch Tag der Fahne oder Flaggentag genannt, erinnerte im ersten Jahr an den Abzug des letzten alliierten Soldaten. Schon 1956 wurde der Beschluss der immer währenden Neutralität als offizieller Anlass des Festtags angegeben, den vor allem Schulen und das Bundesheer wahrnahmen. 1967 wurde der 26. Oktober als Nationalfeiertag den gesetzlichen Feiertagen gleichgestellt.

Nicht nur ein Gedenktag musste erfunden werden, auch dessen Gestaltung. Hatte der erste Tag der Flagge 1955 Volksfestcharakter, so war von der spontanen Freude schon im Folgejahr weniger zu merken. In pädagogischer Zugangsweise war man bemüht, der Jugend die historischen Leistungen Österreichs durch Dichterlesungen, Chöre und Festansprachen von Politikern und Funktionären nahe zu bringen. Das änderte sich in den siebziger Jahren als die Regierung Kreisky (Bundeskanzler 1970–1983) die Zukunftsorientierung in den Vordergrund rückte. Die Großveranstaltung „Feier der Jugend" wurde nicht mehr durchgeführt. Der sozialdemokratische Bundeskanzler wünschte sich eine Vielfalt von Veranstaltungen, die den pluralistischen Charakter der Demokratie manifestieren sollten, und kein politisch-patriotisches Happening. Am Nationalfeiertag 1971 rief Franz Jonas (Bundespräsident 1965–1974) erstmals via Radio zu Fit-Märschen und Fit-Läufen auf, die seither von der Bundes-Sportorganisation veranstaltet werden und sich auf Anhieb starken Zuspruchs erfreuten.

Bräuche in den Bundesländern

NIEDERÖSTERREICH

- In Petzenkirchen (Bezirk Melk) findet am Vorabend des Nationalfeiertags eine Ballveranstaltung statt.
- In Sonnberg (Gemeinde Hollabrunn) sind die Häuser beflaggt. Vor der ehemaligen Schule wird ein Festakt mit Gesang, Vortrag und Ansprache abgehalten.
- Zellerndorf (Bezirk Hollabrunn) veranstaltet in der Kellergasse Maulavern ein Kürbisfest.

SALZBURG

- In Irrsdorf (Gemeinde Straßwalchen, Bezirk Salzburg-Umgebung) verlegt man den Leonhardiritt vom 6. November auf den 26. Oktober. Am arbeitsfreien Feiertag haben mehr Menschen Gelegenheit, an Gottesdienst, Flurumritt, Pferdesegnung, Kranzelstechen, Fasselschlagen und der Siegerehrung im Gasthof Fischwenger teilzunehmen.

WIEN

- Der Heldenplatz steht am 26. Oktober ganz im Zeichen des Bundesheeres. Es wirbt mit der Zurschaustellung von Panzern, Hubschraubern, einem Volksfest, Information und Alternativveranstaltungen – wie einer Heeresunterwäsche-Modenschau – um Sympathie.

31. OKTOBER – HALLOWEEN

Das Fest, an dem sich die Geister scheiden, wird in den USA seit langem – mit Kürbis-Dekorationen, Partys und maskierten Heischegängen – gefeiert, seit einigen Jahren auch in Österreich. Vorläufer dazu gab es hier zu Lande: Das Aushöhlen von Rüben und Kürbissen, in die man eine Kerze stellte, kannte schon die Großeltern-Generation als Kinderbrauch. 1957 kündigte die Programmzeitschrift „Radio Österreich" eine Bastelsendung zu Halloween an.

Auf die Ursprungsfrage gibt es zwei extreme Antworten: eine uralt-mythische und eine realistisch-kommerzielle. Die erste bezieht sich auf das keltische Fest Samhain, das am Abend des 31. Oktober als Sommerende auf den Britischen Inseln gefeiert wurde. In dieser Nacht soll es den Lebenden möglich gewesen sein, mit den Verstorbenen Kontakt aufzunehmen. In Irland hätte man Rüben mit Feuer darin

aufgestellt, um die Geister fern zu halten, und aus Angst Besuche gemacht.
Im 9. Jahrhundert führte die katholische Kirche das Allerheiligenfest ein, den Vorabend nannte man „All Hallows Evening“. Iren, die im 19. Jahrhundert auswanderten, brachten den Lichtbrauch nach Amerika. Anstelle von Rüben verwendete man nun ausgehöhlte Kürbisse, in die man Kerzen stellte. Um 1900 war Halloween in den USA eine gefürchtete Nacht der Zerstörung, in der auch Personen und Tiere verletzt wurden. Die Pfadfinder und andere Organisationen versuchten, dies einzudämmen. Kinder gingen nun heischen, statt Schabernack zu treiben. Um 1930 waren die „Beggar's Night“ (Bettlernacht) und der Spruch „Trick or treat“ allgemein bekannt. Wer die Umherziehenden nicht mit Süßigkeiten beschenkt, muss mit Streichen rechnen. Inzwischen richtet sich der Brauch häufig gegen die Kinder, denen in den USA sogar vergiftete Süßigkeiten gegeben werden, sodass sie teilweise nur noch in Begleitung Erwachsener von Haus zu Haus gehen. Kostüme und Masken, Kürbisschnitzwettbewerbe und

Partyveranstalter haben im amerikanischen Herbstfasching Hochsaison.

Die zweite Erklärung spricht schlicht von einem Schokoladenevent, das die Produzenten kreierten, um zwischen der Schultüte und Nikolaus bzw. Weihnachten einen Absatzhöhepunkt zu erreichen. Anfang der neunziger Jahre fand eine Tiroler Schokoladenfirma in Österreich noch keinen Markt für Halloween-Näschereien. Inzwischen kennt auch hier jedes Kind den Spruch „Trick or treat“ bzw. dessen österreichische Varianten „Süßes oder Saures“ und „Schokolade oder Schabernack“. Die kommerziellen Motive und Hintergründe des Brauch-Imports werden deutlich im – erfolgreichen – Bemühen der Kaufleute, mit Halloween die Umsätze zu steigern. 1997 erhielten Geschäftsleute in Wien-Döbling ein Flugblatt mit dem Appell: „Hallo Wien – Halloween, Wien beleben in toter Zeit“. Sie sollten sich an einer Aktion beteiligen, „die Aufmerksamkeit, Aktivität und Kauflust der Kunden anregen wird“. Die Rechnung ging in kürzester Zeit auf – wohl auch dank neuer Medien wie Internet. In allen Bundesländern gibt es inzwischen Halloween-Partys und entsprechendes Zubehör. Bevorzugte Kostüme sind Hexen, Zauberer, Vampire und andere Horrorgestalten, wie man sie meist aus Filmen kennt.

Eventuelle Verbindungen des Gruselfestes zur Ballade eines halb menschlichen, halb dämonischen Mädchenmörders (Zauberkönigs) wären noch zu untersuchen: Die ursprüngliche Form, nach dem Ritter Hallewijn benannt, weist ins Niederländische. Als Entstehungszeit nimmt man das 13. Jahrhundert an. Im Unterschied zu der später im deutschen Sprachraum (im 16. Jahrhundert auch im Burgenland) aufkommenden Ulinger-Version kann sich die Bedrohte des Mörders entledigen.

Bräuche in den Bundesländern

BURGENLAND

Durch ehemalige Auswanderer in die USA ist Halloween in burgenländischen Familien schon seit längerer Zeit bekannt.

NIEDERÖSTERREICH

- Im Bezirk Hollabrunn wurde 1994 als Alternative zu den Weinfesten vom Regionalmanagement das Kürbisfest im Retzer Land kreiert. Für Besucher aus Wien gibt es einen eigenen Nostalgiezug; Veranstaltungen für Kinder, Umzüge, Lichterfest, Feuerschlucker und Kürbisgerichte zählen zu den Anziehungspunkten.

TIROL

In Tirol fanden die ersten Halloween-Feiern um 1990 in Studentenkreisen statt. Wenig später begannen Innsbrucker In-Lokale mit Partys. Geschäftsauslagen und Häuser sind entsprechend dekoriert, und in verschiedenen Orten machen sich Kinder zu Heischegängen auf.

WIEN

- Die Lokalbesitzer im Bermuda-Dreieck waren die Ersten (Ma Pitom, 1995), die Halloween-Partys veranstalteten. Jetzt verwandelt sich das Viertel rund um die Ruprechtskirche mit den entsprechenden Dekorationen und kostümierten Gästen in einen tanzenden Hexenkessel.

- Ein wichtiger Veranstaltungsort ist der so genannte keltische Baumkreis auf der Himmelswiese in Döbling. Hier gibt es seit 1998 am letzten Wochenende im Oktober ein von Tausenden besuchtes Familienfest mit Kürbisattraktionen aller Art: vom Schnitzen und Beleuchten bis zu kulinarischen Spezialitäten. Im Restaurant erfand ein Mädchen den Brauch, statt zu heischen, selbst Zuckerln zu verschenken. Viele Gäste kommen kostümiert. Aber auch Traditionelles hat seinen Platz. So gibt es einen Schmied, dem man bei der Herstellung von Glückssymbolen zusehen kann, und es spielen steirische Blasmusikkapellen.

November

Der trübe November beginnt mit Allerheiligen und Allerseelen. Populäre Heilige und ihre mit Bräuchen begangenen Feste stehen im Kalender: der Jägerpatron Hubertus, der „bayrische Herrgott" St. Leonhard, der mildtätige Soldat Martin, der österreichische Landesherr Leopold, Cäcilia, die Schutzfrau der Musiker, und Katharina, die „die Geigen einsperrt".

1. NOVEMBER – ALLERHEILIGEN

Im 4. Jahrhundert gedachten die Christen im Orient zu regional unterschiedlichen Terminen ihrer Märtyrer. Am 13. Mai 609 weihte Papst Bonifatius IV. (gest. 615) das römische Heiligtum aller Götter (Pantheon) zu Ehren Marias und aller Märtyrer. Im 8. Jahrhundert feierte man in Irland und England ein Allerheiligenfest am 1. November. 835 übertrug Papst Gregor IV. (gest. 844) das „Fest aller Heiligen" offiziell auf den 1. November. Allerheiligen ist kein Trauertag, sondern feiert das neue Leben, in das die Heiligen und Seligen eingegangen sind. Die erste Auflistung ihrer Namen redigierte der heilige Hieronymus Ende des 6. Jahrhunderts. Mit legendären Lebensgeschichten ergänzt, entstand daraus 1584 das Martyrologium Romanum als Heiligenkalender.

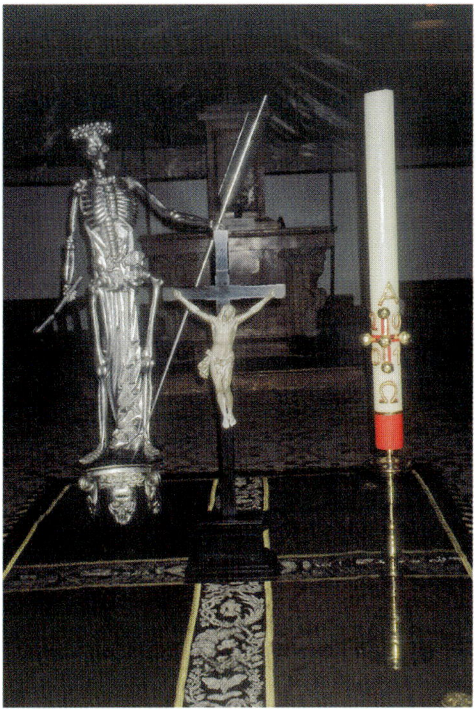

Bräuche in den Bundesländern

Im Burgenland, in Niederösterreich (Bezirk Scheibbs), Oberösterreich (Bezirk Rohrbach), Salzburg und in der Steiermark (Ennstal, Oststeiermark) sind mit regionalen Unterschieden Allerheiligenstriezel üblich, die Kinder von ihren Paten oder Großeltern erhalten. In Wien stellt eine Großbäckerei Allerheiligenstriezel her. In den Bundesländern können die Striezel bis zu einem halben Meter lang und mit eingesteckten Münzen versehen sein.

BURGENLAND

In fast 90 Prozent der Gemeinden finden bei den Kriegerdenkmälern Feiern statt, die häufig ökumenisch gestaltet und dem allgemeinen Gedenken an alle Opfer von Kriegen, Gewalt und Faschismus gewidmet sind (Weppersdorf, Bezirk Oberpullendorf) oder als Friedensfeier begangen werden (Zurndorf, Bezirk Neusiedl am See).

SALZBURG

Um Allerheiligen wird Germgebäck, geformt als Zöpfe oder Hirsche (Gebildbrot), an die Patenkinder verschenkt. Damit sind Wünsche für Segen, Gesundheit und Glück (Reim) verbunden.

TIROL

- In Kals am Großglockner (Bezirk Lienz) ist der Allerheiligentag als Schnappertag bekannt. Dabei zieht eine Gruppe weiß gekleideter Burschen von Haus zu Haus. Sie tragen Fellmasken und Hüte und sprechen teilweise mit verstellter Stimme. Der Schnapper ist eine Holzstange, auf der sich ein geschnitzter Tierkopf mit beweglichem Unterkiefer befindet, der klappert. Die Krapfenschnapper erhalten Geld, Krapfen und Süßigkeiten, die sie in einem Korb verstauen. Sie singen ein Lied oder sagen einen Spruch und bedanken sich mit einem „Vergelt's Gott für die armen Seelen".

WIEN

- Die Salesianer Don Boscos in Neu-Erdberg, III., erinnern zu Allerheiligen an ein Wunder ihres Ordensgründers Johannes Bosco (1815–1888) und verschenken nach der Abendmesse 5 bis 10 Kilo Maroni. Um seine Schützlinge zum Gottesdienst zu motivieren, soll ihnen der Heilige Maroni versprochen haben. Als die vorbereitete Menge nicht ausreichte, betete er, und jedes der 200 Kinder erhielt genug Kastanien.

2. NOVEMBER – ALLERSEELEN

Seit dem 2. Jahrhundert gibt es Zeugnisse, dass Gebete für Verstorbene an bestimmten Tagen (am 3., 7., 30., 40. Tag nach dem Begräbnis oder am Jahrestag) mit der Messfeier verbunden wurden. Später widmeten die Klöster einen Tag dem Gedenken ihrer verstorbenen Mitglieder. Kurz vor der ersten Jahrtausendwende rief Abt Odilo von Cluny (994–1048) in seinen Gemeinschaften zum festlichen Gedächtnis aller verstorbenen Gläubigen am 2. November auf. 1006 ordnete Papst Johannes XVIII. (gest. 1009) die allgemeine Feier des Allerseelenfestes an.

Obwohl die Kirche die Auferstehung betont, stehen Allerheiligen und Allerseelen im allgemeinen Verständnis im Zeichen des Totenkultes. Leopold Schmidt (1912–1981) spricht in seinem Standardwerk „Volkskunde von Niederösterreich" vom „großen Doppelfest der Toten, nämlich der toten Heiligen wie der toten Welt-

kinder". Dieses habe einst den kräftigsten Einschnitt zwischen Herbst und Frühwinter bedeutet. Schmidt betont den Einfluss der Klöster bei Allerseelenfeiern und Fegefeuerglaube. Letzterer entsprach spätmittelalterlichen Vorstellungen und wurde in der Gegenreformation belebt, wobei die Betonung auf den Zuwendungen für die armen Seelen lag. Die üblichen Opfergänge mit Lebensmitteln, die der Kirche oder dem Mesner zugute kamen, wurden zur Seelenspende für die Verstorbenen. Schließlich gingen die Armen und die Kinder heischen.

Allerheiligen und Allerseelen sind die bevorzugten Tage für Friedhofsandachten und Gräberbesuche. Man schmückt die Grabstätten mit Kerzen, Kränzen und Blumen, die in den Städten an eigenen Ständen vor den Friedhofstoren verkauft werden. In vielen Orten stehen die Kriegerdenkmäler im Mittelpunkt von Gedenkfeiern.

Bräuche in den Bundesländern

WIEN

Die Straßenbahnen zum Zentralfriedhof verzeichnen zwischen 26. Oktober und 2. November die vierfache Frequenz, zu vielen Friedhöfen sind Sonderlinien eingerichtet.

- Die Serviten feiern als Seelsorger der Pfarre Rossau, IX., einen Auferstehungs-Gottesdienst. Nach der Messe halten sie eine kurze Andacht in der Gruft ihres Klosters und laden die Gläubigen zum Beisammensein im Refektorium ein.
- Am Sonntag nach Allerheiligen gedenken Mitglieder des Arbeiter-Fischervereins am Friedhof der Namenlosen (XI., Alberner Straße) der Ertrunkenen. Seit den 1920er Jahren ist es Brauch, ein Floß mit Kränzen, Kerzen und dem Modell eines Grabsteins mit der Aufschrift „Den Opfern der Donau" dem Wasser zu übergeben. Blasmusik umrahmt die Feier, das einzige Mal im Jahr wird in der Kapelle Gottesdienst gefeiert. Der Friedhof der Namenlosen entstand 1900 beim Alberner Hafen. Damals waren die Gräber mit Holzkreuzen bezeichnet, und zu Allerseelen fand eine Kranzniederlegung statt. 1935 hat man ihn mit einer Mauer umgeben und die Auferstehungskapelle renoviert. Das letzte Begräbnis einer Wasserleiche fand 1940 statt. Die Pflege der 120 Gräber und ihre Ausstattung mit Gusseisen-Kreuzen besorgte jahrzehntelang der Gemeindewachmann und Totengräber von Albern, Josef Fuchs.

Während Friedhofsbesucher nicht an den Sammelbüchsen mit dem Aufdruck „Schwarzes Kreuz" – für die Kriegsgräberfürsorge – vorbeikommen, fallen an den Straßenrändern weiße Kreuze auf. Sie sind in weiten Teilen des Bundesgebiets an jenen Stellen platziert, an denen sich tödliche Unfälle ereignet haben, und tragen die Aufschrift „Wir gedenken und mahnen".
Diesen modernen Brauch in der Öffentlichkeit pflegt der 1899 gegründete Auto-, Motor- und Radfahrerbund Österreichs; der ARBÖ sieht die Aktion zudem als Beitrag, die Unfallquote zu senken.

Die evangelische Kirche gedenkt der Toten nicht am Beginn, sondern am Ende des Monats. Der letzte Sonntag des Kirchenjahres ist der Ewigkeitssonntag. Die Anordnung des preußischen Königs Friedrich Wilhelm II. nach den Befreiungskriegen 1816 wurde bald von anderen Landeskirchen übernommen.

3. NOVEMBER – HUBERTUS

Bischof Hubert (655–727) wirkte als Glaubensbote in Belgien. Jahrhunderte später wurde die im Zusammenhang mit Eustachius bekannte Hirschlegende auf ihn übertragen. Kreuzfahrer sollen im Hochmittelalter die indische Sage vom Gazellenkönig aus dem Orient mitgebracht haben, nach der das königliche Leittier einem fürstlichen Jäger erschienen war und ihm sein Leid klagte, dass jeder Schuss auf ein anderes Tier es auch selber schmerze. Daraus entstand der Überlieferung nach im Hinduismus das Tötungsverbot bestimmter Tiere. Im christlichen Kulturkreis wurde aus der Gazelle ein weißer Hirsch mit einem leuchtenden Kreuz im Geweih. Eine Ablehnung der Jagd folgte daraus nicht.

In den 1950er Jahren entdeckten Jagdhornbläser und Waidmänner den Hubertustag als Termin für ihre Jägermessen, die sie entsprechend musikalisch gestalten. Der Landesjagdverband veranstaltet (z. B. in Oberösterreich, Julbach) Hubertusmessen und -feiern. Wenn die Saison zu Ende geht, werden Ehrenzeichen (Goldener und Silberner Bruch) verliehen. Brüche sind von einem Baum oder Strauch abgebrochene Zweige, denen im jagdlichen Brauchtum vielfache Bedeutung zukommt. Sie können vom Jäger oder vom erlegten Tier getragen werden, wobei genau festgelegt ist, welchem Wild sie gebühren und welche Holzart bruchgerecht ist. In der Steiermark nennt man das Festmahl Schüsseltreiben.

Bräuche in den Bundesländern

NIEDERÖSTERREICH

Jägermessen gibt es u. a. in Biedermannsdorf (Bezirk Mödling), Edlitz (Bezirk Neunkirchen), Haslau-Maria Ellend (Bezirk Bruck an der Leitha), Radlbrunn (Gemeinde Ziersdorf, Bezirk Hollabrunn), Sonnberg (Gemeinde Hollabrunn) und Watzelsdorf (Gemeinde Zellerndorf, Bezirk Hollabrunn).

6. NOVEMBER – LEONHARD

Leonhard (Lienard) war vermutlich im 6. Jahrhundert Einsiedler in Zentralfrankreich. Die Legende schreibt ihm viele Wunder zu, seine besondere Fürsorge galt den Gefangenen. Weil er als Löser ungerechter Fesseln (Lien: frz. Fessel) gilt, umspannte man ihm geweihte Kirchen mit Ketten. Die Ketten ließen Leonhard auch zum Viehpatron und Bauernheiligen werden. Er zählt zu den vierzehn Nothelfern und wird als Mönch mit Kette und Abtstab, Gefangenen, Pferden oder Rindern dargestellt.

Bräuche in den Bundesländern

NIEDERÖSTERREICH

- In Perchtoldsdorf (Bezirk Mödling) bestand bis ins 18. Jahrhundert eine Wallfahrt zum heiligen Leonhard, wo zugleich Kirtag und Lesedank gefeiert wurde. Geblieben ist der Weinhüterumzug in dieser Zeit. Dabei wird die Hüterpritsche, ein hohes, glockenförmiges Gebilde aus Weintrauben, auf einer langen Stange durch den Ort zur Kirche getragen und gedreht.
- In Markt Piesting (Bezirk Wiener Neustadt) gibt es zum Festtag des Pfarrpatrons einen Kirtag mit Standelmarkt, die Wallfahrer aus Lindabrunn werden feierlich eingeholt.
- In St. Leonhard am Forst (Bezirk Melk) findet ein Leonhardiritt statt.
- In St. Leonhard am Walde (Gemeinde Waidhofen an der Ybbs) stehen Hochamt und Kirtag auf dem Programm.

OBERÖSTERREICH

Etliche Gemeinden haben in den Jahren zwischen 1930 und 1950 Leonhardiritte und Reiterspiele eingeführt. Sie finden meist an einem Sonntag um den 6. November statt, z. B. in Desselbrunn, Neukirchen an der Vöckla (beide Bezirk Vöcklabruck) – mit einem Kirtag verbunden, in Pettenbach (Bezirk Kirchdorf an der Krems), Sarleinsbach (Bezirk Rohrbach) und verbunden mit einer Jägermesse in St. Leonhard (Gemeinde Pucking, Bezirk Linz-Land).

- In Weißenkirchen im Attergau (Bezirk

Vöcklabruck) gibt es Anfang November drei Spiele beim Leonhardiritt: Kranzlstechen, Geschicklichkeitsreiten und Fasselschlagen.

SALZBURG

- In St. Leonhard (Gemeinde Grödig, Bezirk Salzburg-Umgebung) finden der Leonhardiritt der Weihnachtsschützen und eine Festmesse statt.

STEIERMARK

- In Großsölk (Bezirk Liezen) ist die Kirche Ziel der Viehbauern. Sie kommen in Prozessionen aus den umliegenden Orten und feiern einen Dankgottesdienst. Danach beginnt der Kirchtag beim Schloss.

TIROL

- In Kundl (Bezirk Kufstein) ist die Kirche auf der Wiese dem heiligen Leonhard geweiht und war bis ins 19. Jahrhundert Ziel von Leonhardiritten. Als 1963 die Restaurierung zu finanzieren war, belebten die Pfarre und der Tiroler Viehzuchtverband den Brauch. Am Sonntag nach dem 6. November beginnt die Prozession im Ort. Einem Reiter mit Vortragskreuz folgen an die hundert weitere, gekleidet in Tracht oder in Vereinsdress. Der Priester wird in einer Kutsche zur Kirche geführt, ihm schließen sich Festwagen an, wenn zugleich das Erntedankfest begangen wird. Wegen der großen Teilnehmerzahl findet eine Feldmesse bei der Kirche statt. Elemente des Fests sind die Segnung von Pferden und Plaketten, die Erntekrone und Vorführungen der Reitvereine.

11. NOVEMBER – MARTIN

Martinus von Tours (316–397), der Sohn eines römischen Tribunen, wurde in Sabaria (Szombathely / Steinamanger, Ungarn) geboren. Er war schon als Fünfzehnjähriger Soldat und ließ sich mit achtzehn Jahren taufen. Martin widmete sich der Mission und gründete zahlreiche Klöster. Zeitgenossen bewunderten seine asketische Strenge, Gerechtigkeit und Wundertätigkeit. 371 wählten ihn Klerus und Volk von Tours zu ihrem Bischof.

Daran knüpft sich die Legende, dass er das Amt nicht annehmen wollte, sich versteckte und durch schnatternde Gänse verraten worden war. Ikonographisch bedeutsam ist die Szene der Mantelteilung: Der römische Soldat teilt bei Amiens seinen Mantel (Cappa) mit einem Bettler. Von der Cappa, die als Reichsreliquie am Hof der fränkischen Könige aufbewahrt wurde, leiten sich die Bezeichnungen Kapelle und Kaplan ab. Martin gilt u. a. als Patron der Soldaten, Schneider, Reisenden und Haustiere. Einer seiner Nachfolger, Bischof Perpetuus von Tours (gest. 491), bestimmte im 5. Jahrhundert den Martinstag als Beginn einer Bußzeit, symbolische vierzig Tage vor Weihnachten. Der Advent galt bis 1917 als Fastenzeit.

Der alte Brauchtermin wird von Feinschmeckern, Kindergärten und Faschingsgilden neu entdeckt. Einst war Martini das Gegenstück zu Faschingsdienstag und Aschermittwoch mit Festessen (Heringsschmaus – Martinigans), Alkoholgenuss (Fastentrunk – Weintaufe) und Lampionumzügen. Diese Tage bildeten die Schwelle zu den Bußzeiten Fastenzeit und Advent. Der 11. 11. bot vor der „geschlossenen Zeit“ die letzte Chance, den

Herbstfasching auszukosten, die Martinigans war der letzte Festbraten vor Weihnachten. Am 11. 11. um 11.11 Uhr rufen die Faschingsvereine den Karneval aus. Die Narrenzahl Elf wird als Allegorie der Sünde gedeutet, da sie die Zehn Gebote überschreitet. Der Elferrat der Faschingsgilde beschließt die Aktionen der kommenden Saison und wählt das Prinzenpaar. Da es in Österreich heute mehr als hundert Faschingsgilden gibt, wird auch das Narrenwecken immer beliebter.

In den 1980er Jahren entwickelte sich das Verspeisen der Martinigans (wie des Heringsschmauses) zu einem Hauptfest der Gourmets und Gastronomen. Es trifft sich gut, dass um diese Zeit der Sturm zum Wein und der Heurige zum Alten wird. So können die Restaurants zur Weintaufe mit prominenten Paten einladen. Selbst wenn ein Pfarrer mit von der (Keller)partie sein sollte, hat dies mit einem kirchlichen Brauch so wenig zu tun, wie die Gans mit der Vita des heiligen Martin. Der Termin für das Festessen hatte praktische Gründe: Martini galt als wichtiger Rechts- und Zinstermin mit Gänsen als Naturalabgabe – wie Hasen und Eier zu Ostern. Die landwirtschaftlichen Tätigkeiten im Freien waren beendet, die Gänse gemästet, die Schweine geschlachtet. Alles war bereit und auch die Zeit vorhanden, kräftig zu feiern. Dies betraf Stadt und Land in gleicher Weise. Belege für solche Feste finden sich im 12. Jahrhundert in den Klöstern. Handwerker schenkten ihren Gesellen eine Lichtgans, weil sie nun bei Licht arbeiten mussten. Arbeiter in den Weingärten bekamen die Lesgans, und Bettelmönche erhielten Gänse als milde Gabe, wobei derjenige, der am meisten einheimste, als König gefeiert wurde. Ähnlich verhielt es sich mit dem Martiniwein, den die Stadt Wien um 1770 den Handwerkern, die in ihrem Dienst standen, zukommen ließ.

Seit einigen Jahrzehnten veranstalten fast alle Kindergärten am Martinstag einen Laternenumzug. Die Kleinen haben Lampions gebastelt und Lieder auswendig gelernt. Bei Einbruch der Dunkelheit beginnen sie ihre Prozession, Erwachsene, manchmal auch ein Reiter begleiten sie. Der Brauch könnte mit liturgischen Umzügen zu tun haben, da man beim Gottesdienst am Martinstag die Perikope von den brennenden Lampen (Lk 12,35) las und den Gläubigen empfahl, Gleiches zu tun. Allerdings gab es, der dunklen Jahreszeit entsprechend, im Mittelalter auch weltliche Fackelzüge und Umgänge mit Laternen. Kinder und Jugendliche sangen vor den Häusern Martinslieder und wurden mit Gaben belohnt. In

Deutschland, der Heimat Martin Luthers (1483–1546), der am 10. 11. geboren und am 11. 11. getauft wurde, brachte man den Brauch mit ihm in Zusammenhang. In Düsseldorf ist der erste Umzug mit Laternen und mit Kerzen beleuchteten Kürbissen 1866 belegt. Schulorientierte und katechetisch ausgerichtete Martinsbräuche haben sich dort nach 1945 neu etabliert, oft mit sozial-religiösen Anliegen (Gabensammlungen) verknüpft. Um das Motiv des Teilens zu versinnbildlichen, erhalten Kinder einfache oder doppelte Kipferln zum Auseinanderbrechen und Weitergeben.

Bräuche in den Bundesländern

BURGENLAND

Martin ist der Landespatron des Burgenlandes. Als Brauchgebäck hat die Katholische Frauenbewegung die Martinskipferln erfunden. Die Doppelkipferln wurden 1997 zum 1600. Todestag des Landespatrons kreiert. 📷

- Im Eisenstädter Dom finden eine Bischofsmesse mit Festakademie und in vielen Häusern Weinverkostungen statt.
- In Großhöflein (Bezirk Eisenstadt-Umgebung) gibt es am Samstag nach Martini eine Jungweinfeier unter Mitwirkung der Volkstanzgruppe.
- In Pinkafeld (Bezirk Oberwart) findet der Martinikirtag von Donnerstag bis Montag mit Zeltfest, Kinderprogramm und viel Musik statt.
- In Purbach am Neusiedler See (Bezirk Eisenstadt-Umgebung) gibt es zwischen April und November an jedem ersten Samstag im Monat einen Kellergassenheurigen. Das Martiniloben im November beschließt die Saison.
- In St. Margarethen im Burgenland (Bezirk Eisenstadt-Umgebung) werden Martinsherzen aus Lebkuchen ver- und geteilt.

KÄRNTEN

- In Feldkirchen in Kärnten gab es in der Katastralgemeinde St. Martin schon 1136 eine dem Heiligen geweihte Kirche. Neben dem Westportal verweisen ein gemauerter Tisch und ein Steinsitz auf den Opferbrauch. Die Bauern brachten am 11. 11. lebende Hühner in die Kirche mit, nach der Messe wurden die Tiere zu deren Gunsten versteigert. Nach einer versuchten Brauch-Revitalisierung in den 1970er Jahren gibt es jetzt einen Laternenumzug für Kinder, an dessen Spitze der heilige Martin reitet und bei dem die Opfertiere mitgeführt werden. Heute werden allerdings meist Sachpreise verlost.

NIEDERÖSTERREICH

Das Martiniloben findet in vielen Weinbaugemeinden statt, z. B. in Dürnstein und Langenlois (beide Bezirk Krems).

- In Großhaselbach (Gemeinde Schwarzenau, Bezirk Zwettl) ist St. Martin Pfarrpatron. Es gibt einen Martinikirtag und das Ganslessen im Gasthaus.
- In Gumpoldskirchen (Bezirk Mödling)

beginnt das Erntedankfest zu Martini mit der Segnung der Erntegaben am Kirchenplatz, anschließend wird in der Pfarrkirche ein Hochamt zelebriert, an das sich ein Fest anschließt.

- In Mannersdorf am Leithagebirge (Bezirk Bruck an der Leitha) ist die Kirche dem heiligen Martin geweiht. Sein Tag wird mit Festgottesdienst, Laternenumzug und Markt gefeiert.
- In Obersiebenbrunn (Bezirk Gänserndorf) werden Pferdesegnung und Martinsfeier als neue Bräuche genannt. Es gibt eine Kinderandacht und ein Feuer im Pfarrgarten.
- In Paudorf (Bezirk Krems) gibt es eine Weintaufe und ein Spiel für Kinder, bei dem Reiter und Pferde mitwirken.
- In Wiener Neustadt erscheint St. Martin hoch zu Ross, im Kindergarten wird ein Spiel aufgeführt. Weiters gibt es einen Gottesdienst und einen Laternenumzug für die Kinder.
- In Zellerndorf (Bezirk Hollabrunn) sind Weinsegnung und Martiniloben neue Bräuche.

OBERÖSTERREICH

Martinsreiter kann man u. a. in Attnang-Puchheim (Bezirk Vöcklabruck) und Ebensee (Bezirk Gmunden) antreffen, in Wartberg an der Krems (Bezirk Kirchdorf an der Krems) in Verbindung mit dem Kindergartenfest.

- In Klaffer am Hochficht (Bezirk Rohrbach) hat Gemeindesekretär Günter Studener Mitte der 1980er Jahre das Wolfablassen belebt. Der Lärmumzug der Kinder steht im Zusammenhang mit dem Ende der Weidesaison um Martini. Früher riefen sie vor jedem Hof „Der Wolf ist abgelassen!" und wurden daraufhin von älteren Buben, die sich mit Fellen und Tüchern verkleidet hatten, attackiert. Mit der Revitalisierung hat sich der Brauch verändert: Ab 17 Uhr ziehen Kindergartenkinder und Volksschüler mit brennenden Laternen zur Kirche. Dort finden das Martinsspiel mit einem Reiter und die Kipferlverteilung statt. Eine Stunde später gehen die Volksschüler mit alten Töpfen und beleuchteten Kürbissen in einem lärmenden Zug durch den Ort. Am Ortsende zerschlagen sie die Kürbisse.

SALZBURG

Sagen erzählen, dass am Vorabend zu Martini die Kasmandln auf den von den Sennern verlassenen Almen das Regiment übernehmen. Bis Georgi (um den 23. April) soll man die Almgeister dort nicht stören. Im Lungau werden Lärm- und Rügebräuche der Burschen als Kasmandlfahren bezeichnet. Im Pinzgau spricht man vom Alpererfahren als Dank für einen guten Almsommer und Bitte für den kommenden Winter. Burschen mit Lärmgeräten läuten das Gras aus: Das Vieh muss ab nun im Stall bleiben.

- In der Stadt Salzburg begeht die Bürgergarde ihre Martinifeier am Samstag nach Martini mit einem Festzug auf dem Domplatz.

STEIERMARK

Der populäre Mandlkalender zeigt eine gebratene Gans, das reichliche Mahl wird als Martiniloben bezeichnet. Martinifeste gibt es u. a. in St. Martin am Grimming (Bezirk Liezen), einen Martinsritt in Eibiswald (Bezirk Deutschlandsberg).

- In Kleinsölk (Bezirk Liezen) muss am Vorabend von Martini der Stall sauber geputzt und verschlossen sein. Nach 18 Uhr tauchen Jugendliche auf, die Kopfbedeckungen mit roten Lampen tragen und mit Glocken und leeren Dosen lärmen. „Der Alp“ bleibt stumm und will nicht gesehen werden. Wer ihn beobachtet, dem schütten sie Mist vors Haus. Der Brauch markiert das Ende der Weidezeit auf den Almen.

- In Öblarn (Bezirk Liezen) ist der 11. 11. Termin einer Prozession nach St. Martin am Grimming. Man feiert den Pfarrpatron mit einem Hochamt, das der Abt von Admont zelebriert. Danach wird zum Festmahl eingeladen.
- In Reith (Gemeinde Kleinsölk, Bezirk Liezen) holen sich die Kinder beim „Spießen“ am letzten Sonntag vor dem Advent ihren Anteil am Martiniloben. Durch die Fenster stecken sie lange Stangen, auf welche die Hausfrauen Würstel, Orangen, Lebkuchen oder Krapfen spießen.

VORARLBERG

- In Bregenz wurde der Martinsritt 1920 nach Augsburger Vorbild eingeführt. Zur Messe in der St.-Martins-Kapelle in der Oberstadt spielt die Stadtmusik, die danach auf dem Martinsplatz ein Konzert gibt. Nach der Abendandacht bewegt sich der Martinszug durch die Altstadt. Dem mit Helm und Schwert kostümierten Reiter folgen „Bettler“ und Schüler mit Laternen. Anschließend werden sie mit Brot und Wurst bewirtet.

15. NOVEMBER – LEOPOLD

Die Regentschaft Leopold III. (1075–1136), Markgraf von Österreich, fiel in die Zeit des Investiturstreits zwischen Kaiser und Papst: Die Kirche wollte weltliche und geistliche Macht trennen, nachdem zuvor die Landesherren die Bischöfe in ihr Amt eingesetzt und ihnen kirchliche Rechte verliehen hatten. Leopold heiratete Agnes, die Tochter des deutschen Kaisers Heinrich IV., und verzichtete 1125 auf die ihm angebotene Kaiserkrone. Er gründete die Stifte Klosterneuburg und Heiligenkreuz sowie die Benediktinerabtei Klein-Mariazell, Stift Melk unterstellte er dem Papst. Er starb bei einem Jagdunfall und ist in der Krypta des Augustiner-Chorherrenstifts Klosterneuburg begraben. Seine Heiligsprechung erfolgte 1485. Leopold ist der Landespatron von Österreich, Nieder- und Oberösterreich.

Bräuche in den Bundesländern

NIEDERÖSTERREICH

- Klosterneuburg (Bezirk Wien-Umgebung) steht um den 15. November ganz im Zeichen des Landespatrons. Der Leopolditag ist schulfrei, es gibt einen Kirtag mit Jahrmarktsattraktionen, neue und traditionelle Bräuche. Zu diesen zählt vor allem das Fasselrutschen, das an vier Tagen stattfindet. Man besteigt das 1704 angefertigte, fast 4 Meter hohe Tausendeimerfass über Holzstufen und verlässt es über eine Rutsche. Ursprünglich mussten die Bauern ihre Abgabe an heurigem Wein in das Fass der geistlichen Grundherrschaft schütten. Seit 1809 ist es leer und befindet sich seit 1834 im Binderstadel. Mit dem Fasselrutschen ist die Vorstellung verbunden, dass ein dabei gedachter Wunsch in Erfüllung geht. Der Erlös kommt Sozialaktionen zugute. Ebenfalls zahlreicher Beteiligung erfreuen sich die traditionelle Männerwallfahrt (1904 vom Jesuitenpater Heinrich Abel begründet) und die Ministrantenwallfahrt, die der Jugendseelsorger Andreas Redtenbacher 1979 für Buben und Mädchen initiierte.

22. NOVEMBER – CÄCILIA

Cäcilia war eine frühchristliche Märtyrerin in Rom. Wegen der legendären Erwähnung ihrer Hochzeit, bei der die Orgeln gespielt haben sollen, wird sie seit dem Mittelalter als Patronin der Kirchenmusik verehrt. Dabei dürfte es sich um einen Übersetzungsfehler handeln, wobei man „cantantibus organis“ (beim Spiel der Orgel) mit „cantentibus organis“ verwechselte – was auf ein Martyrium hindeuten würde, bei dem die Heilige im Dampfbad erstickt wurde. Darüber hinaus war die Orgel bei den ersten Christen verpönt, und ehrbare Mädchen sollten taub für dieses Instrument sein, das bei Tierhetzen und Lustbarkeiten ertönte.

In den 1950er Jahren begehen die Kirchenchöre den Cäciliensonntag mit Konzerten und musikalischen Aufführungen zum Gottesdienst. Dafür sprach auch der Termin des letzten Sonntags im Kirchenjahr, da nach damals noch gut bekannter früherer Auffassung im Advent die Orgel schweigen und erst zu Weihnachten wieder erklingen sollte. In den letzten Jahren ist die Bedeutung des Cäciliensonntags zurückgegangen, nicht zuletzt wegen der Terminüberschneidung mit dem Christkönigssonntag, der jetzt meist jugendgemäß musikalisch gestaltet wird.

Bräuche in den Bundesländern

NIEDERÖSTERREICH

In Niederösterreich feiern Pfarren Cäcilienmessen u. a. in Kirchschlag in der Buckligen Welt (Bezirk Wiener Neustadt), Lassee (Bezirk Gänserndorf) und Sonnberg (Gemeinde Hollabrunn).

SALZBURG

In Salzburg spielen Trachtenmusikkapellen am Cäciliensonntag in Kirchen und bei Konzerten, z. B. in Goldegg (Bezirk St. Johann im Pongau), Krispl (Bezirk Hallein), Neumarkt am Wallersee (Bezirk Salzburg-Umgebung), Mühlbach am Hochkönig (Bezirk St. Johann im Pongau), Tenneck (Gemeinde Werfen, Bezirk St. Johann im Pongau) und Vigaun (Bezirk Hallein).

25. NOVEMBER – KATHARINA

Die historische Persönlichkeit der Märtyrerin Katharina von Alexandria ist nicht fassbar. Nach der legendären Überlieferung sollte sie gerädert werden, doch das Rad zerbrach, sodass man sie enthauptete. Kurz vor ihrer Hinrichtung überzeugte die kluge Achtzehnjährige im Disput fünfzig heidnische Gelehrte. Sie versprach, bei Gott für alle zu bitten, die ihren Namen anriefen. Engel trugen den Leichnam auf den Berg Sinai, wo das Katharinenkloster erbaut wurde. Im Kreis der vierzehn Nothelfer zählt sie mit Margaretha und Barbara zu den populären drei weiblichen Heiligen. Sie ist als Königstochter mit Palme, Buch, Schwert und Rad dargestellt und gilt u. a. als Patronin der Frauen, Hochzeiten, Gelehrten, Schüler, Buchdrucker und gegen Zungenkrankheiten.

Markierte einst der Martinstag den Beginn der „geschlossenen Zeit“ im Advent – einer Fastenzeit mit Tanz- und Heiratsverboten –, so hieß es später „Kathrein sperrt die Geigen ein" oder „Kathrein stellt den Tanz ein".

Bräuche in den Bundesländern

OBERÖSTERREICH

Zahlreiche Trachten- und Volkstanzgruppen pflegen den Kathreintanz.

▪ Im Salzkammergut gibt es Vogelfänger-Vereine, z. B. in Attnang-Puchheim (Bezirk Vöcklabruck), Ebensee (Bezirk Gmunden) und Mondsee (Bezirk Vöcklabruck). Am Kathreinsonntag stellen die Männer in Gasthäusern Waldvögel aus, die sie im Herbst gefangen haben, und erhalten dafür Preise. Die Kreuzschnäbel, Gimpel, Zeisige und Stieglitze werden später frei gelassen. Seit dem 16. Jahrhundert war Vogelfangen als Beruf erlaubt. Der Ebenseer Verein besteht seit 1861.

SALZBURG

▪ In Salzburg beginnen die zahlreichen Kathreintanzfeste der Heimatvereine, Musikanten und Volkstänzer schon um die Monatsmitte, z. B. in Mühlbach am Hochkönig (Bezirk St. Johann im Pongau), Rauris (Bezirk Zell am See), Saalfelden am Steinernen Meer (Bezirk Zell am See) und Schwarzach im Pongau (Bezirk St. Johann im Pongau).

Dezember

Im Advent ist nicht zu übersehen, dass ein großes Fest bevorsteht. Überall funkeln Lichterketten und glitzert der Weihnachtsschmuck. Man kauft, packt ein und bäckt, schreibt Karten, besucht Weihnachtsmärkte und verfällt zeitweise in Besinnlichkeitsstress. Im Jahreslauf der Bürofolklore spielen die Weihnachtsfeiern eine Rolle.

Bräuche in den Bundesländern

BURGENLAND

▪ In Klingenbach (Bezirk Eisenstadt-Umgebung) gibt der Jugendmusikverein ein Adventkonzert, am ersten Adventsamstag wird ein Weihnachtsbasar abgehalten, und die Herbergssuche geht von Haus zu Haus.

NIEDERÖSTERREICH

▪ In Ebreichsdorf (Bezirk Baden) ist St. Andreas (Gedenktag am 30. November) Pfarrpatron. Am Vorabend des ersten Adventsonntags trinkt man nach der Festmesse ein Andreasachterl.

▪ In Mönichkirchen (Bezirk Neunkirchen) veranstalten Musikverein und Pfarre einen besinnlichen Advent mit Musik und Lesungen.

▪ In Unternalb (Gemeinde Retz, Bezirk Hollabrunn) gelangt im Hof der Propstei an mehreren Adventabenden das Unternalber Weihnachtsspiel zur Aufführung.

OBERÖSTERREICH

▪ In Linz spielt ein Bläserquartett der Magistratsmusik vom Rathausbalkon Musik im Advent (seit 1956). Im Brucknerhaus findet das Adventsingen nach Salzburger Vorbild als Großveranstaltung statt.

▪ In St. Thomas (Bezirk Grieskirchen) ist am ersten Adventsamstag ab 19 Uhr auf dem Kirchenplatz Bratwürstelsamstag. Bis zum Ersten Weltkrieg war es üblich, dass die Fleischhauer an diesem Tag ihren Kunden Bratwürste als Geschenk ins Haus brachten.

SALZBURG

▪ In der Stadt Salzburg zählt das Adventsingen im Großen Festspielhaus zu den Hauptattraktionen. An siebzehn Veranstaltungen nehmen alljährlich 40.000 Besucher teil. Die Idee zur stimmungsvollen Volksmusik- und Brauchveranstaltung stammte von Tobi Reiser d. Ä. (1907–1974), das erste offizielle Salzburger Adventsingen fand 1950 vor Ehrengästen statt. 1951 fügte Reiser ein Krippenspiel mit singenden Hirtenbuben dazu. 1952 schloss sich der Dichter Karl Heinrich Waggerl (1897–1973) dem Kreis der Veranstalter an. Nach dem Tod der Begründer des Adventsingens übernahm Tobi Reiser d. J. die Regie und inszenierte das Weihnachtsspiel als Oratorium („A Liacht is aufkemma").

▪ In und um Salzburg ist das angeblich uralte „Wilde Gjoad" seit 1949 fixer Bestandteil des Brauchtumskalenders. Am zweiten oder dritten Donnerstag im Advent erscheinen zwölf Maskenträger in einer Gemeinde am Untersberg. Der jeweilige Veranstaltungsort ist nur Insidern bekannt. Den sagenhaften Hintergrund bildet die wilde Jagd vom Untersberg, wo ein Kaiser (Karl der Große, Friedrich Barbarossa oder Karl V.) auf seine Wiederkehr beim Weltuntergang wartet. Die wilde Jagd besteht aus gefallenen Kriegern, die immer wieder aufgeweckt werden, um weiter zu kämpfen. Ihr Anführer wird mit Wotan / Odin gleichgesetzt. Dazu kommt Frau Percht mit ihrem Gefolge. Weitere Gestalten sind der Vorgeher, Bär und Bärentreiber, Tod, Waldteufel und Moosweibel, Hexe, Riese, Habergeiß, Saurüssel und Hahnengickel. Die Idee zum Umzug stammte von Werner Dürnberger, den ideologischen Überbau lieferte Kuno Brandauer (1895–1980), vor, während und nach der NS-Zeit Leiter der Salzburger Heimatpflege. Die Volkstumsgruppe Jung-Alpenland übernahm die Ausführung mit traditionellen Brauchelementen (Lärm, Glücksspruch, Tanz).

▪ In St. Gilgen (Bezirk Salzburg-Umgebung) rücken, bevor die stillste Zeit anbricht, die Unholde aus. Auf dem Mozartplatz findet die „Perchtenmania" statt, ehe die Kirchenglocken den Advent einläuten und zur Kranzweihe in der Pfarrkirche rufen.

STEIERMARK

▪ In Graz initiierte Viktor von Geramb (1884–1958) während des Ersten Weltkriegs in der neben seinem Volkskundemuseum gelegenen St.-Antonius-Kirche gemeinsam mit Viktor Zack (1854–1939) das heute allseits verbreitete und beliebte Adventsingen. Namhafte Volksliedforscher und Brauchtumspfleger gestalteten die Grazer Adventkonzerte, die jetzt in verschiedenen Pfarrkirchen stattfinden.

▪ In Leoben sind Weihnachtsdorf und Kunsthandwerksmarkt viel besuchte Anziehungspunkte.

Während das bürgerliche Jahr seinem Ende zugeht, beginnt mit dem ersten Adventsonntag das Kirchenjahr. Das Bedürfnis nach chronologischer Aufgliederung des Heilsgeschehens entwickelte sich erst nach der so genannten Konstantinischen Wende: 313 erließ Kaiser Konstantin I. (288–337) das Edikt von Mailand zum Schutz der Christen, sein Sohn Konstantinus II. (317–361) verbot 354 die heidnischen Kulte und ließ

Vor dem Michaelertor der Wiener Hofburg erstrahlt der Kohlmarkt in Festbeleuchtung

sich auf dem Sterbebett taufen. 392 erhob Kaiser Theodosius (347–395) das Christentum zur Staatsreligion. 431 beschäftigte sich das Dritte Ökumenische Konzil in Ephesus mit der Gottesmutterschaft Mariens. Danach wurde der Advent erfunden, der in Rom drei bis vier Wochen dauerte. Die ersten Spuren einer weihnachtlichen Vorbereitungszeit finden sich aber nicht in der römischen Liturgie, sondern in Spanien und Gallien. Diese Länder hatten eine enge Verbindung zur Ostkirche, die das Geburtsfest Christi am 6. Jänner begeht. Das älteste Zeugnis für einen Advent ist die Fastenordnung des Bischofs Perpetuus von Tours (gest. 490). Sie fordert wöchentlich dreimaliges Fasten zwischen dem 11. November (Martin) und 6. Jänner.

Der Advent ist der Fastenzeit nachgebildet: Der „rosa Sonntag" Laetare findet sein Gegenstück im dritten Adventsonntag Gaudete. Zu Ostern feiern die Gläubigen das Triduum (Karfreitag, Karsamstag, Ostersonntag), zu Weihnachten drei Messen. In der Osternacht wie in der Christmette wird die Heilige Nacht besungen. Beiden Hochfesten folgt eine Oktav (Weißer Sonntag / Neujahr), eine Festzeit (sieben / zwei Wochen) und ein Schlussfest (Pfingsten / Lichtmess). Schließlich waren die beiden christlichen Feste wichtige weltliche Termine für Pacht, Zins und Dienstbotenwechsel.

Ein liturgischer Brauch an den Wochentagen bis zum 16. Dezember sind die Roratemessen. Ursprünglich Votivmessen zu Ehren der Muttergottes an den Adventsamstagen, haben sie ihren Namen vom lateinischen Anfang des bekannten Lieds „Tauet Himmel den Gerechten" (Rorate coeli ...). Vielfach verbinden sich nostalgische Erinnerungen an Kerzenlicht und die frühe Beginnzeit mit der Rorate. Jetzt finden diese Gottesdienste in den frühen Morgenstunden oder als Abendmessen statt.

Bräuche in den Bundesländern

NIEDERÖSTERREICH

- Im Stift Herzogenburg (Bezirk St. Pölten) werden an drei Donnerstagen im Advent Roratemessen gefeiert. Sie beginnen um 5.30 Uhr, anschließend sind die Teilnehmer zum Frühstück in der Stiftsküche eingeladen.
- In Wiener Neustadt zählen zur kirchlichen Weihnachtsvorbereitung Roratemessen, Adventkranzbinden, Kranzsegnung und ein Spaziergang zur Waldandacht.

Im Advent pflegt man in vielen Bundesländern einen Umzugsbrauch, der als Anklöckeln (Klöpfeln) bezeichnet wird. Verschiedene Gruppen gehen von Haus zu Haus und erwarten Gaben wie Lebensmittel oder Geld. Damit die Heische-Absicht nicht zu offensichtlich ist, bieten sie Lieder oder kleine Szenen dar, wünschen Glück und Segen. Seit der Mitte des 15. Jahrhunderts ist in Nord- und Südtirol das Anklöpfeln als weltlicher Brauch belegt. Als Klöpfelnächte galten die drei Donnerstage vor Weihnachten. Ursprünglich ein Orakelbrauch – wer zur richtigen Zeit an die Stallwände klopft, hört die Tiere über die Todesfälle des kommenden Jahres reden –, wurde es seit dem 16. Jahrhundert mit dem Gabenheischen verbunden. Brauchträger waren

Kinder, Lehrlinge und arme Leute in unkenntlich machender Maskierung. Die christliche Grundlage des Anklöckelns wird seit der Reformationszeit betont: „Klopft an, dann wird euch geöffnet … wer bittet, der empfängt" (Mt. 7,7–8).

Bräuche in den Bundesländern

KÄRNTEN

- Im Gegendtal, in der Umgebung von Radenthein und am Fresachberg ziehen an den ersten drei Donnerstagen im Advent die Klöckler um und wünschen den Hausbewohnern Glück für das kommende Jahr. Sollte ihr Besuch ausbleiben, gilt das als schlechtes Omen. Die Burschen pochen mit einem Holzscheit an das Haustor. Bevor sie die Klöcklerjause – Äpfel, Nüsse, Kletzen, Speck, Wurst, Brot und Schnaps – bekommen, findet ein ritualisierter Dialog um den Einlass statt. Dieser und die Wünsche werden in Dialektversen vorgetragen.

STEIERMARK

- In Ramsau am Dachstein (Bezirk Liezen) gehen an den drei Donnerstagen vor Weihnachten Kinder und Erwachsene als Josef, Maria, Engel und Hirten verkleidet anklöckeln.
- In Schladming (Bezirk Liezen) hat der Heimatverein um 1995 das Anklöckeln revitalisiert. Kinder der Tanzgruppe ziehen als Hirten verkleidet an den drei Donnerstagen vor Weihnachten um und bieten Lieder, Blockflötenstücke und Gedichte dar.

TIROL

- In Axams (Bezirk Innsbruck-Land) gingen in der Zwischenkriegszeit ärmere Frauen Klöpfelsingen. Sie wünschten Glück und Segen für das neue Jahr oder eine gute Ernte. Beschenkung und Bewirtung waren ebenso Brauchelemente wie der Dialog zwischen Anklöpflern und Hausvater in traditionellen Versen. In den 1950er Jahren griff der Kirchenchor den Brauch zu Gunsten der Kirchenrenovierung auf, dann kam er zum Erliegen. In jüngster Zeit pflegt der Axamer Männerchor die Tradition an den Advent-Wochenenden.

Märkte in der Vorweihnachtszeit zählen, z. B. in Wien, zu den ältesten Stadtrechten (1296, 1396). Im 20. Jahrhundert hat es sich eingebürgert, das Angenehme – Gustieren und Kaufen – mit dem Nützlichen – der Erlös ist für einen guten Zweck – zu kombinieren. Kaum eine Pfarre oder Sozialeinrichtung, die nicht ihren Christkindlmarkt hätte. Mit den in jüngster Zeit entstandenen Punschständen, deren Erträge ebenfalls für karitative Zwecke verwendet werden, haben Wirte und Polizei keine Freude.

Bräuche in den Bundesländern

NIEDERÖSTERREICH

- In Etsdorf-Haitzendorf (Bezirk Krems) sollte ein hehres Ideal verwirklicht werden, nämlich „kitschige" Weihnachtswaren vom Markt auszuschließen. So entstand der Grafenegger Advent im historistischen Schloss. Getragen vom ORF-Landesstudio, entwickelte sich daraus am Wochenende um den 8. Dezember eine publikumswirksame und beispielgebende Massenveranstaltung. Neben dem Weihnachtsmarkt umfasst das Programm Volksmusikalisches ebenso wie Konzerte und Lesungen. Äbte der niederösterreichischen Klöster zelebrieren in der Reithalle Gottesdienste, die von den ORF-Regionalradios übertragen werden.

▪ In Schollach (Bezirk Melk) ist das historische Ambiente auf Schloss Schallaburg Kulisse für einen Adventmarkt mit künstlerischem Programm. Die seit 1997 von der Volkskultur Niederösterreich organisierte Veranstaltung lädt Ausführende aus Nachbarregionen ein, weihnachtliche Bräuche und Musik ihrer Gegend vorzustellen. Weitere Adventmärkte findet man im Stift Altenburg (Bezirk Horn), auf dem Dorfplatz von Biberbach, in Haag in Kombination mit einem musischen Advent, in Seitenstetten (alle Bezirk Amstetten), Weitra (Bezirk Gmünd), Schloss Wilfersdorf (Bezirk Mistelbach) und Ybbsitz (Bezirk Amstetten).

STEIERMARK

▪ In Graz stehen die Christkindlmarkt-Stände am Rand des Volksgartens. Christbaumschmuck, Spielzeug, Süßigkeiten und Kleidung werden angeboten. Ein Weihnachtsmann beschenkt Kinder mit Näschereien.

OBERÖSTERREICH

▪ Neben den vorweihnachtlichen Jahrmärkten in Linz haben sich nach dem Modell des Grafenegger Advents Christkindlmärkte in historischem Ambiente und mit vorwiegend kunsthandwerklichem Angebot etabliert, etwa der Weinberger Advent (1989). Dieser „Advent im Schloss" in der Gemeinde Kefermarkt verzeichnete schon im ersten Jahr 20.000 Gäste.

SALZBURG

▪ Die Tradition des Salzburger Christkindlmarkts reicht zurück bis 1491. Heute zählt er mit sechzig Ständen und 800.000 Besuchern zu den meistfrequentierten Österreichs.

WIEN

In Wien gibt es auf 25.000 m^2 Marktfläche zwei Christkindlmärkte, zwei Dutzend Advent- und Weihnachtsmärkte, 200 Punschhütten und 360 Christbaumplätze. Märkte mit kunsthandwerklichem Angebot befinden sich auf dem Karlsplatz, IV., dem Spittelberg, VII., im Universitäts-Campus, IX., vor Schloss Schönbrunn, XIII.

▪ Auf dem Rathausplatz, I., herrscht seit 1975 der Adventzauber. Zum traditionellen Christkindlmarkt-Angebot gesellen sich moderne Attraktionen, ein Kinderprogramm in der Volkshalle, Konzerte und Ausstellungen. Bekannte Künstler gestalten die Bäume im Rathauspark mit phantasievollem, leuchtendem Schmuck. 📷 Rund drei Millionen Besucher besuchen alljährlich die 150 Stände, die zwischen Mitte November und dem Heiligen Abend täglich von 9 bis 21 Uhr Weihnachtliches anbieten.

▪ Zu großer Popularität hat es der Alt-Wiener Christkindlmarkt auf der Freyung, I., gebracht. Seit 1987 bietet er als winterlicher Bauernmarkt vorwiegend Kunsthandwerk. Musikalische Darbietungen aus ganz Österreich und dem benachbarten Ausland bilden ein nostalgisches Rahmenprogramm.

▪ Ein internationales Event ist der Basar der United Nations Women's Guild im

Vienna International Center, XXII. Hier gibt es Ethnofood, Flohmarkt, internationales Kunstgewerbe und Folkloreshows. Seit 1967 geht der Erlös alljährlich an Kinderhilfsprojekte in aller Welt.

Der Adventkranz ist ein junger Brauch, der aus verschiedenen älteren Elementen entstanden ist: Es gab grüne Zweige als winterliche Zeichen, es gab Kerzen, es gab Kränze, aber diese wurden vorerst weder miteinander noch mit Weihnachten in Zusammenhang gebracht. Den weihnachtlichen Bezug schuf der Begründer der Inneren Mission, Johann Hinrich Wichern (1808–1881). Der evangelische Theologe ließ 1839 im Betsaal des von ihm gegründeten Jugendheims Rauhes Haus einen wagenradgroßen Holzkranz mit 23 Kerzen aufhängen – vier große weiße Kerzen für die Sonntage und 19 kleine rote für die Werktage. In den fünfziger Jahren des 19. Jahrhunderts schmückte Wichern den Kronleuchter im Andachtsraum des Heims mit einem Reisigkranz, der 24 Kerzen trug.

Aus den Städten des protestantischen Nordens kam der Brauch langsam in den katholischen Süden. In Österreich ist der Adventkranz seit den 1940er Jahren bekannt. Der evangelische Reisigkranz vertrug sich gut mit der Lichtsymbolik der katholischen Kirche, die kein Problem sah, eine Segnung dafür zu etablieren. Zur Adventkranzweihe werden Wortgottesdienste, Vorabendmessen und Kindergottesdienste gestaltet. Die Atmosphäre der brennenden Kerzen auf den vielen Kränzen, die von Kinderhänden gehalten werden, verfehlt ihre Wirkung nicht. Gottesdienste dieser Art sind immer gut besucht.

Der Klosterneuburger Liturgiker Pius Parsch bot 1950 in seinem Werkbuch „Adventabend“ eine Reihe von Modellen für die Herstellung und für Feiern rund um den Adventkranz an, für den er rote oder gelbe Kerzen empfahl. Adventkränze in katholischen Kirchen haben oft – in Analogie zur Farbe der Messgewänder – drei violette Kerzen und eine rosa für den dritten Sonntag, während der „evangelische“ Adventkranz vier gleichfarbige Kerzen trägt. Der klassische Reisigkranz wird heute oft von haltbareren Formen aus Stroh und anderen Materialien abgelöst, soweit nicht überhaupt ein frei gestaltetes Gesteck an seine Stelle tritt.

Im weitesten Sinn war Wicherns Ur-Adventkranz ein Adventkalender, der den Kindern die Wartezeit bis Weihnachten verkürzen sollte. Dieser kam etwa gleichzeitig ebenfalls im protestantischen Umfeld auf. In größeren Auflagen gedruckt wurden sie aber erst 1903 in der Lithographischen Kunstanstalt München.

Der damals 24-jährige Firmenteilhaber Gerhard Lang erinnerte sich an einen Familienbrauch seiner Kindheit: Die Mutter nähte vor Weihnachten auf einen Karton 24 Kekse, von denen er jeden Tag einen essen durfte. Er erfand den Adventkalender aus zwei Bogen Papier: Auf einem waren die Tage aufgedruckt, auf dem anderen für jeden Tag ein Bild. Die Kinder schnitten die Bilder aus und klebten sie auf.

Als aktueller Brauch in der Öffentlichkeit entwickelte sich die Dekoration ganzer Fenster, Häuser und Dörfer als Adventkalender für alle. Beispielgebend ist die ORF-Aktion Licht ins Dunkel, in deren Rahmen Kunstwerke versteigert werden. Vergrößerte Reproduktionen der Bilder befinden sich hinter Hausfenstern, von denen sich täglich eines öffnet. Seit 1998 ist das Wiener Rathaus der größte Adventkalender der Welt.

Bräuche in den Bundesländern

BURGENLAND

- In Breitenbrunn (Bezirk Eisenstadt-Umgebung) ist beim Advent im Dorf nicht nur die Kirche festlich erleuchtet, sondern auch hundert Fenster der Häuser, wo phantasievolle Dekorationen angebracht sind.

KÄRNTEN

- In Maria Saal (Bezirk Klagenfurt-Umgebung) steht an jedem der vier Adventsamstage um 17 Uhr das Adventfensteröffnen auf dem Programm.

NIEDERÖSTERREICH

- In Edlitz (Bezirk Neunkirchen) gestalten verschiedene Pfarrgruppen jeden Samstag um 16 Uhr Meditationen mit Texten und Musik im Adventhaus auf dem Hauptplatz.
- Gerasdorf bei Wien (Bezirk Wien-Umgebung) verwandelt sich in einen Adventkalender. Täglich ist ein Fenster entsprechend gestaltet.
- In Markgrafneusiedl (Bezirk Gänserndorf) werden zwischen 1. und 24. Dezember Adventfenster an den Häusern geöffnet.

OBERÖSTERREICH

- In Steinbach an der Steyr (Bezirk Kirchdorf an der Krems) mutiert der Ortsplatz seit 1988 zum Adventkalender. Täglich öffnet sich ein Fenster und gibt Motive mit Tagesbezug (z. B. heilige Barbara) oder Märchenfiguren frei.
- In Weitersfelden (Bezirk Freistadt) wird der Ortsplatz seit 1992 zum Adventkalender für alle.

4. DEZEMBER – BARBARA

Barbara war eine frühchristliche Märtyrerin. Der Legende nach sperrte sie ihr Vater in einen Turm, wo sie auf wunderbare Weise durch die Eucharistie gestärkt wurde. Vom Vater dem Gericht ausgeliefert, wurde sie gemartert und hingerichtet. Barbara zählt zum Kreis der vierzehn Nothelfer und mit Katharina und Margaretha zu den „drei heiligen Madln". Sie ist u. a. Patronin der Bergleute, Gefangenen, Architekten, Artilleristen und gegen plötzlichen Tod.

Am Barbaratag schneidet man Zweige von Kirschen- oder anderen Obstbäumen und wässert sie im warmen Zimmer ein. Wenn sie zu Weihnachten blühen, verheißen sie Glück und Segen. Früher wurden sie als Heirats- und Ernteorakel oder christlich gedeutet: Wie die Knospe die dunkle, enge Hülle sprengt, erwacht der Christ durch die Geburt des Erlösers zu neuem Leben. Die mittelalterliche Legendenliteratur wollte eine Analogie zum grünenden Stab Aarons (Heb 9,4) herstellen und erzählte, dass bei der Übertragung der Reliquien des heiligen Benedikt (480–547) am 4. Dezember 673 Obstbäume, Dornen und Gesträuch Blüten getragen hätten, um dem Heiligen Ehre zu erweisen. Eine andere Deutung bringt die Barbarazweige mit dem Gleichnis vom Feigenbaum (Lk 21,29–31) in Zusammenhang, das am ersten Adventsonntag als Evangelium gelesen wurde.

Bräuche in den Bundesländern

BURGENLAND

- In Neumarkt im Tauchental (Gemeinde Stadtschlaining, Bezirk Oberwart) gehen die Schulbuben am Barbara-Vorabend mit dem Korbatsch (geflochtene Rute) um, wünschen Gesundheit und alles Gute und bekommen etwas Geld.
- In Wiesen (Bezirk Mattersburg) pflegt man das Barbara-Singen.

KÄRNTEN

- In Knappenberg (Gemeinde Hüttenberg, Bezirk St. Veit an der Glan) ist das „Radschlagen", ein spiralförmiger Aufmarsch, Brauch.

NIEDERÖSTERREICH

- In Bad Pirawarth (Bezirk Gänserndorf) ist die heilige Barbara eine der beiden Kirchenpatroninnen. Zu ihrem Festtag bereiten die Frauen der Pfarre Barbarazweige mit einem Segensspruch vor. Er erinnert die Christen, Licht und Hoffnung für andere zu sein. Die geweihten Zweige werden beim Gottesdienst an die Besucher verteilt.
- In Gresten (Bezirk Scheibbs) findet Anfang Dezember eine Barbarafeier in der Pfarrkirche statt.
- In Matzen-Raggendorf (Bezirk Gänserndorf) hat seit den 1950er Jahren eine Barbarafeier der Österreichischen Mineralölverwaltung (OMV) mit Festmesse und Platzkonzert Tradition.

OBERÖSTERREICH

- In Wolfsegg am Hausruck (Bezirk Vöcklabruck) findet die Feier am Sonntag nach dem 4. Dezember statt.

STEIERMARK

- In Altaussee (Bezirk Liezen) führen Männer rund um den Barbaratag zu verschiedenen Terminen Knappentänze (Schwert- oder Reiftänze) auf.
- In Bad Mitterndorf (Bezirk Liezen) werden Barbarazweige verschenkt.
- In Kleinsölk (Bezirk Liezen) lädt eine Marmorfirma ihre Mitarbeiter zu einer Barbarafeier samt Festessen ein.
- In Leoben pflegt die Montanuniversität am Sonntag nächst St. Barbara die Ledersprungfeier. Dieser Bergmannsbrauch ist seit dem 16. Jahrhundert bekannt und kam im 19. Jahrhundert durch Studenten nach Leoben. Bei dem Initiationsritus müssen Neulinge (Bergarbeiter bzw. Studienanfänger) von einem Bierfass über ein von zwei Helfern gehaltenes Bergleder springen. Das halbrund geschnittene Kalbfell war als „Arschleder" ein Teil der Bergmannstracht. Die graduierten Montaningenieure ziehen im schwarzen Bergkittel zum Brunnen auf dem Hauptplatz. Hier gibt jeder der steinernen Brunnenfigur, die einen Bergmann darstellt, einen Abschiedskuss.
- In Öblarn (Bezirk Liezen) feiern die Mitglieder des Bergbauvereins und Stein-

brucharbeiter bei der Schrabachkapelle oder beim renovierten Herrgott in der Walchen ihre Schutzpatronin.

VORARLBERG

- In Hohenems (Bezirk Dornbirn) gedenken Steinbrucharbeiter bei einer Barbara-Messe ihrer verunglückten Kollegen.

6. DEZEMBER – NIKOLAUS

Nikolaus von Myra war Bischof von Lykien, in der Gegend des heutigen Antalya (Türkei). Er nahm am Konzil von Nizäa (325) teil und starb 65-jährig um 350. Er zählt zu den vierzehn Nothelfern und wurde zum Patron zahlreicher Berufe, wie Bauern, Apotheker, Fischer, Studenten, Wirte, der Armen und in jeder Not. Seine Funktion als Gabenbringer erklärt sich aus den zahlreichen Legenden des mildtätigen Heiligen als Retter der ungerecht Verurteilten und Gefangenen: Er habe Studenten zum Leben erweckt, die Opfer habgieriger Wirtsleute geworden waren. Drei junge Frauen habe er vor dem Weg in die Prostitution bewahrt, indem er ihrem Vater des Nachts Goldklumpen schenkte, um den Lebensunterhalt zu sichern. Darauf mag der Brauch zurückgehen, Geschenke abends heimlich in die Schuhe zu stecken.

Das Mittelalter kannte mehrere Kinderbeschenktage in der Weihnachtszeit, doch nicht den Heiligen Abend: den Tag der Unschuldigen Kinder (28. Dezember), seit etwa 1300 den Nikolaustag für Buben und den Luzientag (13. Dezember) für Mädchen. In den Klosterschulen wurde der Knabenbischof (einem Faschingskönig vergleichbar) gewählt, dessen Herrschaft einen Tag dauerte. Mit dem Schülerpatronat steht der Brauch des Examinierens und Katechisierens der Kinder in Zusammenhang. Auch die Rute als Erziehungsmittel wurzelt im mittelalterlichen Schulmilieu. Die „Rute im Fenster" lebt als Redensart und als Zuckerlrute weiter.

Der Krampus, eine pelzige Teufelsgestalt mit Krallen (Krampen), die den Kindern mit Kettenrasseln, Rute und Butte drohte, erschien – zwischen dem 16. und 19. Jahrhundert – als Gegenfigur mit dem Heiligen. Die Kette erinnert an den gefallenen und in der Hölle angeketteten Engel Luzifer (früher trugen auch die Kramperln Flügel). Während in der Gegenwart spektakuläre Krampus-Shows ein zahlreiches Publikum finden, verklei-

„Hallo, hallo, wer kommt denn do? Der Krampus und der Nikolo!"

den sich Verwandte, Eltern oder professionelle Rollenspieler als Nikolo. Die Katholische Jungschar setzt sich für eine gute Ausbildung der Nikoläuse ein und appelliert Jahr für Jahr, die Güte des Heiligen – und nicht das Angstmachen – in den Mittelpunkt zu stellen; auf den Krampus möge man verzichten.

Nach einem Besuch im Tiroler Skigymnasium Stams am 5. Dezember 2002 wurden drei maskierte Krampusse von Schülerinnen der Nötigung angeklagt. Sie hatten die Mädchen begrapscht und mit einem Ruß-Öl-Gemisch am Körper beschmiert. Weil sie die Opfer vor Gericht nicht identifizieren konnten, wurden die Burschen im Zweifel freigesprochen. (ORF.at/Tirol, 17. 4. 2003)

Bräuche in den Bundesländern

BURGENLAND

▪ In Deutsch-Kaltenbrunn (Bezirk Jennersdorf) wird am 6. Dezember oder am folgenden Sonntag der Nikolo-Kirtag begangen.

▪ In Königsdorf (Bezirk Jennersdorf) gehen Krampusgruppen durch den Ort.

▪ In Lutzmannsburg (Bezirk Oberpullendorf) kommt der Nikolaus mit einer Kutsche.

▪ In Stoob (Bezirk Oberpullendorf) gehen Kinder und Jugendliche als Krampusse verkleidet in die Häuser, bringen kleine Geschenke und erwarten Geldspenden.

KÄRNTEN

▪ In Kärnten gibt es eine Reihe von Krampus- und Perchtengruppen, so die Welzenegger Perchtengruppe, die vierzehn Schiachperchten aus Klagenfurt-St. Martin, die Perchtengruppe Klein St. Veit bei Feldkirchen, die 45 Teufel der Perchtengruppe Spittal an der Drau, die Moosburger Schiachperchten mit Hexen, Tod und Habergeiß, den Brauchtumsverein der Latschacher und Veldener Bartlgruppe, die Suetschacher Krampusse oder die 1995 entstandene Brauchtumsgruppe Techelsberg. Oft veranstalten Sportvereine professionelle Krampus-Shows mit Bühnen und Lichteffekten wie in einer Diskothek. Sie reisen mit mehreren Lkws zu ihren Engagements, auch ins Ausland. Trotzdem betonen die jugendlichen Mitglieder der in den letzten Jahren entstandenen Gruppen, Tradition und Brauchtum verpflichtet zu sein. Kostüme (aus echtem Fell) und geschnitzte Masken beziehen sie zumeist aus Slowenien.

▪ In Haimburg (Gemeinde Völkermarkt) kündigen Glocken und Schellen das Kommen des Nikolausumzugs an, der bei einzelnen Häusern einkehrt. Er besteht aus dem Gendarm, einem Bajazzo im hellroten, mit vielen kleinen Schellen bestückten Gewand, St. Nikolaus, dem Kaplan, Knecht Ruprecht (Ruppe), der den Geschenkkorb auf dem Rücken trägt, und dem Tod. Kaum hat der Nikolaus den Raum verlassen, kommen die Bartl, die die Kinder erschrecken und mit Ruten schlagen.

▪ In Oberdrauburg (Bezirk Spittal an der Drau) begann die neue Bartl-Tradition 1963 mit geliehenen Kostümen aus Osttirol. Seither schnitzte der ortsansässige Bildhauer Kurt Glanzer dutzende Bartelmasken. Seit 1989 gibt es ein eigenes Perchten- und Brauchtumsmuseum. Unterstützung erhielt der Brauch auch durch die Rainerwirtin Elisabeth Lilla. Der Gasthof ist der Treffpunkt für den Bartellauf, der am 5. Dezember zwischen 17 und 22 Uhr stattfindet. Vorläufer sind schon an den Vorabenden mit Glocken und Schellen lärmend unterwegs.

- In St. Veit an der Glan bestaunen Tausende den Zug des Nikolaus und der Krampusgruppen aus ganz Kärnten zum Rathaus, wo die Kinderbescherung stattfindet.

NIEDERÖSTERREICH

- In Haag (Bezirk Amstetten) findet ein Fest auf dem Hauptplatz statt. Einige Väter besuchen als Nikolaus verkleidet die Kinder der Pfarrangehörigen.
- In Haslau-Maria Ellend (Bezirk Bruck an der Leitha) gehen Jugendliche als Nikolo und Krampus um.
- In der Gemeinde Hohe Wand (Bezirk Wiener Neustadt) gibt es eine öffentliche Kinderbeschenkung auf dem Dorfplatz.
- In Kaumberg (Bezirk Lilienfeld) folgt der Nikolausfeier ein Krampusrummel.
- In Laa an der Thaya (Bezirk Mistelbach) organisieren die Pfadfinder einen Nikolausumzug.
- In Mönichkirchen (Bezirk Neunkirchen) reitet der Nikolaus ein, und eine Krampusgruppe zieht um.
- In Pernitz (Bezirk Wiener Neustadt) ist Nikolaus der Patron der Pfarre, die einen feierlichen Gottesdienst veranstaltet und Kinder mit Gebäck beschenkt. Der Nikolaus besucht einheimische ebenso wie Gastarbeiterkinder.
- In Röschitz (Bezirk Horn) gehen Ministranten als Nikolo und Kramperln in verschiedene Häuser und bringen kleine Geschenke für die Kinder mit. Zum Patrozinium (Nikolaus) gibt es einen Festgottesdienst.
- In Spitz (Bezirk Krems) begeht man das Nikolausfest ab 16.30 Uhr in der Pfarrkirche und mit dem Schifferlsetzen an der Donaulände. Der Singkreis Spitz wirkt um 19 Uhr bei der Schiffermesse in Schwallenbach mit.
- In Wiesmath (Bezirk Wiener Neustadt) begleiten Krampusse hoch zu Ross den Nikolaus, der in einer Kutsche einzieht.

OBERÖSTERREICH

- In Königswiesen (Bezirk Freistadt) veranstaltet der Turnverein Union am 6. Dezember ab 17 Uhr einen Krampusrummel auf dem Marktplatz.
- In St. Nikola an der Donau (Bezirk Perg) wird am 6. Dezember – zum Gedenken an die verunglückten Schiffer – in der Donau ein Kranz versenkt. Der Nikolaus kommt auf einem Schiff.
- In St. Roman (Bezirk Schärding) gehen am 5. und 6. Dezember Schwarze (Gruppe rußgeschwärzter Teufel, Habergeiß, Tod) und Weiße durch den Ort. Letztere tragen weiße Kleidung, Larven und Spitzmützen mit bunten Bändern. Der Nikolaus (Midlao) kam erst 1942 dazu; seit neuestem gehen auch Perchten mit. Zuerst betreten die Weißen das Haus. Die Habergeiß setzt sich unter den Tisch und zwickt alle in die Beine. Nach der Bescherung tritt der Schnitter Tod ein.
- In Windischgarsten (Bezirk Kirchdorf an der Krems) hat Schulrat Rudolf Kusche (gest. 1986) mit Hilfe des Trachtenvereins D' Garstnertaler in den 1950er Jahren den Niglo-Umzug wieder belebt. Als Grundlage dienten ihm die Erinnerungen einer alten Bäuerin und eine Illustration aus dem 19. Jahrhundert. 2002 inszenierte Jörg Strohmann mit diesem in eine Rahmenhandlung eingebauten Text ein Stubenspiel.

SALZBURG

Im Bundesland Salzburg gibt es mehr als 180 Krampus- und Perchtengruppen. Die meisten entstanden in jüngster Zeit. Im

20. Jahrhundert wuchsen die Masken ins Monströse, Brauch-Inhalte werden historisierend und folklorisierend interpretiert. Die Zielsetzungen der Gruppen reichen von Traditionspflege bis Eventkultur. Um 1900 vermischten und verklärten Laienforscher drei Erscheinungsformen: Frau Percht (Berchte), die vermutlich auf die katholische Katechese des 8. Jahrhunderts zurückgeht, die Schön- und Schiachperchten, deren Zeit als Rügegestalten der Fasching ist, und St. Nikolaus mit seinem teuflischen Gefolge. Die nationalen Romantiker, die naturmythische und germanische Wurzeln suchten, sahen darin Wotans Heer. Hingegen belegen historische Quellen, dass die Kirche im Mittelalter das religiöse Predigttheater förderte und entsprechende Bräuche guthieß. St. Nikolaus als Gabenbringer für die Guten fand sein bedrohliches Pendant im Krampus. In der Barockzeit, als sich das teuflische Theater immer mehr verweltlichte und verselbstständigte, verboten die

Obrigkeiten die – von ihr nun als unzeitgemäß und unmoralisch beurteilten – Bräuche. Seit den 1980er Jahren boomen die Krampusperchten. Männliche Brauchtumsgestalten in Fellkostümen und schweren Holz- oder Kautschukmasken rasseln mit Ketten, schlagen mit Peitschen wild um sich und rasen grölend durch die Straßen.

▪ Im Gasteiner Tal bestanden einige Krampuspassen (Pass: zusammenpassen verschiedener Gestalten) seit den ersten Nachkriegsjahren (Basetti-Pass, Badgastein, Gruber-Pass, Böckstein, Laderdinger-Pass, Bad Hofgastein). Die meisten der – nun über achtzig – Gruppen kamen in den siebziger und achtziger Jahren des 20. Jahrhunderts dazu. Die Gasteiner Krampusmaskenschnitzer haben eigene Stile entwickelt: Der Badgasteiner Kopf aus Zirbenholz ist schwarz oder braun gefärbt, hat eine ausgeprägte Mund- und Nasenpartie und trägt Ziegenbock- oder Widderhörner. Die Bad Hofgasteiner Masken wirken dagegen eher fratzenhaft.

▪ In allen größeren Orten des Pinzgaus und Pongaus finden zwischen 4. und 6. Dezember Krampusläufe, Krampusrummel, Nikolauseinzug oder Krampustreiben um ein Feuer in der Ortsmitte statt. Wie die Schiachperchten, die jetzt schon im Advent ausrücken, sind Krampusse zur unverzichtbaren Touristenattraktion geworden.

▪ In Oberndorf bei Salzburg (Bezirk Salzburg-Umgebung) beginnt mit dem Nikolaustag das Anklöckeln. Vor dem Ersten Weltkrieg besuchten die Schiffleute die Bauernhöfe, trugen Lieder vor und erhielten Lebensmittel. 1924 belebte der Lehrer Hermann Rasp den Brauch

mit seinen Schülern und Pfadfindern. Sechs Pfadfinder, bekleidet mit Walkjankern, Spitzhüten, Lederhosen und dicken Socken, gehen mit einer 1935 angefertigten Drehkrippe heischen. 1996 kam mit dem Krampuslauf ein neuer Brauch in den Ort. Dazu gehört ein Hexentanz um den Weihnachtsmarkt und auf der Brückenstraße. Initiator war der Maskenschnitzer Wolfgang Oberer, der die Schöffleutpass gründete.

▪ In Pfarrwerfen (Bezirk St. Johann im Pongau) begründete der Maskenschnitzer Helmut Brandecker 1989 einen Perchtenzug. Der Krampuslauf zählt über zweihundert Mitwirkende, seit sich auswärtige Schiachperchtengruppen und die Stainacher Glöckler den fünfzehn Pfarrwerfener Schiachperchten angeschlossen haben.

▪ In St. Johann im Pongau organisiert die Perchtengruppe seit 1950 Umzüge mit 17 Schönperchten. Die älteste Maske stammt aus dem Jahr 1892.

▪ In Wagrain (Bezirk St. Johann im Pongau) hat Elisabeth Kornhofer 2000 das Saisonwendfeuer als Gemeinwesenorientiertes Projekt kreiert. Alle 26

Strohmänner sind die Vorboten des Mitterndorfer Nikolospiels

Vereine der Marktgemeinde wirken bei dem neuen Fest mit, das sich traditioneller Elemente bedient und diese weiterentwickelt: Laterne, Wunschholz, Feuer, Steine, Speisen. Am Sonntag nach dem 6. Dezember wird die Wintersaison von Einheimischen und Gästen durch ein gemeinsames Ritual begrüßt.

STEIERMARK

■ In Bad Mitterndorf (Bezirk Liezen) tritt die Nikologruppe am 5. Dezember in verschiedenen Gasthäusern, im Postamt und in der Disko auf. Vorboten sind Strohmänner mit Hörnern (Schab) 📷, die mit Peitschen den Weg frei machen. Es folgen Polizist, Nachtwächter, Schimmelreiter und der Bartl mit einer lächelnden Maske und einem Korb voll Süßigkeiten. Mesner mit den Klingelbeuteln, Engel und der Rollenträger mit der Rute bilden die zweite Gruppe. Nun erscheint Nikolaus mit dem Pfarrer, Bettelmann, Tod, Habergeiß und Schmied. Den Abschluss bilden Luzifer mit seinem Gefolge 📷 und der Jäger, der für Ordnung sorgen soll. Das Spiel umfasst mehrere Szenen, u. a. vom unbußfertigen Bettler und vom Eheteufel. Schon Tage vor dem Spiel probieren kleine Buben in Krampuskostümen die Rolle. Wer sich auf der Straße befindet, den schlagen sie mit Ruten, wer auf dem Gehsteig bleibt und nur zusieht, wird in Ruhe gelassen. In Obersdorf treffen sich dreißig bis vierzig Männer zum Nikolozug, der über Knoppen nach Kainisch führt. Eine zweite Gruppe zieht von Krungl nach Bad Mitterndorf, eine dritte kommt aus Tauplitz.

■ In Donnersbachwald (Bezirk Liezen) hat 1861 der Lehrer und Heimatforscher Karl Reiterer das nikolospiel aufgezeich-

net. Vierzig der 350 Bewohner des Bergdorfs wirken mit. Ursprünglich zog eine kleine Spielgruppe von Hof zu Hof, jetzt findet das Hereinrufspiel auf dem Dorfplatz statt. Es umfasst mehrere Teile: Auftritt, Sommer- und Winterspiel; Prüfung und katechetische Belehrung durch Nikolaus und Kaplan; Luzifer und Eheteufel; Szene mit Schimmel, Bauer und Jud; Bettlerbeichte und Rettung durch die Engel.

■ In Großsölk (Bezirk Liezen) gehen Kinder und Jugendliche als Stoana-Pass durch den Ort, ein als Nikolaus verkleideter Erwachsener begleitet sie.

■ In Kleinsölk (Bezirk Liezen) wird seit einigen Jahren das Gröbminger Krampusspiel von Walter Thorwartl aufgeführt. Nikoläuse und Krampusse kommen in die Häuser, um die Kinder mit Süßigkeiten und Orangen zu beschenken.

- In Lassing (Bezirk Liezen) führt man das Krampusspiel alle vier Jahre auf.
- In Mariazell (Bezirk Bruck an der Mur) fertigen die Kinder Nikolausschiffchen (Schinakel) aus Karton, die von den Verwandten mit Süßigkeiten gefüllt werden.
- In Öblarn (Bezirk Liezen) führt eine Gruppe das Nikolo- und Krampusspiel auf dem Hauptplatz auf, eine andere zieht von Hof zu Hof. Die Gestalten sind Nikolaus, Luzifer, Tod, Jäger, Krampusse, Schab, Habergeiß, Bauern, Schmied, Moosmanndl und Grassmanndl. Das Spiel, das jenen in Donnersbachwald und Bad Mitterndorf ähnelt, ist hier seit dem 19. Jahrhundert überliefert.
- In Schladming (Bezirk Liezen) findet der größte Krampusumzug statt. Veranstalter ist die Bauer-Pass um Rudolf Bauer. Nikolaus befragt die Kinder und belohnt die braven; der zottige Krampus mit Furcht erregender Maske, mit Ketten und Glocken behängt, schreckt die schlimmen. Mit von der Partie sind Engel, Hexen und Moosmandl. Der Umzug führt durch die Vorstadt zum Hauptplatz.
- In St. Gallen (Bezirk Liezen) erinnert alle zwei Jahre (2003, ...) das Nikolausspiel an die alten Berufe der Ennsflößer und Hammerschmiede: Nikolaus kommt auf einem Floß; die Hammerschmied-Teufel tragen über dem schwarzen Pelz Lederschurze.
- In Tauplitz (Bezirk Liezen) wird das Nikolausspiel mit dem Sommer- und Winterspiel dargeboten.

TIROL

- In Matrei in Osttirol (Bezirk Lienz) erfreut sich am Vorabend des Nikolaustags das Klaubaufgehen ungeahnter Beliebtheit, 200 Personen gehen mit. Die Klaibaife, maskierte Begleiter des Nikolaus, tragen ein weißes, braunes oder schwarzes Fell, eine grobe Larve aus Holz oder Metall und Glocken. Nachrichten über den Brauch gibt es aus den Jahren 1736, 1744 und 1816. Um 1920 kamen geschnitzte Masken auf, bei denen die Augen des Trägers durch die Nasenlöcher schauen. In jüngster Zeit wurde der Umzug in einigen Gemeinden neu eingeführt. So ziehen in ganz Osttirol ab dem 3. Dezember Nikolaus und Klaibaife um. In einzelnen Häusern befragt der Nikolaus die Kinder, zwei Engel beschenken sie. Lotter und Litterin heischen um Geld und tanzen zur Musik des Spielmanns. Der Klaubauf will die Zuseher auf den Rücken werfen. Die größte Schande war es für den Hausherrn, wenn es den wilden Gestalten gelang, seinen Tisch aus der Stube zu ziehen (Tisch zoichen).

VORARLBERG

In Vorarlberg gilt der 6. Dezember als Halbfeiertag, Nikolausmärkte sind gut besucht. Aus dem Nikolaus wird Klos, begleitet von Knecht Ruprecht. Dem Gabenbringer dient das Kerbholz (Klosaholz) zur Kontrolle der Gebete der Kinder. Die Jugendlichen haben wenig Respekt und necken ihn (Klösfuxa).

8. DEZEMBER – MARIÄ ERWÄHLUNG (MARIÄ EMPFÄNGNIS)

Das Hochfest der Unbefleckt Empfangenen Gottesmutter Maria (Mariä Empfängnis) ist das am meisten missverstandene Fest. Der Feiertag hat nichts mit der immer währenden Jungfräulichkeit der Muttergottes zu tun, die seit dem 4. Jahrhundert lehramtlich festgelegt ist, sondern mit ihrer Erbsünde-Freiheit. Gegenstand des Festes ist der Glaube, dass Maria „durch ein einzigartiges Gnadenprivileg des allmächtigen Gottes im Hinblick auf die Verdienste Christi Jesu, des Erlösers des Menschengeschlechtes, von jedem Makel der Erbsünde unversehrt bewahrt worden ist", wie Papst Pius IX. 1854 definiert hat. Sein Dogma untermauerte den Feiertag. In Österreich wurde dieser nach dem Zweiten Weltkrieg aufgrund einer Unterschriftenaktion mit 1,5 Millionen Unterzeichnern wieder eingeführt. Dreißig Jahre später begannen die Diskussionen um den 8. Dezember als Einkaufstag. 1990 erfolgte die Gesetzesänderung, die das Offenhalten der Geschäfte zu Mariä Empfängnis ermöglicht. Häufig werden auch Weihnachtsmärkte abgehalten.

Bräuche in den Bundesländern

OBERÖSTERREICH

- In Königswiesen (Bezirk Freistadt) gibt es um den 8. Dezember auf dem Kirchenplatz einen großen Christkindlmarkt und im Pfarrheim eine Krippenschau.

13. DEZEMBER – LUCIA

Lucia von Syrakus (gest. um 303), seit dem Altertum eine der beliebtesten Heiligen, zählt zu den frühchristlichen Märtyrerinnen, über deren Leben und Sterben sichere Nachrichten fehlen. Ihre Darstellung findet sich im 6. Jahrhundert im Zyklus der Jungfrauen eines Mosaiks in Ravenna (Italien). Bis zur gregorianischen Kalenderreform 1582 galt ihr Tag als Mittwintertag. Es war ein wichtiger Termin im Rechts- und Schulwesen. Das Fest zog Glaubensvorstellungen der Wintersonnenwende und des Jahreswechsels auf sich. Zu Hause stellte man eine Kerze in die Mitte eines Tellers, in dem man Getreidekörner angesät hatte. Vom Luzientag bis Weihnachten wächst der Weizen spannenhoch. Aus der Art, wie die Tellersaat gedieh und wie der Luzienschein der Kerze aussah, wurden Orakel abgeleitet. Lucia wird aufgrund ihres Namens mit dem Licht (Lux) in Zusammenhang gebracht und ist eine Patronin des Augenlichts.

Bräuche in den Bundesländern

BURGENLAND

- In Unterwart (Bezirk Oberwart) gehen weiß gekleidete Kinder (Luzeln) mit guten Wünschen heischend von Haus zu Haus.
- In Zagersdorf (Bezirk Eisenstadt-Umgebung) setzt man Luzienweizen als Tellersaat an. Zu Weihnachten werden die bis dahin zirka 12 Zentimeter hohen Halme mit einem roten Band umwunden und mit Beugel und Rosenkranz auf den Tisch gestellt.

NIEDERÖSTERREICH

- In Sulz im Wienerwald (Gemeinde Wienerwald, Bezirk Mödling) feiern die Kinder beim Wortgottesdienst ein Luziafest.

STEIERMARK

- In den Bezirken Fürstenfeld, Hartberg und Weiz kommt die Pudlmutter. Sie hat Kletzen und Nüsse in ihrer Schürze, die sie den Kindern überlässt.

WIEN

- Einzelne Schulen, Pfarren (z. B. Krim, XIX.) und Kindergärten (z. B. Neu-Ottakring, XVI.) veranstalten Luzienfeste, bei denen das Lichtsymbol eine Rolle spielt.

DIE VORWEIHNACHTLICHE WOCHE

Der typische Brauch an den neun Abenden vor dem Heiligen Abend ist die Herbergssuche. Es geht um die nicht-biblische Szene, bei der ein hartherziger Wirt Josef und der schwangeren Maria den Einlass verweigert. Der Brauch, der seit dem 16. Jahrhundert von den Jesuiten verbreitet wurde, besteht darin, ein Marienbild oder eine Statue jeden Abend zu einer anderen Familie zu tragen, wo man sich zum (Rosenkranz)gebet versammelt.

Bräuche in den Bundesländern

OBERÖSTERREICH

Gemeinden, in denen die Herbergssuche gepflegt wird, sind u. a. Alberndorf in der Riedmark und Oberneukirchen (beide Bezirk Urfahr-Umgebung).

- In Steinbach am Ziehberg (Bezirk Kirchdorf an der Krems) ist seit 1945 das Frauenbildtragen ein Nachbarschaftsbrauch: Die Erwachsenen tragen, einen Rosenkranz betend, ein Marienbild in ein Haus. Kinder mit Kerzen und Laternen begleiten sie und bitten um Einlass: „Wir suchen eine warme Kammer für eine Mutter und ihr Kind, die ausgewiesen in den Jammer und überall vertrieben sind." Die Hausfrau lädt sie mit einem Spruch zum Weiterkommen ein. Gemeinsam wird nach alten Texten gebetet und gesungen. Man setzt sich zusammen, plaudert, genießt Äpfel, Nüsse und Most. Am nächsten Tag wird das Bild abgeholt und zu einer anderen Familie gebracht.

SALZBURG

- In Oberndorf bei Salzburg (Bezirk Salzburg-Umgebung) führte das Lehrer-

Ehepaar Hermann und Klara Rasp 1934 das Frauenbildtragen ein. Eine Gruppe Frauen und Mädchen bringt ein 200 Jahre altes Bild zu verschiedenen Familien, wo es auf einen geschmückten Platz gestellt wird. Bei ihrem Besuch trägt die Gruppe, die mit Kerzen unterwegs ist, religiöse Lieder und Gedichte vor. Die erhaltenen Spenden gehen an die Pfarrcaritas.

21. DEZEMBER – THOMAS

Der Apostel Thomas wird in den Evangelien mehrfach erwähnt. Am bekanntesten ist die Szene vom ungläubigen Thomas, der an der Auferstehung zweifelt und von Jesus eines Besseren belehrt wird (Joh 20,24–29). Nach der Überlieferung hat Thomas in der Gegend des heutigen Irak missioniert und in der Nähe von Madras (Indien) den Märtyrertod gefunden. Thomas ist der Patron von Ostindien, Portugal, der Architekten und des Baugewerbes.

In Nag Hamadi (Ägypten) entdeckte man 1945 ein vollständiges Exemplar des Thomas-Evangeliums: eine Sammlung von Jesusworten, die schon um das Jahr 70 entstanden sein dürfte und laut Vorwort von Thomas verfasst wurde.

Das Fest des heiligen Thomas wurde bis 1969 am 21. Dezember gefeiert und dann auf den 3. Juli, den Translationstag der Reliquien, verlegt. Die alte Thomasnacht als längste Nacht des Jahres gab Anlass, (Heirats)orakel zu befragen und Kinder mit Striezeln zu beschenken. Mit der Thomasnacht (oder mit Weihnachten) beginnen die bis Dreikönig dauernden Rau(h)nächte oder „Zwölften".

Bräuche in den Bundesländern

STEIERMARK

- Im Ennstal trifft man sich zum Lösseln oder Hütelheben: Unter neun Hüten werden Symbole – Ring, Schlüssel, Puppe, Geld, Wanderbinkerl, Kamm, Buch, Polster und Brief – versteckt. Hat jemand drei Mal denselben Gegenstand gezogen, gilt dies als Orakel.
- In Gams bei Hieflau (Bezirk Liezen) kommt am Vorabend der Thomasniglo mit seinem Gefolge. Der weiß gekleidete Thomas trägt ein Gestell mit brennenden Kerzen (Hiefler). Ein Greis, der Nikolo, die Gaben bringende Niglofrau, Sackträger, Krampusse (Rauchn) und eine Vogelpercht (Thomashutze) treten ebenfalls auf. Der in Fell gehüllte Kinderschreck mit einem langen Schnabel kauert auf dem Boden. Früher sagte man, er nehme die schlimmen Kinder mit.

WEIHNACHTEN:
24. DEZEMBER – HEILIGER ABEND
25. DEZEMBER – HOCHFEST DER GEBURT DES HERRN

Wann Jesus geboren wurde, ist nicht bekannt. Das Fest seiner Geburt ist in der Stadt Rom entstanden und für den 25. Dezember 336 historisch belegt – eine Reaktion der römischen Christengemeinde auf das staatliche Geburtsfest des „unbesiegten Sonnengottes" (Natale Solis Invicti), das Kaiser Aurelian im Jahr 274 zu Ehren des syrischen Sonnengottes von Emesa eingeführt hatte.

Bräuche in den Bundesländern

In der Nachkriegszeit hat sich allgemein das Turmblasen vor der Mette eingebürgert, meist wird auch „Stille Nacht" gespielt.

BURGENLAND

- In Frankenau-Unterpullendorf (Bezirk Oberpullendorf) erhalten Kühe und Pferde nach der Mette Brot als Maulgabe.

NIEDERÖSTERREICH

- In Frankenfels (Bezirk St. Pölten) ist die Pferdesegnung zu Weihnachten ein junger Brauch. Er findet am Morgen statt, bevor der Reiterverein das Friedenslicht aus Bethlehem bringt.
- In Pernitz (Bezirk Wiener Neustadt) ertönt zu Weihnachten Blasmusik vom Sebastianikogel.

OBERÖSTERREICH

- In Ebensee (Bezirk Gmunden) beginnt der Weihnachtsabend mit der Vesper, die kirchenmusikalisch gestaltet wird. Beim folgenden Friedhofsbesuch spielt eine Bläsergruppe alte Hirten- und Krippenlieder.
- In Gmunden erfand die Wasserrettung 1966 das Christbaumtauchen. Ein Bäumchen, auf dem, durch eine Lkw-Batterie gespeist, zahlreiche Lichter brennen, wird auf einer Taucherplattform aufgestellt. Den Brauch, der im Rahmen der Weihnachtsfeier der Mitglieder stattfindet, haben zahlreiche Taucherschulen und Sportvereinigungen übernommen, u. a. in Attersee (Bezirk Vöcklabruck), Großraming (Bezirk Steyr-Land), Schärding, Schörfling am Attersee (Bezirk Vöcklabruck) und Steyr. Er hat auch in anderen Bundesländern, z. B. am Neufelder See im Burgenland, Nachahmer gefunden.

SALZBURG

- In St. Gilgen (Bezirk Salzburg-Umgebung) findet um 14 Uhr in Abersee/Bugleiten das Weihnachtsschießen und Stille-Nacht-Blasen der Aberseer Bläser statt. Um 15.30 Uhr beginnt der Gottesdienst in der St.-Konrad-Kirche in Abersee und um 23 Uhr die Christmette. In St. Gilgen selbst gibt es um 8 Uhr die Männerrorate, um 16.15 Uhr eine Krippenfeier, um 17 Uhr das Turmblasen und die Mette um 23 Uhr.
- In Strobl (Bezirk Salzburg-Umgebung) beginnt das Weihnachtsschießen auf der Hochfeldwiese in Gschwendt um 13 Uhr. Um 15.45 Uhr nehmen die Prangerschützen an der Seepromenade Aufstellung. Um 16 Uhr findet in der Pfarrkirche eine Andacht mit volksmusikalischer Gestaltung und Turmblasen statt, um 24 Uhr folgt die Christmette, mitgestaltet vom Kirchenchor.
- In Oberndorf (Bezirk Salzburg-Umgebung) ist seit 1952 eine Gedenkfeier in der Stille-Nacht-Kapelle Brauch. In der alten Pfarrkirche, die sich bis 1899 an dieser Stelle befand, erklang 1818 das berühmte Weihnachtslied zum ersten Mal. Angehörige der Liedertafel, die Anklöckler, Goldhaubenfrauen, Schiffer in Uniform, Ministranten und Pfadfinder kommen mit Fackeln von Arnsdorf nach Oberndorf. Um 17 Uhr kündigen die Laufener Feuerschützen, Kirchenglocken und Trompetenklänge den Beginn der Feierstunde an. Zu den Programmpunkten zählen Kranzniederlegung, Ansprache, Lesung aus dem Weihnachtsevangelium, Gedichte und musikalische Darbietungen. Schließlich singen zwei Solisten mit Gitarrebegleitung das bekannte Weihnachtslied, und die Besucher in der dunklen Kapelle stimmen ein.

Im Zentrum der religiösen Bräuche steht die Christmette. Mette ist die einge-

deutschte Bezeichnung von Matutin, das klösterliche Stundengebet um Mitternacht. Nach dem Vorbild der Osternacht zelebrierte man zu Weihnachten zwischen 21 und 3 Uhr einen Gottesdienst. In der Nacht zum 6. Jänner feierte man in der Geburtskirche in Bethlehem die Eucharistie und zog in Prozession nach Jerusalem zurück. Diesen Brauch übernahm der Papst, seit sich in der römischen Kirche Santa Maria Maggiore eine Nachbildung der Geburtsgrotte mit Reliquien befindet. So kam zur üblichen Frühmesse in St. Peter die Mitternachtsmesse.
Einflussreiche Persönlichkeiten der Gegenreformation wie der Theologe, Dichter und Komponist David Gregor Corner (1585–1648) waren überzeugt, mit Musik und szenischen Darstellungen die katholischen Christen im rechten Glauben zu stärken. Er veröffentlichte mehrere Gesangbücher, darunter 1648 die „Geistliche Nachtigal in Wien". Darin finden sich die beliebten Hirtenmusiken zur Mette, wobei die mit Wasser gefüllten tönernen Nachtigallenpfeifen wie Vogelstimmen jubilierten.

Bräuche in den Bundesländern

STEIERMARK

▪ In Kleinsölk (Bezirk Liezen) ziehen die Bauern mit Laternen am Nachmittag zur Kirche nach Stein. Immer mehr Bewohner schließen sich dem Zug an. Im Gotteshaus machen sie einen Opfergang um den Altar, bevor sie an der Christmette teilnehmen.

Das Krippenspiel am Anfang der Mette kam wohl um 1200 im französischen Rouen auf. Ein als Engel verkleideter Chorknabe kündigte die Geburt Christi an, Kleriker spielten die Hirten. Sie näherten sich in Prozession einer im Chorraum aufgestellten Krippe. In der Barock- und Biedermeierzeit waren daraus volkstümliche und fröhliche Darbietungen geworden, mechanische Krippen und Marionetten spielten in der Kirche. Außerhalb der Gotteshäuser boten Puppentheater Weihnachtsszenen dar.

Bräuche in den Bundesländern

KÄRNTEN

Krippenspiele in slowenischer Sprache – mit slowenischen Weihnachtsliedern – gehen auf den Kärntner Dichter Andrej Drabosnjak (1768–1852) zurück. Um 1800 wurde das Gierten Shpil (Hirtenspiel) unter seiner Regie aufgeführt. In der zweiten Hälfte des 19. Jahrhunderts gab es drei Spielgruppen, die mit ihren Requisiten in verschiedene Orte kamen.

NIEDERÖSTERREICH

▪ In Traismauer (Bezirk St. Pölten) führt das Heimatmuseum, das auch das Traismaurer Kripperl aufbewahrt, das Krippenspiel in der Adventzeit auf. Texte und Chorlieder, die auf das Jahr 1810 zurückgehen, hat der Volksmusikforscher Raimund Zoder (1882–1963) im Ersten Weltkrieg aufgezeichnet. Die ursprünglichen Wachsfiguren wurden 1931 durch ähnliche, geschnitzte ersetzt und 1969 der Bühnenkasten erneuert. Das Spiel umfasst sieben Szenen in verschiedenen Kulissen: Natur, orientalische Stadt, Verkündigung, römischer Tempel, Herodesszene, Krippe mit den drei Königen. In der letzten Szene singen Köchin, Rauchfangkehrer und Lumpensammler Gstanzln auf dem Traismaurer Hauptplatz.

OBERÖSTERREICH

- In Bad Ischl (Bezirk Gmunden) wird alle vier Jahre im Kurhaus ein Krippenspiel aufgeführt. Die Handlung spannt sich von den Verheißungen der Propheten bis zur Anbetung der Könige. Die Hirten und ihre Frauen besuchen das Jesuskind. Das Spiel steht in der Tradition des von den Traunkirchner Jesuiten geförderten und in den nahe gelegenen Klöstern Kremsmünster und Lambach in Szene gesetzten geistlichen Theaters. Als ältestes religiöses Volksschauspiel Oberösterreichs soll es 1654 aufgezeichnet worden sein. Der St. Florianer Chorherr Wilhelm Paller ließ es 1880 drucken, 1922/23 wurde der Text wieder entdeckt, vertont und aufgeführt. Nach dem Zweiten Weltkrieg hat die Ischler Volksspielgruppe die Tradition aufgenommen und den Vierjahresrhythmus der Aufführungen festgelegt.
- In Steyr erwecken die Puppenspieler an den Sonntagen der alten Weihnachtszeit (Advent bis Lichtmess) das Steyrer Kripperl zum Leben. Neben biblischen Geschichten gibt es köstliche Szenen des historischen Alltagslebens. Die erste Erwähnung des Stockpuppentheaters findet sich 1579.

Die Aufstellung von Kirchenkrippen soll auf die Feier Franz von Assisis am Heiligen Abend 1223 zurückgehen. Während in den Kirchen die Krippenfeier mit gebotenem Ernst stattfand und in Rom die angeblichen Reliquien der Krippe verehrt wurden, hatte er vom Papst die Erlaubnis erhalten, ein Spiel in der Natur zu inszenieren. Ein Adeliger stellte seinen Wald, eine Krippe, Heu sowie Ochse und Esel zur Verfügung. Die Einbeziehung dieser Tiere in das Schauspiel beruft sich auf das Buch Jesaia (1,3): „Der Ochse kennt seinen Besitzer und der Esel die Krippe seines Herrn." Giotto di Bondone (1267–1337) verlegte die Szene in seinem berühmten Freskenzyklus in das Innere eines Kirchenraums (Assisi, San Francesco, Oberkirche). Seither fehlen Ochse und

Esel auf keiner Krippendarstellung. Die erste Kirchenkrippe Österreichs stand 1579 in der Kapelle des Grazer Jesuitengymnasiums. Die Gesellschaft Jesu förderte Krippenbau und -spiele. 1782 wurden die Krippen in den Kirchen verboten und wanderten in die Familien ab. Figuren gab es z. B. auf dem Wiener Christkindlmarkt zu kaufen. Neueste Entwicklungen sind Krippenwege, von Museen oder Krippenbauvereinen ausgeborgte Krippen in Schaufenstern von Geschäften oder lebensgroße Dorfkrippen auf öffentlichen Plätzen.

Bräuche in den Bundesländern

OBERÖSTERREICH

- Im Salzkammergut (um Bad Ischl, Ebensee und Hallstatt) geht man zwischen Weihnachten und Lichtmess in Kirchen und Privathäuser auf die Kripperlroas. Oft werden ganze Zimmer ausgeräumt, um den großen, figurenreichen Aufbauten Platz zu schaffen, die man auswärtigen Besuchern gerne zeigt.
- In Ebensee (Bezirk Gmunden) hat sich eine besondere Form der Landschaftskrippe herausgebildet. Auf der Hintergrundkulisse (Halt) mischen sich orientalische und heimatliche Szenerien. Außerdem zeigen die Ebenseer Krippen eine Reihe spezieller Figuren(gruppen): Vögel (aus der Tradition der Vogelfänger), der Mann mit dem Krug, Urberl mit der Leinwand (Wasser und weißer Stoff als Symbole der jungfräulichen Gottesmutter), Weintraubenträger (Num 13,23), „Vada, lass mi a mitgehn“ (Vater mit kleinem Buben) und „Muada, lass mi a mitgehn“ (Mutter mit kleinem Mädchen), Huss-Geh-Mellago (ein Hüterbub mit erhobenem Stock und sein Hund vertreiben einen Wolf, der die Schafe bedroht), Nachbarn, Lampenträger und Wiegenträger. Erweiternde Szenen sind die Anbetung der Könige, Beschneidung und Kindermord. Der Aufbau der Landschaft mit Moos, Holz und Steinen, dutzenden Gebäuden und Figuren beginnt in der Adventzeit, oft am 8. Dezember.

STEIERMARK

In der Steiermark waren viele Krippenschnitzer im Hauptberuf Knappen des Erzbergs oder des Ausseer Salzbergs. In diesen Gegenden gibt es die meisten Familienkrippen. In Eisenerz und Leoben bestehen öffentlich zugängliche Krippensammlungen.

TIROL

- Um Innsbruck kann man z. B. in den Krippendörfern Thaur und Rum in Privathäusern Weihnachtskrippen ansehen. Die großen Krippenberge folgen meist dem Schema: Hirtenberg mit Verkündigungsszene – Stall – Stadtberg mit Dreikönigsszene.

WIEN

- Der Verein der Krippenfreunde zeigt in der Krypta der Peterskirche, I., Krippen, die während des Jahres angefertigt wurden, und eine Sonderschau historischer oder künstlerischer Krippen.

Wie der Adventkranz enthält der Christbaum eine Reihe älterer Elemente und fand doch relativ spät weite Verbreitung. Weihnachtsmeien, grüne Zweige oder Bäumchen, Eiben und Stechpalmen, Wacholder und Mistel, Tannen und Fichten waren als winterlicher Hausschmuck bekannt. Handwerker pflegten in ihren Zunftstuben im 16. Jahrhundert den

Brauch der Geschenkbäume. Sie behängten kleine Tannen mit Äpfeln, Nüssen, Datteln, Brezeln und Papierblumen, welche die Kinder der Mitglieder herunterschütteln (abblümeln) durften. Von den Zunftstuben aus eroberte der Christbaum die Wohnzimmer der Bürger.

Erst seit dem Biedermeier (1815–1848) entwickelte sich Weihnachten zum besinnlichen Familienfest mit Lichterbaum und Christkind. Im 18. und 19. Jahrhundert waren Friedrich Schiller (1759–1805) und Johann Wolfgang Goethe (1749–1832) in Deutschland Wegbereiter des Christbaums. Der Wiener Kongress begann im Herbst 1814, wenige Monate später wurde das erste Christbaumfest nach Berliner Sitte aktenkundig. Der geschmückte Baum stand im Haus der Familie des jüdischen Bankiers Nathan Adam Arnstein (1748–1838) und seiner aus Berlin stammenden Gattin Franziska (1758–1818). Dies hinderte spätere Ideologen nicht daran, den Christbaum als Julbaum mit germanischen Wurzeln zu versehen. Fanny Arnsteins großbürgerlich-liberaler Salon bildete einen Mittelpunkt des damaligen Wiener Kultur- und Gesellschaftslebens. So fand der Christbaum Eingang in die tonangebenden Kreise, wo er sich bald verbreitete.

Die für den Christbaum unabdingbaren Kerzen wurden erst nach der Erfindung des Stearins (1824) erschwinglich. Die Produktion von Christbaumstücken entwickelte sich in der zweiten Hälfte des 19. Jahrhunderts zu einem eigenen Wirtschaftszweig. Christbaumschmuck wurde in Heimarbeit hergestellt. Ganze Familien waren damit beschäftigt, die aus den Glasbläsereien geholten halbfertigen Waren zu veredeln, die durch das so genannte Verlagssystem in der ganzen Welt vertrieben wurden. Seit den Nachkriegsjahren wechselt die Christbaum-Mode immer schneller, jedes Jahr gibt es neue Farben. Amerikanische Vorbilder machen sich bemerkbar: Dekorationen aus Kunststoff sind ebenso salonfähig geworden wie elektrische Lichterketten. Neue Trends sind aufgeputzte Christbäume im Garten, tanzende Weihnachtsmänner und Licht-Schneemänner, weihnachtlich geschmückte Haustüren und vor allem: Illuminationen.

1871 berichtete die „Gartenlaube" von einem Christbaum für alle bei Schulen und Kirchen. 1912 stand der erste auf einem öffentlichen Platz, dem Madison Square in New York, 1915 und 1919 gibt es Belege für elektrisch beleuchtete Christbäume auf Plätzen in Deutschland, Schweden und Norwegen. In Wien stand in der Zwischenkriegszeit einer vor der Staatsoper.

Bräuche in den Bundesländern

KÄRNTEN

- In Ferlach (Bezirk Klagenfurt-Land) soll schon 1856 ein Gemeinschaftsbaum vorhanden gewesen sein. Der Brauch wird auf das seit dem 16. Jahrhundert übliche Beschenken der Armen der Stadt unter einem großen Gabenbaum zurückgeführt, der u. a. mit Lebensmitteln behängt war.
- In Klagenfurt steht ein großer Lichterbaum als Gruß aus den Bergen. Alljährlich von einem anderen Ort gespendet, wird die Tanne vom Bürgermeister zu den Klängen einer Blaskapelle unter starker Publikumsteilnahme offiziell übergeben.
- In St. Veit an der Glan gibt es einen besonders großen und originell geschmückten Christbaum für alle.

OBERÖSTERREICH

- In Ebensee (Bezirk Gmunden) befand sich der Überlieferung nach in den 1930er Jahren ein Christbaum für alle als Gruß an die Bevölkerung.
- In Linz griff Bürgermeister Koref die Idee 1960 auf. Auf dem Hauptplatz leuchtet seither ein Christbaum für alle aus wechselnden oberösterreichischen Bezirken.

WIEN

- Seit 1959 erhebt sich jedes Jahr ein Baum aus einem anderen Bundesland vor dem Rathaus. Um Transport, Übergabe und Illumination der Riesentanne haben sich eigene Rituale – „Brauch ohne Glaube" (Leopold Schmidt) – entwickelt. Außerdem stehen beleuchtete Nadelbäume auf vielen Plätzen und in Parkanlagen.

In Christkindl erhalten alljährlich 2 Millionen Postsendungen einen Sonderstempel

Wie der Christbaum ist das Christkind eine Innovation des Vormärz. Schon Martin Luther hatte – wenig erfolgreich – im Hinblick auf das Kommen des Christuskindes zu Weihnachten eine Ablöse des Nikolausbrauchs gefordert. Nun entsprach das Christkind perfekt dem biedermeierlichen Zeitgeist und der neuen familiären Feierkultur. Bekannt wurde es im Wien der Kongresszeit durch Nord- und Westdeutsche aus adeligen und bürgerlichen Kreisen; sie waren evangelisch und oft – dem Neuen schon von Berufs wegen aufgeschlossene – Fabrikanten. In jüngster Zeit mehrt sich der Unmut, dass das Christkind durch den Weihnachtsmann verdrängt werde. Doch dieser wurde etwa gleichzeitig populär.

Bräuche in den Bundesländern

BURGENLAND

▪ In Illmitz (Bezirk Neusiedl am See) gibt es ein Christkindl genanntes Gebildbrot. Der Hausvater verteilt es an Menschen und Tiere.

NIEDERÖSTERREICH

▪ In St. Georgen an der Leys (Bezirk Scheibbs) machen sich die Kinder am 24. Dezember nachmittags auf den Weg, um das Christkind zu suchen. Sie tragen es in die Kirche und legen es in einen Strohkorb zu Füßen des Altars, der bis zum Fest der Taufe des Herrn (Sonntag nach Dreikönig) stehen bleibt.

OBERÖSTERREICH

▪ In Kopfing im Innkreis (Bezirk Schärding) spielt das Waldchristkindl, eine geschnitzte segnende Figur, eine wesentliche Rolle in der Mette. Zur Einstimmung spielt die Bläsergruppe der Trachtenkapelle alte Weisen. Beim Einzug in die dunkle Kirche tragen Ministranten, Priester und Mesner das Christkind auf einem Thron vom Eingang zum Altar. Der Kirchenchor singt „Transeamus", der Pfarrer räuchert mit dem Weihrauchfass und intoniert „Christus ist geboren". Der Kirchenchor antwortet „Kommt, lasset uns anbeten". Der Chor singt „Stille Nacht" mit Gitarrebegleitung, das Volk stimmt ein, danach wird stufenweise das Licht eingeschaltet.

▪ In Steyr ist das Postamt Christkindl häufiger Adressat von Kinderbriefen. Die Idee zu einem Weihnachtspostamt hatte ein amerikanischer Besatzungsoffizier, der Briefmarkensammler Otto Trauner aus Steyr verwirklichte sie. 1950 begann man im Gasthaus Georg David mit dem ersten Sonderpostamt. Eine Beamtin versah dort 42.000 Briefe mit einem Sonderstempel, inzwischen beträgt die Zahl der jährlichen Abstempelungen weit über 2 Millionen. Seit 1950 wurden 72 Millionen Sendungen mit weihnachtlichen Grüßen aus Christkindl geschmückt. Seit 1965 gibt es jährlich zwei Stempel: Der erste, der vom Eröffnungstag bis zum 26. Dezember verwendet wird, zeigt ein Weihnachtsmotiv, der zweite die drei Könige. Das Sonderpostamt hat von Ende November bis zum Dreikönigstag Dienst.

1809 veröffentlichte Washington Irving „Knickerbockers Geschichten aus New York". Sein Weihnachtsmann trug einen tiefen Hut mit breiter Krempe, eine riesige flämische Kniehose und eine lange Pfeife. 1835 verfasste der patriotische Dichter August Heinrich Hoffmann von Fallersleben das Lied „Morgen kommt der Weihnachtsmann". Zur Zeit des

Amerikanischen Bürgerkriegs (1861–1865) kreierte der deutsche Auswanderer Thomas Nast seinen Santa Claus. Bald warb Father Christmas in den USA für verschiedene Neuerungen wie Auto oder Telefon. Nast verkleidete den asketischen Bischof als bärtigen Dicken, mit weißem Pelzbesatz am Mantel und an der Mütze. 1931 erhielt der Weihnachtsmann jene Gestalt, die ihn als lustigen Opa mit rosaroten Wangen und stattlichem Rauschebart unverwechselbar macht. Sein lebendes Modell war ein pensionierter Fahrverkäufer eines Erfrischungsgetränks. Santa Claus sollte doch beim Christbaumschmücken mal Pause machen, meinte die Coca Cola Company in Atlanta. Sie beauftragte den schwedisch-amerikanischen Zeichner Haddon Sundblom (1900–1976) mit entsprechenden Inseratentwürfen, der in den folgenden 35 Jahren (bis 1966) immer neue Motive entwickelte. Insgesamt malte er 44 Bilder mit Santa Claus. Die konsumorientierte Adventfolklore hatte ihre internationale Symbolgestalt gefunden. Das Motiv wirkt populär und sympathisch. Der gut gelaunte Gabenbringer suggeriert: Wer schenkt, handelt positiv. Und wer schenken will, muss kaufen. Das macht die Gestalt (seit den 1960er Jahren) zum beliebtesten Werbeträger der Vorweihnachtszeit. Inzwischen hat Santa Claus Verstärkung bekommen. Junge Damen in stilisierten Weihnachtsmann-Kostümen lächeln für Waren und Dienstleistungen aller Art von den Plakatwänden. Die Santa-Mütze als optisches Kürzel für Weihnachten im Paradies der Erfrischung und den Warenhimmel auf Erden bekommt ihrerseits Konkurrenz durch das Geweih des Rentiers Rudi mit der roten Nase.

In der Nachkriegszeit bürgerten sich neue Lichterbräuche ein, wie brennende Kerzen in den Fenstern. Das österreichische Schwarze Kreuz widmete sie den Gefallenen und Vermissten.
1952 regte der Berliner Bürgermeister Ernst Reuter einen „kleinen symbolischen Akt" für die noch nicht zurückgekehrten Kriegsgefangenen an. 1956 brannten in Österreich Weihnachtskerzen in den Fenstern im Zusammenhang mit der Ungarischen Revolution. In den 1960er Jahren rief man in Deutschland zu „Treuekerzen für die Brüder und Schwestern jenseits des Eisernen Vorhangs" auf.

Der elektronische Klingelbeutel des ORF trägt den genialen Namen Licht ins Dunkel. Die seit 1973 durchgeführte Hilfsaktion geht auf eine Initiative von Kurt Bergmann, damals Intendant des Landesstudios Niederösterreich, zurück. Seither findet alljährlich am 24. Dezember der traditionelle Spendenmarathon statt, bei dem prominente Gäste im Fernsehstudio an den Telefonen sitzen und Spendenzusagen entgegennehmen. Das Geld kommt physisch, psychisch und materiell benachteiligten Menschen, vor allem Kindern, in Österreich zugute. Insgesamt wurden bisher 119,4 Millionen Euro gespendet.

Die Friedenskerze im Fernsehstudio, in dem das Heisch-Event live stattfindet, wird mit einem Licht aus Bethlehem angezündet. Erfinder des Friedenslichtes ist der jetzige Landesdirektor und damalige Redakteur des ORF-Studios Oberösterreich, Helmut Obermayr. Er realisierte in kürzester Zeit, so die Ursprungslegende, den Wunsch, den eine Hörerin 1986 äußerte: Spender, die zu Licht ins Dunkel ins Funkhaus kämen, sollten ein Weihnachtslicht vorfinden, an dem sie Kerzen entzünden könnten. Im Advent desselben Jahres holte ein 13-jähriger Vöcklabrucker das erste Friedenslicht aus der Geburtsgrotte in Bethlehem. Für den Transport hatte die AUA eine spezielle Laterne konstruiert. Nach einem Jahrzehnt begann eine gut organisierte Reisetätigkeit, für zirka 500 Personen (vorwiegend aus Oberösterreich) ist die Messe in der Geburtsgrotte und das Licht-Holen der Höhepunkt einer mehrtägigen Exkursion ins Heilige Land. Der neue Lichtbrauch ist in vielen europäischen Ländern bekannt. Prominenten Personen wie dem Papst und Staatspräsidenten wird das Friedenslicht überreicht. Pfadfinder bringen es in Bahnhöfe, Rot-Kreuz-Stationen, ORF-Landesstudios und Pfarren. Das Licht aus Israel leuchtet auf Christbäumen in Häusern und auf Friedhöfen und erhellt die Kerzen in den Fenstern.

DIE WEIHNACHTSOKTAV

Wie das Osterfest hatte Weihnachten – vom 9. Jahrhundert bis 1955 – eine liturgische Festwoche (Oktav). Der Oktavtag fällt mit dem bürgerlichen Neujahr zusammen. Schon die ältesten Kalender nannten eine Reihe von Heiligenfesten unmittelbar nach Weihnachten. Das Mittelalter sah in diesen Heiligen das Ehrengefolge des Christuskindes und nannte sie daher Gefolgsleute (Comites Christi). In der römischen Liturgie sind es der Erzmärtyrer Stephanus am 26. Dezember, der

Evangelist Johannes am 27. Dezember und die Unschuldigen Kinder am 28. Dezember (Mt 2,13–18).

26. DEZEMBER – STEPHANUS

Stephanus war einer der sieben Diakone der Jerusalemer Urgemeinde. Seine Biographie ist in der Apostelgeschichte überliefert (Apg 6,1–8,2). Er wurde gesteinigt und die hellenistisch gebildeten Christen vertrieben, weil sie – anders als die übrige Urgemeinde – nicht den Tempel als Mittelpunkt ansahen, sondern überzeugt waren, Gott wohne in jedem Menschen. Die Verehrung des Erzmärtyrers erfuhr nach der Auffindung seiner Gebeine (415) starken Auftrieb. Ein Teil der Reliquien befindet sich in Aachen, daher ist sein Kult im deutschsprachigen Raum sehr verbreitet. Stephanus wird als Diakon mit Palme, Buch und Schwert dargestellt. Er gilt u. a. als Patron der Knechte, Kutscher, Maurer, Weber und der Pferde.

Die Stephansminne, ein Rotwein, von dem man sich wunderbar-zauberische Wirkungen versprach, wurde 798 von Karl dem Großen verboten. Eine Segnung des Weins wird im 13. Jahrhundert erwähnt. Man erhoffte sich von dem Getränk Hilfe in schwierigen Lebenssituationen und für einen guten Tod. Die Minne sollte vor Zauberei, Vergiftung, Ertrinken und Blitzschlag schützen, Männer stark und Frauen schön machen. Sie war Medizin, Abschiedstrunk, Brautsegen, Schutzmittel für den Wein und die Landwirtschaft. Getränke zu Ehren der Götter waren bei den Griechen und Römern ebenso Brauch wie bei den Germanen. Nach der Christianisierung wurde daraus ein Trunk zu Ehren bestimmter Heiliger.

Bräuche in den Bundesländern

Nachdem der Christtag der Familienfeier vorbehalten bleibt, ist der Stephanitag allgemeiner Besuchstag. Man geht zu Verwandten und Freunden, um Christbaum und Krippen anzuschauen oder Weihnachtsbäckerei zu kosten.

BURGENLAND

- In Kleinhöflein im Burgenland (Gemeinde Eisenstadt) werden Äpfel und Salz gesegnet.
- In Klingenbach (Bezirk Eisenstadt-Umgebung) finden zwischen Stephani- und Dreikönigstag Theateraufführungen in kroatischer Sprache statt.
- In Oggau am Neusiedler See (Bezirk Eisenstadt-Umgebung) gibt es bei der Messe eine Apfelsegnung.
- In Stoob (Bezirk Oberpullendorf) erfolgt die Zunftladenübergabe. Die Töpferzunft besteht hier seit 1637. Die Lade enthält die ältesten Arbeitsordnungen, Namensverzeichnisse und andere Dokumente. Am Stephanitag ist sie mit dem Zunftkrug beim Altvater aufgestellt. Um 13 Uhr finden sich die eingeladenen Meister ein und werden bewirtet. Der Neuvater (neuer Innungsmeister) übernimmt Lade und Krug, bringt sie in sein Haus und lädt die Töpfer dorthin ein.

KÄRNTEN

- In Globasnitz (Bezirk Völkermarkt) gibt es am Stephanitag eine Pferdesegnung.
- In St. Stefan (Gemeinde Wolfsberg) ist der traditionelle Umritt mit einer Pferdesegnung verbunden, die die Tiere gesund erhalten soll. Die meisten gehören zum Reitklub Wolfsberg. Nach dem Gottesdienst versammeln sich Reiter, Trachtengruppen

und Männergesangsverein bei der Schule. Nach einer Lieddarbietung reitet man drei Mal um das Gotteshaus, und die Pferde erhalten den Segen. Die Besitzer füttern sie mit geweihtem Salz und Brot.

NIEDERÖSTERREICH

- In Frankenfels (Bezirk St. Pölten) spielt die Musikkapelle beim Gottesdienst am Stephanitag für Licht ins Dunkel.
- In Haag (Bezirk Amstetten) singt der Männerchor in der Kirche. Es ist Godentag, Zeit für Besuche bei den Paten.
- In der Gemeinde Hohe Wand (Bezirk Wiener Neustadt) verstehen die Jugendlichen die Stephaninacht als Faschingsbeginn und treiben Schabernack.

OBERÖSTERREICH

- In Ebensee, Bad Ischl und Obertraun (alle Bezirk Gmunden) ist in Gasthäusern und Haushalten das Krambamberlbrennen ein geselliger Brauch. Man zündet in einem Becher Wacholderbranntwein an und hält auf einer Gabel ein Stück Würfelzucker darüber. Der Zucker schmilzt und tropft in den Schnaps, der reihum getrunken wird.

STEIERMARK

- Im Ennstal laden die Goden ihre Patenkinder und deren Eltern zum Mittagessen und zur Jause ein. Die Kinder bekommen einen großen Striezel und Geld, auch die Goden erhalten Geschenke.
- In Lassing (Bezirk Liezen) führt man die Pferde zum Umritt und nachmittags zur Pferdesegnung bei einer Ortskapelle.
- Das Lipizzanergestüt Piber (Gemeinde Köflach, Bezirk Voitsberg) organisiert um den Stephanitag einen Ausritt.

VORARLBERG

- In Schwarzenberg (Bezirk Bregenz) wird ein Stephaniritt veranstaltet.

27. DEZEMBER – JOHANNES

Johannes, Apostel und Evangelist, war Fischer am See Genezareth. Mit Petrus und Jakobus d. Ä. zählte er zu den „Vorzugsjüngern“ Jesu und stand als einziger Apostel unter dem Kreuz. Nach altkirchlicher Tradition kam Johannes nach Ephesus und leitete um das Jahr 70 die dortige Kirche. Ein Jahrzehnt später wurde er auf die Insel Patmos verbannt, wo er die Apokalypse schrieb. Nach seiner Rückkehr nach Ephesus verfasste er das Evangelium und starb hochbetagt um das Jahr 100. Die neuere Exegese unterscheidet zwischen dem Lieblingsjünger, dem Evangelisten und dem Verfasser der Geheimen Offenbarung. Johannes ist der Schutzherr der Theologen und Winzer, Patron gegen Vergiftung, für gute Ernte und Freundschaft; von Bildhauern, Malern, Buchdruckern und Schriftstellern wird er besonders verehrt.

Seit dem frühen Mittelalter bis in die Gegenwart ist die Weinsegnung auch am Johannestag üblich. Das Minnetrinken blieb im Zusammenhang mit einer Johanneslegende populär: Ein Grieche setzte dem Heiligen einen Becher mit vergiftetem Wein vor und erklärte, er wolle Christ werden, wenn Johannes diesen ohne Schaden austrinke. Bilder zeigen den Apostel mit dem zerbrochenen Becher oder Kelch, dem das Gift in Form einer Schlange entweicht.

Bei der Agape, zu welcher der Pfarrer nach der Weinsegnung einlädt, erhebt er das Glas mit dem Spruch: „Trinket die Liebe des heiligen Johannes!“ Dies schließt an die Worte des Apostels an, der die Feindesliebe predigte.

Bräuche in den Bundesländern

BURGENLAND

Johannesweinsegnungen gibt es u. a. in Klingenbach (Bezirk Eisenstadt-Umgebung), Rechnitz (Bezirk Oberwart) und Zagersdorf (Bezirk Eisenstadt-Umgebung).

NIEDERÖSTERREICH

Weinsegnungen werden durchgeführt u. a. in Bad Pirawarth, Leopoldsdorf im Marchfeld (beide Bezirk Gänserndorf) und Watzelsdorf (Gemeinde Zellerndorf, Bezirk Hollabrunn).

STEIERMARK

- In den steirischen Weinbaugebieten, z. B. in Gamlitz, ist die Johannesminne bekannt. Manche Winzer schütten sie ins Weinfass zurück, meist trinkt man sie aber nach einer kirchlichen Trauung.
- In Kleinsölk (Bezirk Liezen) bringt der Wirt eine Kiste Wein in die Kirche. Den gesegneten Wein schenkt er dann im Gasthaus aus.

WIEN

- In Sievering, XIX., hat Pfarrer Bertrand Puchwein die Johannesweinsegnung eingeführt. Nach dem Gottesdienst lädt er zur Agape ein und lässt die Gäste mit dem Spruch „Trinket die Liebe des heiligen Johannes!" hochleben. 1997 war diese Benediktion in fast 30 Prozent der Stadtpfarren Brauch.

28. DEZEMBER – UNSCHULDIGE KINDER

Das Fest, das sich auf Mt 2,13–18 bezieht, wird dort mit König Herodes dem Großen (72–4 v. Chr.) in Verbindung gebracht. Der Kindermord von Bethlehem entspricht zwar der (überlieferten) Mentalität des zugleich ängstlichen und machtgierigen Herrschers, geschichtlich nachweisbar ist er jedoch nicht.

Im Mittelalter war der 28. Dezember ein Feiertag der Kinder, an dem der Knabenbischof mit seinem Gefolge auftrat – wie auch zu anderen Terminen, etwa zu Schulbeginn. In feierlichem Zug wurden die Schulanfänger abgeholt. Die älteren Schüler verkleideten sich als Kleriker, Lehrer, Handwerker, Engel und Narren. Am Abend lud der Vater des Bischofs zum Essen ein. In ähnlicher Prozession erfolgte das Virgatumgehen, die feierliche Einholung des Schulstocks. Geflochtene Ruten und Reisbesen zählten in den Schulen des 16. Jahrhunderts zu den beliebtesten pädagogischen Requisiten. Damit findet der weit bekannte Brauch des Frisch-und-G'sund-Schlagens (Auffrischen) eine plausible Erklärung. Im Sinne der verkehrten Welt schlagen Kinder die Erwachsenen.

Bräuche in den Bundesländern

BURGENLAND

In rund 6 Prozent der Pfarren ist das Schlagen mit der geflochtenen Rute (Korvatsch, Karbatsch) unter verschiedenen Namen bekannt.

- In Eberau (Bezirk Güssing) spricht man vom Auffrischen, damit man das ganze Jahr gesund bleibt.
- In Mannersdorf (Bezirk Oberpullendorf) gehen Kinder zu Bekannten aufkindln und bekommen Geschenke.
- In Stoob (Bezirk Oberpullendorf) geben Kinder aus der Verwandtschaft dem Hausherrn und der Hausfrau einen leichten Schlag mit der Rute und sagen den Spruch:

„Frisch und g'sund, frisch und g'sund, bleib aufs Jahr a no' g'sund, und a lang's Leb'n soll da Gott im Himmel geb'n!"

KÄRNTEN

Am Tag der Unschuldigen Kinder gehen in vielen Orten Kärntens Kinder und Jugendliche pisnen (von mittelhochdeutsch bisen: herumrennen) oder schappen (von slowenisch scap: Rutenbündel). Sie verwenden dazu Zweige von Hasel, Weide oder Nadelbäumen. Eine Reihe verschiedener Glückwünsche und Sprüche ist bekannt, wie: „G'sund bleiben und lang leben! Guat hausen und gern geben!"

OBERÖSTERREICH

- In Obertraun (Bezirk Gmunden) beginnen die Bräuche zum Jahreswechsel am 28. Dezember mit dem Altjahr-Verbrennen und setzen sich am 30. und 31. mit dem Neujahrsblasen fort.

SALZBURG

- Im Lungau geben die Kinder den Erwachsenen beim Pisnagehen zarte Schläge mit einer Birkenrute oder mit der Hand. Sie wünschen: „Frisch und g'sund, frisch und g'sund, g'sund bleiben und lang leben!"

STEIERMARK

In der Steiermark ist das Schlagen mit Birkenruten und das Aufsagen von Segenssprüchen durch die Kinder am 28. Dezember allgemein verbreitet. Als Dank erhalten sie Nüsse, Kletzen, Äpfel und Münzen.

- Im Ennstal (Bezirk Liezen) besuchen die Kinder in den Morgenstunden die Ortsbewohner in den Häusern. Beim Aufsagen des Spruchs „Frisch und g'sund, frisch und g'sund, lang leben und g'sund bleibn!" schlagen sie die Besuchten (oder ihre Betten) mit Birkenzweigen.

31. DEZEMBER – SILVESTER

Papst Silvester I. (gest. am 31. 12. 335) erlebte die grundlegende Hinwendung des römischen Staats zum Christentum. Eine Legende erzählt, dass er Kaiser Konstantin vom Aussatz geheilt und getauft habe. In seine Amtszeit fiel der erste Bau der Peterskirche ebenso wie das Konzil von Nizäa (325), das die Gottheit Christi thematisierte. Er wird im päpstlichen Ornat dargestellt, gilt als Patron der Haustiere und für gute Futterernte. In den Kirchen wird bei der Silvesterandacht allerdings nicht der Heilige gefeiert, sondern Rückblick gehalten, für das abgelaufene Jahr gedankt und um Segen für das kommende gebetet.

Zu den Bräuchen des Übergangs von einem Jahr ins andere zählen Orakel, Glückwünsche und -symbole, Lärm (Neujahrsblasen und -schießen) oder Glockengeläute.

Bräuche in den Bundesländern

BURGENLAND

- In Klingenbach (Bezirk Eisenstadt-Umgebung) veranstaltet der Jugendmusikverein das Silvesteraufspielen.
- In Ritzing (Bezirk Oberpullendorf) besucht die Burschenschaft am letzten Tag des Jahres geschlossen die Messe, übernimmt Lesungen und Fürbitten, der Jugendchor singt.

KÄRNTEN

Tausende Menschen erwarten in Städten wie Klagenfurt, St. Veit oder Villach das neue Jahr bei einem Umtrunk, Unterhaltung, Musik, Feuerwerk und Neujahrseinblasen um Mitternacht.

NIEDERÖSTERREICH

- In Paudorf und Oberwölbling (Bezirk

Krems) besuchen hunderte Gläubige am Samstag vor Silvester die Marksteine im Oberwölblinger Wald. Bei dem regional beliebten Ausflugsziel handelt es sich um Reihen von dreißig bzw. sieben Grenzsteinen zwischen den beiden Gemeinden. Nach einer etwa dreistündigen Wanderung wird dort eine Vesper zum Jahresschluss gefeiert. Vor einigen Jahren hatten Paudorfer Pfarrangehörige die Idee, des alten Jahres bei den „alten Steinen“ zu gedenken. Zu Silvester gibt es eine Mette, die um 23 Uhr beginnt.

OBERÖSTERREICH

- In Ebensee (Bezirk Gmunden) geht eine Männergruppe schon ab 30. Dezember nach 18 Uhr durch verschiedene Ortsteile Sternsingen. Mit Loden-Wetterfleck bekleidet, tragen sie einen beleuchteten, drehbaren Stern. Sie bieten einen Neujahrsspruch und Ebenseer Krippenlieder dar. Der Brauch entstand Ende des 19. Jahrhunderts, als es in Ebensee noch Nachtwächter gab. Revitalisiert wurde er vom Mesner Josef Engl.
- In Bad Ischl (Bezirk Gmunden) wird zu Silvester mit Böllern geschossen.

SALZBURG

- In St. Gilgen (Bezirk Salzburg-Umgebung) findet um 15.15 Uhr ein Sternschießen in Abersee/Bugleiten statt. Um 16.30 Uhr startet der Wintersportverein St. Gilgen auf dem Laimerfeld zum Fackellauf.
- In Strobl (Bezirk Salzburg-Umgebung) gibt es zu Silvester auf der Seepromenade das Sternschießen der Prangerschützen. Um 15.30 Uhr findet ein Sternschießen auf der Hochfeldwiese statt.

STEIERMARK

- In Öblarn (Bezirk Liezen) pflegt man vor der Jahresschlussandacht das Turmblasen, in der Nacht gibt es einen Fackel-Skilauf vom Schattenberg in den Ort.

TIROL

- In Innsbruck-Hötting sind zwischen Silvester und Faschingsdienstag die Aperschnalzer nicht zu überhören.

WIEN

- Zur traditionellen Aufführung der Operette „Die Fledermaus“, die auch auf Großleinwänden in der Stadt übertragen wird, den Feuerwerken, dem Sekttrinken und Walzertanzen zum Erklingen der Pummerin ist 1990 der Silvesterpfad (mit einer Gesamtlänge von 3,5 Kilometer) als neue Attraktion gekommen: Die Altstadtgassen sind von Sekt- und Snackständen gesäumt. Von Mittag bis 2 Uhr früh versorgen hundert Gastronomen die Besucher. Bühnen, Open-Air-Discos, Straßenkünstler und Tanzzelte erwarten das Publikum in der Innenstadt und auf dem Rathausplatz. Mit alljährlich 600.000 Gästen zählt der vom damaligen Bürgermeister Helmut Zilk initiierte Wiener Brauch zu den internationalen Großevents.

1.000

Feste & Bräuche auf einen Blick

Diese Übersicht erleichtert Ihnen, die im Buch beschriebenen Bräuche mitzuerleben. Da die Termine variieren (häufig an einem Wochenende um das eigentliche Fest), ist es günstig, die genauen Daten beim jeweiligen Gemeindeamt nachzufragen. Wir wünschen Ihnen: Fröhliches Feiern!

Ort/Tel. Gemeinde	Termin	Brauch
Bad Tatzmannsdorf	Um 6. Jänner	Sternsingen
0 33 53 / 88 33	Fastenzeit	Liturgische Symbole
	3 Tage vor Christi Himmelfahrt	Bitttage alternativ
	Oktober	Erntedankfest
Breitenbrunn	Ostern	Lichterprozession
0 26 83 / 52 13-0	Oktober	Erntedankfest
	Advent	Adventkalender für alle
Deutsch-Kaltenbrunn	Aschermittwoch	Fasching verbrennen
0 33 82 / 718 00	Karsamstag	Osterfeuer
	Sonntag vor Pfingsten	Kirtag
	6. Dezember oder Sonntag danach	Kirtag
Deutschkreutz	22. Februar	Bienenamt
0 26 13 / 802 03	25. April	Hotterbegehung
	Christi Himmelfahrt	Weinbergprozession
Eberau	Pfingsten	Prozession
0 33 23 / 40 03	Fronleichnam	Festwiese in Maria Weinberg
	28. Dezember	Auffrischen
Eisenstadt	Karfreitag	Passionsmusik
0 26 82 / 705-0	11. November	Bischofsmesse
Frankenau-Unterpullendorf	4. Mai	Feuerwehrfest
0 26 15 / 872 78	24. Dezember	Maulgabe
Gattendorf	26. Juli	Anna-Fest
0 21 42 / 52 02		
Großhöflein	11. November	Jungweinfeier
0 26 82 / 627 33		
Großpetersdorf	Ostern	Osterfanfare
0 33 62 / 231 10	3 Tage vor Christi Himmelfahrt	Flurprozession
Güttenbach	Gründonnerstag, Karfreitag	Ratschen
0 33 27 / 22 27		
Illmitz	24. Dezember	Christkind
0 21 75 / 23 02		
Kleinhöflein im Burgenland	26. Dezember	Apfelweihe
0 26 82 / 705-0		

Ort/Tel. Gemeinde	Termin	Brauch
Klingenbach 0 26 87 / 481 29	Karsamstag	Herrgottsuche
	Ostern	Herrgottsuche
	25. April	Prozession
	Mai	Passionsspiel in kroatischer Sprache
	3 Tage vor und zu Christi Himmelfahrt	Prozession
	25. Juli	Kirtag
	Samstag um 14. September	Wallfahrt
	Advent	Adventmarkt, -konzert, Herbergssuchen
	26. Dezember bis 6. Jänner	Theaterauff. in kroatischer Sprache
	27. Dezember	Weinsegnung
	31. Dezember	Silvesteraufspielen
Kohfidisch 0 33 66 / 772 03	Pfingsten	Kirtag in Kirchfidisch
Königsdorf 0 33 25 / 22 66	Christi Himmelfahrt	Kirtag
	5. Dezember	Krampusgruppen
Lockenhaus 0 26 16 / 22 02	Gründonnerstag	Ölberg-Gang
Loretto 0 22 55 / 92 60	1. Mai	Fahrzeugsegnung
	15. August	Markt
Lutzmannsburg 0 26 15 / 872 02	5. Dezember	Nikolaus-Einzug
Mannersdorf an der Rabnitz 0 26 11 / 22 04	15. August	Wallfahrt Rattersdorf
	15. September	Kirtag in Rattersdorf
	1. November	Läuten
	28. Dezember	Auffrischen
Mariasdorf 0 33 53 / 65 04	Ostern	Osterfeuer
Mörbisch 0 26 85 / 82 01	Um 23. April	Hottergang
Müllendorf 0 26 82 / 638 30	1. Fastensonntag	Familienfasttag
Neckenmarkt 0 26 10 / 422 63	Um 20. Jänner	Sebastianisingen
	22. Februar	Bienenamt
	Faschingsdienstag	Burschenamt
	25. April	Grenzbegehung
	Sonntag nach Fronleichnam	Fahnenschwingen

Burgenland

Ort/Tel. Gemeinde	Termin	Brauch
Neutal 0 26 18 / 24 14	Ostern	Osterfeuer
Oggau am Neusiedler See 0 26 85 / 72 01	26. Dezember	Apfelweihe
Ollersdorf im Burgenland 0 33 26 / 524 44	Ostern	Osterfeuer
	3 Tage vor Christi Himmelfahrt	Flurprozession
	1. August	Kirtag
	8. September	Fahrzeugsegnung
Pama 0 21 42 / 52 21	Fastenzeit	Dorfkreuzweg
Pinkafeld 0 33 57 / 423 51	11. November	Kirtag
Purbach am Neusiedler See 0 26 83 / 51 16	11. November	Martiniloben
Rechnitz 0 33 63 / 792 02	27. Dezember	Weinsegnung
Ritzing 0 26 19 / 673 12	31. Dezember	Burschenamt
Rotenturm an der Pinka 0 33 52 / 341 55	Ostern	Ostereier aus Siget in der Wart
Rust 0 26 85 / 502	Nacht vor 1. Mai	Maisingen
St. Margarethen im Bgld. 0 26 80 / 22 02	Juni bis September	Passionsspiel
	24. Juni	Kirtag
	Oktober	Erntedankfest
	11. November	Martinsherzen
St. Martin an der Raab 0 33 29 / 453 66	Karsamstag	Weihfeuer
Schützen am Gebirge 0 26 84 / 22 03	Oktober	Erntedankfest
Stadtschlaining 0 33 55 / 22 01	1. November	Läuten in Neumarkt im Tauchental
	3. Dezember	Heischegang in Neumarkt im Tauchental

Ort/Tel. Gemeinde	Termin	Brauch
Steinbrunn 0 28 88 / 722 12	15. August	Festmesse
Stinatz 0 33 58 / 24 33	Ostern	Ostereier
Stoob 0 26 12 / 424 36	5. Dezember	Krampusgruppen
	26. Dezember	Zunftladen-Übergabe
Unterwart 0 33 52 / 341 19	13. Dezember	Luzeln
Wiesen 0 26 26 / 816 81	Faschingssamstag	Burschenball in Bad Sauerbrunn
	Christi Himmelfahrt	Tag des Liedes
	4. Dezember	Barbara-Singen
Winden am See 0 21 60 / 82 75	4. Mai	Kirtag
Wolfau 0 33 56 / 349	3 Tage vor Christi Himmelfahrt	Flurprozession
	4. Oktober	Tiersegnung
Zagersdorf 0 26 87 / 488 12	Gründonnerstag, Karfreitag	Ratschen
	Ostern	Eiersammeln
	Ostern	Herrgottsuchen
	Pfingsten	Jägermesse
	24. Juni	Kirtag
	13. Dezember	Luzienweizen
	27. Dezember	Weinsegnung
Zillingtal 0 26 88 / 721 00	Ostern	Schnalzen
Zurndorf 0 21 47 / 22 01	1. Mai	Alexenstaude

Kärnten

Ort/Tel. Gemeinde	Termin	Brauch
Baldramsdorf 0 47 62 / 71 14	Fastenzeit	Fastentuch
Bleiburg 0 42 35 / 21 10-0	Faschingssonntag bis -dienstag	Blochziehen
	Ostern	Osterlied
	Wochenende nach 1. September	Markt
Eberndorf 0 42 36 / 22 42-0	19. März	Josefimarkt
	4. Mai	Florianischnitten in St. Marxen
	4. Mai	Florianisingen
Eisenkappel-Vellach 0 42 38 / 83 11	1. Februar	Kirchleintragen
	24. Juli	Fahrzeugsegnung
Feistritz an der Gail 0 42 56 / 24 64	Pfingstmontag	Kufenstechen
Feldkirchen in Kärnten 0 42 76 / 25 11	11. November	Martinsfest
Gitschtal 0 42 86 / 212	24. Juni	Scheibenschlagen in St. Lorenzen i. G.
Globasnitz 0 42 30 / 310	Karsamstag	Fackeltragen
	Juli	Almkirchtag auf der Wackendorferalm
	15. August	Farant-Straßenfest
	3. Septembersonntag	Kirchtag auf dem Hemmaberg
	26. Dezember	Pferdesegnung
Großkirchheim 0 48 25 / 212	Christi Himmelfahrt	Auffahrtsspiel in Sagritz
Gurk 0 42 66 / 81 25	Fastenzeit	Fastentuch
	29. Juni	Hemmafeier
	Mitte September	Jubelhochzeiten
Heiligenblut 0 48 24 / 20 01-0	5. Jänner	Dreikönigssingen
Himmelberg 0 42 76 / 231 00	Pfingstsonntag	Pfingstringen
Hüttenberg 0 42 63 / 247	Dreifaltigkeitssonntag	Reiftanz
	4. Dezember	Radschlagen in Knappenberg
Irschen 0 47 10 / 23 77	Christi Himmelfahrt	Auffahrtsspiel

Ort/Tel. Gemeinde	Termin	Brauch
Klagenfurt-Tultschnig	Karfreitag	Hl. Grab / Wache
Klagenfurt	Advent- und Weihnachtszeit	Christbaum für alle
Krems in Kärnten	Gründonnerstag, Karfreitag	Tafelngehen in Pleßnitz
0 74 32 / 27 72	24. Juli	Fahrzeugsegnung in Innerkrems
Lesachtal	September	Prozession, Maria Luggau
0 47 16 / 242	September	Erntedankfest in Maria Luggau
Liebenfels	Fasching	Sörger Faschingsspiele
0 42 15 / 22 16	Christi Himmelfahrt	Auffahrtsspiel in Pulst
Magdalensberg	2. Freitag nach Ostern	Vierbergelauf
Maria Saal	Fastenzeit	Fastentuch
0 42 23 / 22 14	2. Julisonntag	Kirchtag der Landsmannschaft
	Sonntag nach 26. Juli	Annakirchtag in Karmburg
	15. August	Kräuterweihe
	Advent	Adventkalender für alle
Maria Wörth	24. Juli	Fahrzeugsegnung
0 42 73 / 20 50-0	14. August	Seeprozession
Metnitz	Um 6. Jänner	Dreikönigssingen
0 42 67 / 220	Christi Himmelfahrt	Auffahrtsspiel in Feistritz
Millstatt	Fastenzeit	Fastentuch
0 47 66 / 20 21	Fronleichnam	Schiffsprozession
Mölbling	3 Sonntage nach Ostern	Wallfahrt
0 42 62 / 23 38		
Mörtschach	Fastenzeit	Fastentuch
0 48 26 / 701		
Oberdrauburg	5. Fastenwoche	Widderprozession, Ötting
0 47 10 / 22 48	5. Dezember	Krampusgruppen
Radenthein	22. Juni	Kirtag in Kaning
0 42 46 / 22 88		
Rangersdorf	Gründonnerstag, Karfreitag	Kreuzziehen in Tressdorf
0 48 23 / 255		
Reichenau	Christi Himmelfahrt	Auffahrtsspiel in St. Lorenzen
0 42 75 / 21 80		

Kärnten

Ort/Tel. Gemeinde	Termin	Brauch
St. Georgen am Längsee	Fastenzeit	Fastentuch in Taggenbrunn
0 42 13 / 410 00	Ostern	Fackeltragen in Gösseling
St. Kanzian am Klopeiner See	Um 5. Februar	Striezelwerfen in Stein im Jauntal
0 42 39 / 22 24-0	4. Mai	Florianisingen in St. Veit im Jauntal
St. Margareten im Rosental	Ostern	Böllerschießen
0 42 26 / 218		
St. Veit an der Glan	Faschingsdienstag	Umzug, Fasching verbrennen
0 42 12 / 50 40-0	Karfreitag	Hl. Grab / Wache
	Fronleichnam	Prozession
	29. September	Markt
	Advent- und Weihnachtszeit	Christbaum für alle
	5. Dezember	Krampusgruppen
Spittal an der Drau	Ostermontag	Schweinshaxen versteigern / Wolfsberg
Steinfeld	Faschingssonntag bis -dienstag	Maschkerertanz
0 47 17 / 301		
Steuerberg	Faschingssonntag bis -dienstag	Bärentreiben
0 42 71 / 22 21		
Straßburg	Fastenzeit	Fastentuch in Lieding
0 42 66 / 22 36		
Velden am Wörthersee	Fastenzeit	Fastentuch in Sternberg
0 42 74 / 21 02-7005	Karsamstag	Ostermarsch von Selpritsch auf den Humitzberg
	Um 23. April	Jörgenjagen in Latschach
Villach	1. August	Kirtag
0 42 42 / 205		
Völkermarkt	5. Dezember	Nikolaus-Umzug in Haimburg
0 42 32 / 25 71		
Weitensfeld im Gurktal	Pfingsten	Kranzelreiten
0 42 65 / 242		
Wolfsberg	Karsamstag	Osterfeuer
0 43 52 / 537-0	Juni	Schönsonntagmarkt
	Um 13. Oktober	Markt
	26. Dezember	Stephaniritt in St. Stefan und St. Michael
Zell	3. Mai	Florianisingen in slowenischer Sprache
0 42 27 / 72 10		

Ort/Tel. Gemeinde	Termin	Brauch
Alberndorf im Pulkautal 0 29 44 / 23 33	Ostermontag	Kellergassenfest
Albrechtsberg an der Großen Krems 0 28 76 / 258	Ende September	Erntedankfest, Tag der Tracht
Altenburg 0 29 82 / 27 65	Advent	Adventmarkt
Altenmarkt an der Triesting 0 26 73 / 22 00	22. Jänner	Vinzenzfest in St. Corona
Andlersdorf 0 22 15 / 34 11	8. September	Kirtag
Bad Pirawarth 0 25 74 / 23 40	5. Februar	Agathenbrot
	4. Dezember	Barbara-Zweige
	27. Dezember	Weinsegnung
Bad Schönau 0 26 46 / 82 84	25. Juli	Kirtag
Biberbach 0 74 76 / 82 50	Advent	Adventmarkt
Biedermannsdorf 0 22 36 / 711 31	Um 24. Juni	Jahresfeuer
	3. November	Jägermesse
Bockfließ 0 22 88 / 22 66	25. Juli	Kirtag
Böheimkirchen 0 27 43 / 23 18-0	25. Juli	Kirtag
Bromberg 0 26 29 / 51 22	26. Juli	Prozession
	Um 18. September	Kirtag
Brunn am Gebirge 0 22 36 / 316 01-0	Oktober	Erntedankfest
Dorfstetten 0 72 60 / 82 55	Juli bis August	Passionsspiel
Drasenhofen 0 25 54 / 852 00	Mitte Juni	Jahresfeuer auf dem Kreuzberg, Festmesse
		Südmährer-Kirtag in Kleinschweinbarth
	Oktober	Jägermesse in Kleinschweinbarth

Ort/Tel. Gemeinde	Termin	Brauch
Drösing 0 25 36 / 73 30	10. August	Kirtag
Dürnstein 0 27 11 / 219	11. November	Martiniloben
Ebreichsdorf 0 22 54 / 722 18	1. Adventsamstag	Festmesse
Edlitz 0 26 44 / 72 50	Ostern	Osterfeuer, Osterkipfel
	Um 24. Juni	Jahresfeuer
	3. November	Jägermesse
	Advent	Adventhaus
Eggenburg 0 29 84 / 35 01	Juni	Jahresfeuer, Schützenfest
Etsdorf-Haitzendorf 0 27 35 / 24 45	Um 8. Dezember	Grafenegger Advent
Falkenstein 0 25 54 / 853 40	15. August	Grottenfest
Frankenfels 0 27 25 / 245	19. März	Josefimesse
	Mai	Maiandacht
	Um 24. Juni	Jahresfeuer
	20. Juli	Kirtag
	28. Oktober	Kirtag
	Weihnachten	Pferdesegnung
	26. Dezember	Festmesse
Furth bei Göttweig 0 27 36 / 65 75	3. Februar	Blasiusbrot in Kleinwien
Gablitz 0 22 31 / 634 66-0	10. August	Kirtag
Geras 0 29 12 / 70 50	Oktober	Erntedankfest
Gerasdorf bei Wien 0 22 46 / 22 72	Advent	Adventkalender für alle
Gföhl 0 27 16 / 63 26-0	Ende August	Erdäpfelfest

Ort/Tel. Gemeinde	Termin	Brauch
Göttlesbrunn-Arbesthal 0 21 62 / 82 76	Pfingsten	Pfingstkönig
Gresten 0 74 87 / 23 10	Anfang Dezember	Barbara-Feier
Groß-Engersdorf 0 22 45 / 882 01	Ostermontag	Emmausgang
	25. April	Grenzbegehung
	4. Mai	Markt
Großriedenthal 0 22 79 / 72 46	Um 24. Juni	Jahresfeuer
Großharras 0 25 82 / 425 11	1. Mai	Europa-Maibaum in Zwingendorf
Großrußbach 0 22 63 / 66 68	Fronleichnam	Blumenteppich
Groß-Siegharts 0 28 47 / 23 71	Um 24. Juni	Jahresfeuer
Großweikersdorf 0 29 55 / 702 04	24. Juli	Fahrzeugsegnung
Gumpoldskirchen 0 22 52 / 621 01	Anfang Oktober	Gebirgaufschießen
	11. November	Erntedankfest
Gutenstein 0 26 34 / 72 20	22. Jänner	Vinzenzfest
Haag 0 74 34 / 424 23	Palmsonntag	Prangstangen
	23. April	Kirtag
	Mai	Maiandacht
	Um 24. Juni	Jahresfeuer
	29. September	Kirtag
	Advent	Adventmarkt
	5. Dezember	Nikolaus
	26. Dezember	Patenbesuche
Hadersdorf-Kammern 0 27 35 / 23 09	29. Juni	Kinderfest
Haringsee 0 22 14 / 23 04	25. April	Flurprozession

Ort/Tel. Gemeinde	Termin	Brauch
Haslau-Maria Ellend 0 22 32 / 802 50	Karfreitag	Jugendkreuzweg
	Ostern	Osterfeuer
	Um 24. Juni	Jahresfeuer
	24. Juli	Fahrzeugsegnung
	3. November	Jägermesse
	5. Dezember	Krampusgruppen
Hausleiten 0 22 65 / 72 67	Fastenzeit	Fastentuch
Heidenreichstein 0 28 62 / 523 26	Christi Himmelfahrt	Wallfahrt
Heiligenkreuz 0 22 58 / 87 20	Fastenzeit	Kalvarienbergandacht
Herzogenburg 0 27 82 / 833 15	Palmsonntag	Kreuzwegandacht
	3 Tage vor Christi Himmelfahrt	Flurprozession
	Sommer	Kindersommerspiele
	Advent	Rorate und Agape
Hochneukirchen-Gschaidt 0 26 48 / 22 06	24. Juli	Fahrzeugsegnung
	2. Septembersonntag	Fest beim Dreiländerstein
Hochwolkersdorf 0 26 45 / 82 22	10. August	Kirtag
Hohe Wand 0 26 38 / 883 48	Palmsonntag	Palmprozession
	Passionssonntag	Passion
	Pfingsten	Pfingstfeuer
	24. Juni	Kirtag
	5. Dezember	Nikolaus
	Nacht auf 26. Dezember	Unruhnacht
Hohenau an der March 0 25 35 / 23 07	Gründonnerstag, Karfreitag	Ratschen
Hohenberg 0 27 67 / 828 20	25. Juli	Kirtag
Hollabrunn 0 29 52 / 21 02-0	Fasching	Sonnberger Narrentreiben
	Ostermontag	Emmausgang in Sonnberg
	4. Mai	Brunnenfest in Sonnberg
	Muttertag	Ständchen in Sonnberg
	Um 24. Juni	Jahresfeuer in Sonnberg
	24. Juli	Fahrzeugsegnung

Ort/Tel. Gemeinde	Termin	Brauch
Hollabrunn	26. Oktober	Festakt in Sonnberg
0 29 52 / 21 02-0	3. November	Jägermesse in Sonnberg
	22. November	Cäcilien-Messe in Sonnberg
Karlstetten	Christi Himmelfahrt	Radfahrertag
0 27 41 / 82 76	4. Mai	Feuerwehrfest
	4. Juli	Pfarrfest
Katzelsdorf	23. April	Pferdesegnung
0 26 22 / 782 00	10. August	Kirtag
Kaumberg	Ende September	Kirtag mit Bauernmarkt
0 27 65 / 282	5. Dezember	Nikolausfeier, Krampusrummel
Kirchberg am Wechsel	1. Jänner	Trompetensegen
0 26 41 / 22 26	Fastenzeit	Fastentuch
	Ostern	Osterkipfel
	25. April	Flurprozession
	Fronleichnam	Prozession
	24. Juli	Fahrzeugsegnung
Kirchschlag i. d. Buckl. Welt	Um 6. Jänner	Sternsingen
0 26 46 / 22 13	Fastenzeit	Passionsspiel
	2. Fastensonntag	Kalvarienbergandacht
	25. April	Flurprozession
	Um 24. Juni	Jahresfeuer
	26. Juli	Wallfahrt
	22. November	Cäcilien-Messe
Klosterneuburg	15. August	Kräuterweihe in Maria Gugging
0 22 43 / 444	15. November	Leopoldifest
Krems an der Donau	Oktober	Erntedankfest in Stein an der Donau
0 27 32 / 801-0		
Krumbach	Fastenzeit	Kreuzwegandacht
0 26 47 / 422 38	Palmsonntag	Flurprozession
	24. Juli	Fahrzeugsegnung
Laa an der Thaya	5. Dezember	Nikolaus-Umzug
0 25 22 / 25 01-0		
Ladendorf	25. April	Flurprozession
0 25 75 / 22 50		

Ort/Tel. Gemeinde	Termin	Brauch
Langenlois 0 27 34 / 21 01	11. November	Martiniloben
Lassee 0 22 13 / 23 11-0	Pfingsten	Wallfahrt
	Fronleichnam	Grasteppich
	22. November	Cäcilien-Messe
Leopoldsdorf im Marchfelde 0 22 16 / 22 16	Karwoche	Ride & pray
	Pfingsten	Fahrzeugsegnung
	27. Dezember	Weinsegnung
Maissau 0 29 58 / 822 71	Gründonnerstag, Karfreitag	Ratschen
	2. Septembersonntag	Kirtag
Mannersdorf am Leithagebirge 0 21 68 / 622 52	11. November	Markt
Maria Enzersdorf am Gebirge 0 22 36 / 445 01	2. August	Kirtag
Maria Lanzendorf 0 22 35 / 422 04	Fastenzeit	Kalvarienbergandacht
	5. Fastenwoche	Wallfahrt
Markgrafneusiedl 0 22 48 / 22 41	Advent	Adventkalender für alle
Markt Piesting 0 26 33 / 422 41	6. November	Kirtag
Matzen-Raggendorf 0 22 89 / 22 73	4. Dezember	Barbara-Feier
Melk 0 27 52 / 523 07	Mitte Oktober	Kirtag
Mistelbach 0 25 72 / 25 15-0	Mitte August	Feldsberger Kirtag
	Mitte August	Weinviertler Kirtag in Siebenhirten
Mödling 0 22 36 / 400-0	Faschingssonntag bis -dienstag	Karneval
	Ostern	Osterfeuer
Mönichkirchen 0 26 49 / 209 25	Palmsonntag	Flurprozession
	Pfingsten	Pfingstblasen
	Advent	Konzert
	5. Dezember	Nikolaus, Krampusgruppen

Ort/Tel. Gemeinde	Termin	Brauch
Neulengbach 0 27 72 / 52 105	24. Juli	Autofahrerwallfahrt St. Christophen
Obermallebarn 0 22 67 / 22 25	Ostern	Osterfeuer
	Um 24. Juni	Jahresfeuer
Obersiebenbrunn 0 22 86 / 22 18	11. November	Pferdesegnung
Orth an der Donau 0 22 12 / 22 08	4. Mai	Feuerwehrfest
	29. September	Kirtag
Ottenschlag 0 28 72 / 73 30	September	Mohnkirtag in Armschlag
Paudorf 0 27 36 / 65 75	Ostern	Osterfeuer
	1. Mai	Wandertag
	4. Mai	Feuerwehrfest
	11. November	Martinsfest
	Samstag vor Silvester	Waldwanderung
	31. Dezember	Silvestermette
Payerbach 0 26 66 / 524 23	25. Juli	Kirtag
Perchtoldsdorf 01 / 866 83	6. November	Weinhüter-Umzug
Pernitz 0 26 32 / 722 19	5. Dezember	Nikolaus
	Weihnachten	Blasmusik
Petzenkirchen 0 74 16 / 52 09-0	3. August	Kirtag
	Um 24. Juni	Jahresfeuer
	26. Oktober	Ball
Pitten 0 26 27 / 822 12	Fastenzeit	Fastentuch
	Mai	Maiandacht
	Um 24. Juni	Jahresfeuer
Pöggstall 0 27 58 / 23 83	26. Juli	Kirtag
Poysdorf 0 25 52 / 220 00	Um 24. Juni	Jahresfeuer
	8. September	Bründlfest
Reichenau an der Rax 0 26 66 / 522 06	Anfang September	Markt

Ort/Tel. Gemeinde	Termin	Brauch
Retz	Advent	Weihnachtsspiel in Unternalb
0 29 42 / 22 23		
Rohr im Gebirge	Fronleichnam	Prangstangen
0 26 67 / 82 01		
Röschitz	3 Tage vor Christi Himmelfahrt	Flurprozession
0 29 84 / 27 01	Dreifaltigkeits-Sonntag	Feldmesse
	5. Dezember	Nikolaus-Umzug
Rossatz-Arnsdorf	Mai	Maiandacht
0 27 14 / 62 17	25. Juli	Kirtag
St. Georgen an der Leys	Um 12. März	Kirtag
0 74 82 / 462 18	Sonntag nach 23. April	Kirtag
	Um 24. Juni	Jahresfeuer
	24. Dezember	Christkind suchen
St. Leonhard am Forst	11. November	Leonhardiritt
0 27 56 / 22 04		
Scheibbs	6. Jänner	Dreikönigsritt
0 74 82 / 425 11	1. Mai	Maibaum
Schollach	Advent	Advent auf der Schallaburg
0 27 54 / 69 29		
Schönbach	3 Tage vor Christi Himmelfahrt	Flurprozession
0 28 27 / 70 02	29. September	Kirtag
Schönkirchen-Reyersdorf	Um 24. Juni	Jahresfeuer
0 22 82 / 24 06		
Schottwien	Christi Himmelfahrt	Wallfahrt
0 26 63 / 82 13	Um 24. Juni	Jahresfeuer
Schwarzenau	11. November	Kirtag in Groß-Haselbach
0 28 49 / 22 02		
Seitenstetten	Advent	Adventmarkt
0 74 77 / 422 24		
Sierndorf	Um 24. Juni	Jahresfeuer
0 22 67 / 22 25		
Spitz	1. Mai	Maibaum
0 27 13 / 22 48	Ende Juni	Jahresfeuer, Maibaumverlosung

Ort/Tel. Gemeinde	Termin	Brauch
Spitz 0 27 13 / 22 48	Ende Juli	Marillenkirtag
	Anfang Oktober	Erntedankfest, Umzug
	6. Dezember	Schifferlsetzen, Nikolausfest
	6. Dezember	Schiffermesse in Schwallenbach
Steinakirchen am Forst 0 74 88 / 713 25-0	Ostern	Osterkipfel, Osterwasser
	Dreifaltigkeits-Sonntag	Prozession
	Oktober	Erntedank
Stockerau 0 22 66 / 695	Gründonnerstag	Gründonnerstagpartie
Stronsdorf 0 25 26 / 73 09	Pfingsten	Pfingstkönig in Patzmannsdorf
Ternitz 0 26 30 / 382 40	24. August	Augustini-Kirtag in St. Johann am Steinfelde
Traiskirchen 0 22 52 / 526 11	25. April	Flurprozession in Tribuswinkel
	Um 24. Juni	Jahresfeuer in Tribuswinkel
	Ende August	Kirtag in Tribuswinkel
Traismauer 0 27 83 / 86 51	Advent	Krippenspiel
Trautmannsdorf an der Leitha 0 21 69 / 22 46	15. August	Prozession
Ulrichskirchen-Schleinbach 0 22 45 / 24 32	4. Juli	Burschenamt
Untersiebenbrunn 0 22 86 / 23 20	Juli bis September	Kulturtage
	15. August	Kräuterweihe
Waidhofen an der Ybbs 0 74 42 / 511	1. Maisonntag (Floriani)	Kirtag in Zell an der Ybbs
	Ende Mai	Fiakerwallfahrt nach St. Leonhard am Wald
	Fronleichnam	Prozession
	24. Juni	Türkenpfeifer
	6. November	Kirtag in St. Leonhard am Wald
Wallsee-Sindelburg 0 74 33 / 22 16-0	Palmsonntag	Palmprozession
Warth 0 26 29 / 22 45	Aschermittwoch	Girlandenverbrennen
	Um 24. Juni	Jahresfeuer
	25. Juli	Kirtag

Ort/Tel. Gemeinde	Termin	Brauch
Weikersdorf am Steinfelde 0 26 38 / 222 26	2. Februar	Lichtmesssingen
Weißenkirchen a. d. Perschling 0 27 84 / 71 03	6. Jänner	Dreikönigsritt in Perschling
	Um 24. Juni	Jahresfeuer
Weitra 0 28 56 / 50 06	Anfang Dezember	Adventmarkt
Wiener Neustadt 0 26 22 / 373	Um 24. Juni	Jahresfeuer
	11. November	Martinsfest
	Advent	Rorate, Adventspaziergang etc.
Wienerwald 0 22 38 / 81 06	13. Dezember	Luziafest in Sulz im Wienerwald
Wieselburg 0 74 16 / 523 19	19. März	Josefimesse
Wiesmath 0 26 45 / 22 31	Pfingsten	Pfingstschnalzen
	5. Dezember	Krampusritt, Nikolo-Einzug
Wilfersdorf 0 25 73 / 23 66	Advent	Adventmarkt
Wolkersdorf im Weinviertel 0 22 45 / 24 01-0	20. Juli	Kirtag in Obersdorf
	Oktober	Erntedankfest in Obersdorf
Wullersdorf 0 29 51 / 84 33	24. Juli	Fahrzeugsegnung in Immendorf
Würflach 0 26 20 / 24 10	2. Februar	Lichtmesssingen
Ybbsitz 0 74 43 / 866 01	Fasching	Faschingsumzug
	Ostern	Osterkipfel
	Advent	Schmiede-Weihnachtsmarkt
Zellerndorf 0 29 45 / 22 12	25. April	Flurprozession
	3 Tage vor Christi Himmelfahrt	Flurprozession in Watzelsdorf
	4. Mai	Feuerwehrfest in Watzelsdorf
	15. August	Kräutersammeln in Watzelsdorf
	26. Oktober	Kürbisfest
	3. November	Jägermesse in Watzelsdorf
	11. November	Martiniloben
	27. Dezember	Weinsegnung in Watzelsdorf
Ziersdorf 0 29 56 / 22 04-0	3. November	Jägermesse in Radlbrunn

Ort/Tel. Gemeinde	Termin	Brauch
Adlwang 0 72 58 / 74 55	Weißer Sonntag	Ahnlkipferl
Alberndorf in der Riedmark 0 72 35 / 71 55	Advent	Herbergssuchen
Altmünster 0 76 12 / 876 11	Um 6. Jänner 23. April	Dreikönigsritt in Neukirchen Georgiritt in Eben
Ampflwang im Hausruckwald 0 76 75 / 40 10	11. November	Martinsumzug
Andorf 0 77 66 / 22 55	Um 24. Juni	Jahresfeuer
Aschach an der Steyr 0 72 59 / 34 12	Weißer Sonntag 11. November	Ahnlkipferl Kirtag
Attersee 0 76 66 / 77 55	1. Mai Um Weihnachten	Maibaum Christbaumtauchen
Attnang-Puchheim 0 76 74 / 615	11. November 25. November	Martinsritt Vogelausstellung
Bad Goisern 0 61 35 / 83 01	Laetare Um 15. August	Liebstattsonntag Gamsjaga-Tage
Bad Ischl 0 61 32 / 301-0	Um 6. Jänner Faschingsdienstag Aschermittwoch Karfreitag 30. April Sonntag nach 4. Mai Muttertag Um 29. September Ende September Ende September Ende November Weihnachten 26. Dezember Um Silvester Silvester	Glöcklerlauf, Dreikönigsritt Faschingsumzug Fasching verbrennen Hl. Grab in Lauffen Maibaum Florianifest Konzert Almfest, Musikanten-Treffen, Almabtrieb auf der Rettenbachalm Erntedankfest Lichtbratl-Montag Knappenfest Krippenspiel, Krippen besuchen Krambamberl-Brennen Krippenspiel Böllerschießen
Bad Leonfelden 0 72 13 / 65 65	Karfreitag	Hl. Grab

Ort/Tel. Gemeinde	Termin	Brauch
Bad Zell 0 72 63 / 72 55	Um 16. Oktober	Hedwigsfest
Desselbrunn 0 76 73 / 37 13	6. November oder So danach	Leonhardiritt
Ebensee 0 61 33 / 70 51	5. Jänner	Glöcklerlauf
	Faschingssamstag bis -montag	Ebenseer Fasching
	Aschermittwoch	Fasching verbrennen
	Laetare	Liebstattsonntag
	Gründonnerstag, Karfreitag	Ratschen
	Christi Himmelfahrt	Prozession
	1. Mai	Maibaum
	Woche vor 15. August	Almsingtage
	11. November	Martinsritt
	25. November	Vogelausstellung
	Advent- und Weihnachtszeit	Christbaum für alle
	Weihnachten	Turmblasen
	26. Dezember	Krambamberl-Brennen
	Weihnachtszeit	Krippen besuchen
	ab 30. Dezember	Sternsingen
Eberschwang 0 77 53 / 22 55	Faschingssamstag	Burschenball
	Faschingssonntag	Faschingsumzug
	11. November	Martinsumzug
Eferding 0 72 72 / 555-0	Fasching	Karneval
Frankenburg am Hausruck 0 76 83 / 50 06	Fasching	Karneval
Freistadt 0 79 42 / 725 06	Karfreitag	Hl. Grab / Wache
Gaflenz 0 73 53 / 205	Sonntag nach 19. August	Sebaldfest
Gallspach 0 72 46 / 623 55	Fasching	Karneval
Garsten 0 72 52 / 533 07	27. Juli	Bertholdfest
	Advent	Adventmarkt
Gaspoltshofen 0 77 35 / 69 54	Ostern	Weckruf in Altenhof am Hausruck

Ort/Tel. Gemeinde	Termin	Brauch
Gilgenberg am Weilhart 0 77 28 / 80 12	Um 24. Juni	Jahresfeuer
Gmunden 0 76 12 / 792	5. Jänner	Dreikönigseinzug, Glöcklerlauf
	Laetare	Liebstattsonntag
	Weihnachten	Christbaumtauchen
Grieskirchen 0 72 48 / 622 55	15. August	Kräutermarkt
Großraming 0 72 54 / 75 75-0	Um Weihnachten	Christbaumtauchen
Hallstatt 0 61 34 / 82 55-0	Um 6. Jänner	Glöcklerlauf
	Fronleichnam	Seeprozession
Helfenberg 0 72 16 / 701 30	29. Juni	Petersfeuer
Hinterstoder 0 75 64 / 52 55	Ende Juli	Maibaumkraxeln und -verlosen
	Oktober	Erntedankfest
Julbach 0 72 88 / 81 55	Sonntag nach 3. November	Jägermesse
Kefermarkt 0 79 47 / 62 55	Advent	Adventmarkt im Schloss Weinberg
Klaffer am Hochficht 0 72 88 / 70 26-16	Christi Himmelfahrt	Prozession
	1. Mai	Maibaum
	15. August	Kräuterweihe im Heilkräutergarten
	11. November	Wolfablassen, Martinsumzug
Königswiesen 0 79 55 / 62 55	30. April	Maibaum
	Fronleichnam	Weckruf, Prozession
	Muttertag	Konzert, Feier, Maiandacht
	Mitte Juni	Dorffest in Haid
	Ende Juni	Petersfeuer auf der Moseralm
	Ende Juli	Kirtag
	Mitte August	Tag der Blasmusik, Tag der Tracht
	15. August	Dorffest in Mönchdorf
	Ende September	Erntedankfest in Mönchdorf
	29. September	Kirtag
	Anfang Oktober	Erntedankfest
	Um 3. November	Jägermesse
	30. November	Kirtag
	6. Dezember	Krampusrummel
	Advent	Adventmarkt, Krippenschau

Ort/Tel. Gemeinde	Termin	Brauch
Kopfing im Innkreis 0 77 63 / 22 05	Weihnachten	Christkind
Kremsmünster 0 75 83 / 52 55-0	Karfreitag	Hl. Grab
	Schulschluss	Maturanten pflanzen
Lambach 0 72 45 / 283 55	Sonntag nach 16. September	Adalberofest
Laussa 0 72 55 / 72 55	Karfreitag	Hl. Grab
	Um 24. Juni	Jahresfeuer
Linz 0 732 / 70 70-0	1. Jänner	Aperschnalzen, Neujahrsschießen
	Um 24. Juni	Jahresfeuer in St. Magdalena
	4. Oktober	Tiersegnung
	Advent- und Weihnachtszeit	Christbaum für alle
Maria Schmolln 0 77 43 / 22 55	Neujahr	Maschkerer
Mettmach 0 77 55 / 72 55	Fastenzeit	Passionsspiel
Micheldorf in Oberösterreich 0 75 82 / 612 50	Um 23. April	Georgiritt
Mondsee 0 62 32 / 22 03-2270	25. November	Vogelausstellung
Natternbach 0 72 78 / 82 55	Um 24. Juni	Jahresfeuer
Nebelberg 0 72 87 / 76 40	3 Tage vor Christi Himmelfahrt	Dorfhauptmann
Neukirchen an der Vöckla 0 76 82 / 71 55	Wochenende Anfang November	Kirtag, Leonhardiritt
Oberneukirchen 0 72 12 / 70 55-0	Advent	Herbergssuchen
Obertraun 0 61 31 / 342	2. Jänner	Höhleneinkehr
	5. Jänner	Glöcklerlauf
	Faschingsmontag	Faschingsbrief
	Ostersonntag	Weckruf
	Nacht auf Ostermontag	Unruhnacht

Ort/Tel. Gemeinde	Termin	Brauch
Obertraun 0 61 31 / 342	1. Mai	Maibaum
	1. Mai	Weckruf
	Ende August	Almfest auf der Koppenwinkelalpe
	26. Dezember	Krambamberl-Brennen
	28. Dezember	Altjahr-Verbrennen
	29., 30. Dezember	Neujahrsblasen
Pettenbach 0 75 86 / 81 55	6. November	Leonhardiritt
Pucking 0 72 29 / 889 11	6. November	Leonhardiritt in St. Leonhard
Reichenthal 0 72 14 / 70 07	Karfreitag	Hl. Grab
Reichersberg 0 77 58 / 23 15	Mitte September	Erntedankfest
St. Aegidi 0 77 17 / 74 55	15. August	Kräuterweihe
St. Florian 0 72 24 / 42 55	4. Mai	Kerzenweihe
St. Georgen im Attergau 0 76 67 / 62 55	Um 24. Juni	Jahresfeuer
St. Nikola an der Donau 0 72 68 / 81 55	6. Dezember	Kranzversenken
St. Roman 0 77 16 / 73 59	5. Dezember	Nikolaus
St. Thomas 0 72 77 / 72 12	1. Advent-Samstag	Bratwürstelsamstag
St. Wolfgang i. Salzkammergut 0 61 38 / 23 12	Um 6. Jänner	Glöcklerlauf
	4. Mai	Florianifest
	Ende September	Almabtrieb
	Anfang Oktober	Erntedankfest, Jahrgangsfeier
Sarleinsbach 0 72 83 / 82 55	1. Mai	Maibaum
	Christi Himmelfahrt	Prozession
	6. November	Leonhardiritt

Ort/Tel. Gemeinde	Termin	Brauch
Schärding 0 77 12 / 31 54-7	1. Mai	Maibaum
	Um Weihnachten	Christbaumtauchen
Scharnstein 0 76 15 / 22 55	2. Oktobersamstag	Prozession
Schörfling am Attersee 0 76 62 / 32 55-0	Um Weihnachten	Christbaumtauchen
Schwanenstadt 0 76 73 / 22 55	Gründonnerstag bis Karsamstag	Fastenkrippe am Philippsberg, Ratschen
	Karfreitag	Hl. Grab
	Juni bis August	Buhei-Fest
Schwertberg 0 72 62 / 611 55	Laetare	Liebstattsonntag
Sierning 0 72 59 / 22 55-0	Faschingsdienstag	Rudenkirtag
Spital am Pyhrn 0 75 63 / 255	1. Mai	Maibaum
	16.–30. September	Almabtrieb
Stadl-Paura 0 72 45 / 280 11	Sonntag nach 6. Jänner	Schifferjahrtag
Steinbach am Attersee 0 76 63 / 255	5. Jänner	Glöcklerlauf
Steinbach am Ziehberg 0 75 82 / 72 55	Laetare	Liebstattsonntag
	Advent	Herbergssuchen
Steinbach an der Steyr 0 72 57 / 72 03	Advent	Adventkalender für alle
Steyr 0 72 52 / 575	Um 24. Juni	Jahresfeuer in Damberg
	Advent- und Weihnachtszeit	Postamt Christkindl
	Weihnachtszeit	Krippenspiel
Ternberg 0 72 56 / 60 01	Karfreitag	Hl. Grab
Traunkirchen 0 76 17 / 22 55	Nacht auf Karfreitag	Leiden-Christi-Singen
	Fronleichnam	Seeprozession
Vöcklabruck 0 76 72 / 760	Laetare	Liebstattsonntag

Ort/Tel. Gemeinde	Termin	Brauch
Vorderstoder	Neujahr	Neujahrsschießen
0 75 64 / 82 55-0	15. August	Kräuterweihe
	Ende September	Erntedankfest
Waizenkirchen	24. Juli	Fahrzeugsegnung
0 72 77 / 22 55		
Waldzell	Um 13. Jänner	Zechentanz
0 77 54 / 22 25		
Wartberg an der Krems	24. Juli	Fahrzeugsegnung
0 75 87 / 70 55-0	11. November	Martinsritt
Weißenkirchen im Attergau	6. November	Reiterspiele
0 76 84 / 63 55		
Weitersfelden	Advent	Adventkalender für alle
0 79 52 / 62 55		
Wels	Samstag nach 2. Februar	Glanglmarkt,
0 72 42 / 235-0		Ahnlkipferl
Weyregg am Attersee	19. März	Seppentreffen
0 76 64 / 22 55-0		
Windischgarsten	5. Dezember	Nikolaus-Umzug
0 75 62 / 52 55-0		
Wolfsegg am Hausruck	2. Oktobersamstag	Kirtag
0 76 76 / 73 55	Sonntag nach 4. Dezember	Barbara-Feier

Salzbur g

Ort/Tel. Gemeinde	Termin	Brauch
Altenmarkt im Pongau	1. Jänner	Perchten
0 64 52 / 59 11-0	Um 6. Jänner	Pongauer Perchtenlauf
Anif	Anfang August	Kirtag
0 62 46 / 723 04		
Annaberg-Lungötz	5. Jänner	Dreikönigsritt
0 64 63 / 81 58		
Bad Gastein	1. und um 6. Jänner	Perchten
0 64 34 / 374 40	1. September	Volksfest in Böckstein
Bischofshofen	1. Jännersonntag	Perchten
0 64 62 / 28 01	Fronleichnam	Prangstangen
	Oktober	Amselsingen
Bramberg am Wildkogel	Juni	Ranggeln
0 65 66 / 72 37		
Bruck an der Großglocknerstr.	23. April	Georgiritt in St. Georgen
0 65 45 / 72 07		
Dienten am Hochkönig	Um 24. September	Almabtrieb
0 64 61 / 215		
Elsbethen	21. Juni	Jahresfeuer
0 662 / 62 34 28		
Eugendorf	Um 23. April	Georgiritt
0 62 25 / 82 09		
Faistenau	1. Jänner	Neujahrsschießen
0 62 28 / 22 12	1. Maisonntag	Maibaum
Flachau	1. Mai	Schützenfest
0 64 57 / 22 50		
Fusch an der Großglocknerstr.	28. Juni	Briccius-Wallfahrt
0 65 43 / 520 20		
Goldegg	1. Jänner	Perchten
0 64 15 / 81 17	Um 6. Jänner	Dreikönigsblasen
	22. November	Cäcilien-Messe
Golling an der Salzach	Um 6. Jänner	Gollinger Perchtenspiel
0 62 44 / 42 23		

Ort/Tel. Gemeinde	Termin	Brauch
Grödig 0 62 46 / 721 06	21. Juni	Jahresfeuer
	Mitte Oktober	Kirtag
	6. November	Leonhardiritt in St. Leonhard
Großarl 0 64 14 / 88 98	Gründonnerstag, Karfreitag	Leiden-Christi-Singen
Großgmain 0 62 47 / 82 05	Fastenzeit	Loferer Passion
	1. Mai	Maibaum
Hallein 0 62 45 / 89 88-0	Um 24. September	Rupertischießen auf dem Dürrnberg
Hintersee 0 62 24 / 214	Palmsonntag	Palmeselumzug
	1. Mai	Maibaum
	Oktober	Feste auf der Gruberalm
Hof bei Salzburg 0 62 29 / 22 04	21. Juni	Jahresfeuer
	Oktober	Erntedankfest
Hüttau 0 64 58 / 72 32	1. Julisonntag	Prangstangen
Hüttschlag 0 64 17 / 204	2. Februar	Schlenkerfahrt
Köstendorf 0 62 16 / 53 13	29. Juni	Schützenfest
Krimml 0 65 64 / 72 13	Ende September	Almabtrieb
Krispl 0 62 40 / 213	22. November	Cäcilien-Messe
Lamprechtshausen 0 62 74 / 62 02	21. Juni	Jahresfeuer
Lofer 0 65 88 / 82 08	1. Mai	Schützenfest
	Anfang August	Marktfest
Maria Alm a. Steinernen Meer 0 65 84 / 77 05	Sonntag um 25. Juli	Ranggeln
	Wochenende um 24. August	Wallfahrt
Mariapfarr 0 64 73 / 82 12	Fronleichnam	Samson
	Anfang Juni	Samson
	15. August	Samson

Salzburg

Ort/Tel. Gemeinde	Termin	Brauch
Mauterndorf 0 64 72 / 72 19-0	Juni	Samson
	15. August	Samson
	24. August	Bartholomäus-Kirtag, Rösslmarkt
Mittersill 0 65 62 / 62 36	September	Almabtrieb
Mühlbach am Hochkönig 0 64 67 / 78 11	Fronleichnam	Prozession
	Wochenende nach Fronleichnam	Bergmesse, Musik auf der Molteraualm
	24. Juni	Hans-Treffen auf der Pronebenalm
	29. Juni	Peter-und-Paul-Fest auf der Mitterfeldalm
	9. August	Dorffest
	15. August	Skapulierfest, Prozession
	8. September	Schafabtrieb, Mitterfeldalm
	14. September	Bauernherbstfest
	Oktober	Erntedankfest
	27. September	Hiatatanz, Dientalm
	30. September	Almabtrieb, Dientalm
	22. November	Konzert
	25. November	Kathreintanz
Muhr 0 64 79 / 318	Fronleichnam	Samson
	29. Juni	Prangstangen
	August	Kräuterweihe
	Oktober	Erntedankfest
Neumarkt am Wallersee 0 62 16 / 52 12-0	23. April	Georgiritt
	22. November	Konzert
Oberndorf bei Salzburg 0 62 72 / 42 25-0	1. Jänner	Sternsingen
	Fronleichnam	Himmelbrotschutzen
	Juli / August	Schifferstechen, Piratenschlacht
	Advent	Frauenbildtragen
	Um 6. Dezember	Anklöckeln der Pfadfinder, Krampuslauf
	24. Dezember	Stille-Nacht-Feier
Pfarrwerfen 0 64 68 / 54 10	Neujahr	Perchten
	1. Mai	Maibaum
	Dreifaltigkeits-Sonntag	Prozession
	Fronleichnam	Prangstangen
	5. Dezember	Perchten
Puch bei Hallein 0 62 45 / 806 94	Palmsonntag	Palmeselumzug
	Sonntag nach 25. Juli	Schützenfest in St. Jakob am Thurn
Ramingstein 0 64 75 / 802	24. Juni	Scheibentreiben
	3. Julisonntag	Silbermarkt, Samson
	Herbst	David-und-Goliath-Spiel

Ort/Tel. Gemeinde	Termin	Brauch
Rauris	5. Jänner	Schnabelperchten-Umzug
0 65 44 / 62 02-10	25. November	Kathreintanz
Saalfelden am Steinernen Meer	25. November	Kathreintanz
0 65 82 / 797-0		
Salzburg	Um 6. Jänner	Trachtenball
0 662 / 80 72-0,	Um 6. Jänner	Trestern
0 662 / 88 987-0	Um 6. Jänner	Glöcklerlauf
	Faschingssonntag	Fahnenschwingen, Metzgersprung
	15. Februar	Wallner-Feiern
	Karfreitag	Hl. Grab in St. Peter
	23. April	Kirtag
	24. Juni	Sonnwendschießen
	Juli	Fackeltanz
	Juli	Prozession der Schützen
	10. August	Schützenfest
	24. September	Kirtag
	Mitte November	Martinifeier der Bürgergarde
	Ende November bis Dezember	Adventsingen
	Advent	Markt
	Advent	Wilde Jagd
Salzburg-Aigen	3. November	Jägermesse
Salzburg-Itzling	1. Mai	Maibaum
Salzburg-Maxglan	1. Maisonntag	Maibaum
Salzburg-Rott	29. Juni	Flurprozession
	Um 24. Juni	Jahresfeuer
St. Andrä im Lungau	Fronleichnam	Samson
0 64 74 / 22 83		
St. Gilgen	6. Jänner	Dreikönigsritt, Glöcklerlauf
0 62 27 / 24 45-0	6. Jänner	Vesper im Kloster Gut Aich mit Benediktion
	Faschingssamstag	Gildenabend
	Faschingsdienstag	Faschingsumzug in Abersee
	Ostersonntag	Nachtwallfahrt auf den Falkenstein
	Ende April	Patroziniums- und Kirchweihfest in Abersee
	1. Mai	Maibaum
	1. Mai	Weckruf
	1. Mai	Fußwallfahrt auf den Falkenstein, feierliche Maiandacht
	4. Mai	Florianifest
	21. Juni	Jahresfeuer auf dem Falkenstein
	22. Juni	Kirtag
	Juli	Feste
	August	Tag der Blasmusik
	Ende August	Auftaktfest zum Bauernherbst

Ort/Tel. Gemeinde	Termin	Brauch
St. Gilgen	1. September	Patroziniums- und Kirchweihfest
0 62 27 / 24 45-0	7. September	Kirtag
	Mitte September	Bergmesse, Almkranzbinden
	Anfang Oktober	Erntedankfest
	Mitte Oktober	Rupertischießen
	1. Adventsamstag	Perchtenmania, Advent-Einläuten, Adventkranzweihe
	24. Dezember	Männerrorate, Weihnachtsschießen, Krippenfeier, Turmblasen, Mette
	31. Dezember	Sternschießen, Fackellauf
St. Johann im Pongau	Juni	Ranggeln
0 64 12 / 80 01-0	Um 6. Jänner, um 5. Dezember	Perchten
St. Margarethen im Lungau 0 64 76 / 280	Fronleichnam	Prozession, Samson
St. Michael im Lungau	Fronleichnam	Prozession, Samson
0 64 77 / 77 72-0	15. August	Samson
	Oktober	Erntedankfest
Scheffau am Tennengebirge 0 62 44 / 84 42	Juni	Almfest auf der Wallingalm
Schwarzach im Pongau 0 64 15 / 61 91-0	25. November	Kathreintanz
Seekirchen am Wallersee 0 62 12 / 23 08	1. Mai	Maibaum
Straßwalchen 0 62 15 / 82 09-0	26. Oktober	Umritt in Irrsdorf
Strobl	Um 6. Jänner	Glöcklerlauf
0 61 37 / 72 56	1. Mai	Maibaum
	4. Mai	Kirtag
	Pfingsten	Almfest auf der Laimeralm
	Fronleichnam	Prozession
	September	Almfest auf der Laimeralm
	Mitte September	Postalmmesse
	Ende September	Lichtbratlmontag auf der Laimeralm
	24. Dezember	Weihnachtsschießen, Andacht, Turmblasen, Mette
	31. Dezember	Sternschießen
Stuhlfelden 0 65 62 / 42 32	6. Jänner	Trestern

Ort/Tel. Gemeinde	Termin	Brauch
Tamsweg	3. Jänner-Woche	Vereinigten-Oktav
0 64 74 / 77 11-0	1. Fastensamstag	Geldbeutelwaschen
	Ostersonntag	Osterfeuer in Wölting
	Ostermontag	Gonesrennen in Wölting
	Fronleichnam	Samson in Wölting
	Fronleichnam	Samson
	Anfang Juni	Samson
	24. Juni	Samson
	1. Julisonntag	Samson
	Um 25. Juli	Samson
	24. August	Scheibenschießen
Taxenbach	Juni	Ranggeln
0 65 43 / 520 20		
Thalgau	Fronleichnam	Prozession
0 62 35 / 74 71-0	Oktober	Erntedankfest
Thomatal	Palmsonntag	Palmeselumzug
0 64 76 / 250	23. April	Schweinshaxenopfer
	15. August	Untersbergtheater
Unken	1. Mai	Maibaum
0 65 89 / 42 02	6. Jänner	Trestern
Unternberg	Fronleichnam	Samson
0 64 74 / 62 14	1. Julisonntag	Samson
Vigaun	22. November	Konzert
0 62 45 / 834 38		
Wagrain	Fronleichnam	Prozession
0 64 13 / 82 13	1. Julisonntag	Prangstangen
	Oktober	Erntedankfest
	Sonntag nach 6. Dezember	Saisonwendfeuer
Werfen	1. Mai	Maibaum
0 64 68 / 52 23	Fronleichnam	Prangstangen
	22. November	Konzert in Tenneck
Werfenweng	Fronleichnam	Prangstangen
0 64 66 / 414	1. Julisonntag	Prangstangen
Zederhaus	24. Juni	Prangstangen
0 64 78 / 226		
Zell am See	6. Jänner	Trestern, Neujahrsschießen
0 65 42 / 760-0		

Steiermark

Ort/Tel. Gemeinde	Termin	Brauch
Admont 0 36 13 / 21 06	5. Jänner	Perchteln
Aich 0 36 86 / 43 05	Gründonnerstag	Eiersammeln
Aigen im Ennstal 0 36 82 / 237 33	25. April	Prozession
Altaussee 0 36 22 / 716 00	Um 6. Jänner	Glöcklerlauf, Perigl tratzen
	1. Septembersonntag	Kirtag
	Dezember	Knappentänze
Bad Aussee 0 36 22 / 525 11	Um 6. Jänner	Glöcklerlauf
	Faschingssamstag bis -dienstag	Bad Ausseer Fasching
	Karwoche	Prozession in St. Leonhard
	Anfang Juni	Narzissenfest
Bad Mitterndorf 0 36 23 / 22 02	5. Jänner	Glöcklerlauf, Perchteln
	Fasching	Fleckerlfasching in Obersdorf, Nussenschmeißer
	Ostermontag	Patenbesuche, Eiersammeln
	1. Mai	Maibaum
	1. Mai	Weckruf
	24. Juni	Jahresfeuer, Sonnwendbüschel
	Sonntag um 20. Juli	Kirtag
	1. August-Wochenende	Waldfest in Zauchen
	Sonntag vor 15. August	Fetzenmarkt
	Oktober	Erntedankfest
	4. Dezember	Barbara-Zweige
	5. Dezember	Nikolaus- und Krampusspiel
	5. Dezember	Nikolo-Umzug in Obersdorf
	28. Dezember	Auffrischen
Donnersbachwald 0 36 80 / 201	5. Dezember	Sommer-und-Winter-Spiel, Nikolospiel
Eibiswald 0 34 66 / 422 18-0	11. November	Martinsritt
Feldkirchen bei Graz 0 316 / 29 11 35	März bis April	Passionsspiel
Frohnleiten 0 31 26 / 50 43	Fronleichnam	Prozession in Adriach

Ort/Tel. Gemeinde	Termin	Brauch
Gallmannsegg 0 31 48 / 236	Um 24. Juni	Räuchern
Gams bei Hieflau 0 36 37 / 206	21. Dezember	Thomasniglo
Geistthal 0 31 49 / 22 04	Um 24. Juni	Räuchern
Gößl 0 36 22 / 85 33-0	Letzter Oktobersonntag	Volksfest
Graz 0 316 / 872-0	Faschingsdienstag	Faschingsumzug
	Laetare	Fetzenmarkt (in der Fröhlichgasse und auf dem Messeparkplatz)
	2. August	Fetzenmarkt
	1. September	Fetzenmarkt
	25. November	Kathreintanz
	30. November	Fetzenmarkt
	Advent	Adventsingen
	Advent	Markt
Gröbming 0 36 85 / 221 50-0	5. Jänner	Glöcklerlauf, Perchten
	Fasching	Faschingsumzug, Kabarett
	Anfang Juli	Wallfahrt
Großsölk 0 36 85 / 222 82	6. Jänner	Dreikönigssingen
	6. November	Kirtag
	5. Dezember	Stoana-Pass
Hall 0 36 13 / 23 69	Ostermontag	Patenbesuche
Haus 0 36 86 / 22 07	Gründonnerstag	Antlasseier
Johnsdorf-Brunn 0 31 55 / 22 29	Fasching	Faschingszug
Kleinsölk 0 36 85 / 81 03	15. August	Wallfahrt
	10. November	Alp geht um
	Ende November	Spießen in Reith
	4. Dezember	Barbara-Feier
	5. Dezember	Krampusspiel
	24. Dezember	Mettengang
	27. Dezember	Weinsegnung

Ort/Tel. Gemeinde	Termin	Brauch
Köflach 0 31 44 / 25 19	Um 26. Dezember	Stephaniritt in Piber
Krakaudorf 0 35 35 / 82 02	Faschingsmontag	Faschingrennen
	Fronleichnam	Prozession, Samson
	Juni	Samsontreffen
	5. August	Umzug
Krakauschatten 0 35 35 / 86 26	Faschingsmontag	Faschingrennen
Lassing 0 36 12 / 302 96	5. Dezember	Krampusspiel
	26. Dezember	Stephaniritt
Leoben 0 38 42 / 40 62	Juni	Oberlandler Kirtag
	Anfang Oktober	Gösser Kirtag
	Advent	Weihnachtsdorf, Kunsthandwerksmarkt
	4. Dezember	Barbara-Feier
Mariazell 0 38 82 / 22 44	Gründonnerstag	Apostelmahl
	24. Juli	Fahrzeugsegnung
	5. Dezember	Nikolausschiffchen
Mooskirchen 0 31 37 / 26 20	Ostern	Maschtasingen
	Pfingstnacht	Wiesbaum-Dangeln in Stögersdorf
Murau 0 35 32 / 22 28-0	Fronleichnam	Samson
	15. August	Samson
Niederwölz 0 35 82 / 22 32	12. Oktober	Markt
Oberwölz-Umgebung 0 35 81 / 83 29	Pfingsten	Ranggeln auf der Lugtratten
Öblarn 0 36 84 / 60 29	Fasching	Faschingszug
	3 Tage vor Christi Himmelfahrt	Prozessionen
	26. Juli	Wallfahrt
	11. November	Prozession
	4. Dezember	Barbara-Feier
	5. Dezember	Nikolo- und Krampusspiel
	24. Dezember	Turmblasen
	31. Dezember	Turmblasen, Fackelskilauf
Pusterwald 0 35 74 / 22 05	Um 24. Juli	Prozession

Ort/Tel. Gemeinde	Termin	Brauch
Ramsau am Dachstein 0 36 87 / 818 12	Advent	Glöcklerlauf
Ranten 0 35 35 / 82 46-0	Faschingsmontag 24. August	Faschingrennen Kirtag
St. Gallen 0 36 32 / 209-0	6. Dezember	Nikolausspiel
St. Georgen ob Murau 0 35 37 / 221	Faschingsmontag Sommer	Faschingrennen Passionsspiel
St. Lorenzen bei Knittelfeld 0 35 15 / 42 01	2. Sonntag nach Fronleichnam	Pestkerze in St. Benedikten
St. Martin am Grimming 0 36 84 / 60 04	11. November	Martiniloben
St. Peter am Kammersberg 0 35 36 / 76 11	Fasching	Bärentreiben in Pöllau am Greim
Schladming 0 36 87 / 225 08-0	Fasching Laetare Fronleichnam Dreifaltigkeits-Sonntag Juli Advent 5. Dezember	Stadttorstürmung, Fasching verbrennen Markt Weckruf Markt, Kirtag Trachtensonntag Anklöckeln Krampusgruppen
Schöder 0 35 36 / 70 70	Faschingsmontag	Faschingrennen
Stainach 0 36 82 / 248 00	Um 6. Jänner	Perchten, Glöcklerlauf
Tauplitz 0 36 88 / 22 06	5. Dezember	Sommer-und-Winter-Spiel, Nikolausspiel
Teufenbach 0 35 82 / 24 08	20. Juli	Margaretenfest
Weng bei Admont 0 36 13 / 23 94	Um 20. Jänner	Sebastianifest

Tirol

Ort/Tel. Gemeinde	Termin	Brauch
Axams 0 52 34 / 681 10	Unsinniger Donnerstag Advent	Wampelereiten Anklöckeln
Brixen im Thale 0 53 34 / 81 10	Fronleichnam	Antlassritt
Eben am Achensee 0 52 43 / 52 02	14. September	Wallfahrt
Erl 0 53 73 / 81 25	Fastenzeit	Passionsspiel
Flirsch 0 54 47 / 52 17	1. Fastensonntag	Scheibenschlagen
Götzens 0 52 34 / 322 02	Fastenzeit	Fastenkrippe
Hall in Tirol 0 52 23 / 58 45-0	Palmsonntag	Palmeselumzug
Imst 0 54 12 / 69 80-0	Faschingssonntag	Schemenlaufen
Innsbruck-Arzl	Fasching	Singeslerlaufen
0 512 / 53 60	Karfreitag	Prozession
Innsbruck-Hötting	31. Dezember	Aperschnalzen
Innsbruck-Umgebung	Weihnachtszeit	Krippenbesuche
Jungholz 0 56 76 / 81 21	1. Fastensonntag	Funkenbrennen
Kals am Großglockner 0 48 76 / 82 10	1. November	Krapfenschnappen
Kirchberg in Tirol 0 53 57 / 22 13	Fronleichnam	Antlassritt
Kundl 0 53 38 / 72 05	6. November	Leonhardiritt
Lans 0 512 / 37 73 78	Unsinniger Donnerstag	Schellenschlagen
Matrei in Osttirol 0 48 75 / 68 05-0	1. Jänner Anfang Juni 5. Dezember	Räuchern Ranggeln Klaubaufgehen

Ort/Tel. Gemeinde	Termin	Brauch
Mayrhofen 0 52 85 / 640 00	Um 6. Jänner	Pinggalperchten
Mieming 0 52 64 / 52 17	1. Julisonntag	Isidor-Prozession in Untermieming
Nassereith 0 52 65 / 52 12	6. Jänner Faschingssonntag	Schellerlaufen Schellerlaufen
Nauders 0 54 73 / 872 13	Karfreitag	Prozession
Nesselwängle 0 56 75 / 82 49	Karfreitag	Hl. Grab
Pinswang 0 56 77 / 86 13	1. Fastensonntag	Funkenbrennen
Schönberg im Stubaital 0 52 25 / 625 70	Karfreitag	Hl. Grab
Schwaz 0 52 42 / 69 60-0	Karfreitag	Hl. Grab
Tarrenz 0 54 12 / 633 52	Fasching	Tauglauf
Telfs 0 52 62 / 69 61	Faschingssonntag	Schleicherlaufen
Thaur 0 52 23 / 49 28 61	Faschingssonntag Palmsonntag Karfreitag	Mullerlaufen Palmeselumzug Prozession
Thiersee 0 53 76 / 52 31	Fastenzeit	Passionsspiel
Virgen 0 48 74 / 52 02	Samstag der Osterwoche	Widderprozession, Obermauern
Völs 0 512 / 30 31 11	3. Februar	Blasiusbrezen
Westendorf 0 34 43 / 62 03	Fronleichnam	Antlassritt
Zell am Ziller 0 52 82 / 22 22	1. Maisonntag	Gauderfest
Zirl 0 52 38 / 540 01	2. Oktobersonntag	Kirtag

Ort/Tel. Gemeinde	Termin	Brauch
Alberschwende	Funkensonntag	Funkenbrennen
0 55 79 / 42 20	Fronleichnam	Fronleichnams-Kompanie
Bludenz	1. Jänner	Neujahrsschießen
0 55 52 / 636 21	Unsinniger Donnerstag	Jöri-Umzug
Bregenz	Aschermittwoch	Geldbeutelwaschen
0 55 74 / 410	11. November	Martinsritt
Doren	Fronleichnam	Prozession, Schützen
0 55 16 / 20 18		
Dornbirn	Unsinniger Donnerstag	Fetzenmasken
0 55 72 / 306		
Egg	Unsinniger Donnerstag	Preisjassen in Großdorf
0 55 12 / 22 16	Fronleichnam	Prozession
	Mitte September	Almabtrieb
Höchst	Weißer Sonntag	Schappeltragen
0 55 78 / 79 07-0		
Hohenems	Palmsonntag	Palmprozession
0 55 76 / 71 01	Christi Himmelfahrt	Prozession
	Fronleichnam	Prozession
	Ende September bis Anfang Oktober	Almabtrieb
	4. Dezember	Barbara-Feier
Hörbranz	Fronleichnam	Prozession, Schützen
0 55 73 / 822 22-0		
Klösterle	Sommer	Passionsspiele
0 55 82 / 204		
Schnifis	Palmsonntag	Palmprozession
0 55 24 / 85 15		
Schruns	Funkensonntag	Funkenbrennen
0 55 56 / 724 35		
Schwarzenberg	1. Fastensonntag	Funkenbrennen
0 55 12 / 29 48	Weißer Sonntag	Erstkommunion
	Fronleichnam	Prozession
	September	Alptag und Markt
	26. Dezember	Stephaniritt

Ort/Tel. Gemeinde	Termin	Brauch
Wien		
01 / 525 50		
Musikvereinssaal, I.	1. Jänner	Neujahrskonzert
Stephansplatz, I.	1. Jänner	Pummerin
Rathausplatz, I.	1. Jänner	Neujahrsmarkt
Rathausplatz, I.	Jänner bis März	Eistraum
Staatsoper, I.	Fasching	Opernball
Innere Stadt	Fasching	Opernballdemonstration
Wien	Fasching	Opferball
Rathaus, I.	Fasching	Kleiner Opernball
Wien	Faschingssamstag	Faschingsumzug
Michaelerkirche, I.	Aschermittwoch	Künstler-Aschermittwoch
Wien	Fastenzeit	Fastentücher in Wiener Kirchen
Kirche Mariabrunn, XIV.	Fastenzeit	Hl. Theater
Himmelswiese, XIX.	3. Fastensonntag	Funkenbrennen
Hernals, XVII.	Fastenzeit	Kalvarienbergmarkt
Wien	Fastenzeit	Ostermärkte
Stadtkirche HB., I.	5. Fastenwoche	Palmdonnerstag
Wien	Karwoche	Trauermetten
Prater, II.	Ostern	Osterfeuer
Wien	Ostermontag	Emmausgänge
Stammersdorf, XXI.	3 Tage vor Christi Himmelfahrt	Flurprozession
Kahlenberg, XIX.	Montag vor Christi Himmelfahrt	Heurigenmesse
Innere Stadt	Ende April	Stadtfest
Wien	Mai	Vienna City Marathon
Kutschkermarkt, XVIII.	1. Mai	Maibaum
Rathausplatz, I.	1. Mai	Maikundgebung
Prater, II.	1. Mai	Maifest
Servitenkirche, IX.	Um 1. Mai	Peregrinifest
Prater, II.	Muttertag	Praterfest
Rathaus, I.	Mitte Mai	Life Ball
Augustinerkirche, I.	22. Mai	Ritafest
Innere Stadt	Fronleichnam	Prozession
Wien	Mai bis Juni	Wiener Festwochen
Rathausplatz, I.	Juni	Blasmusikfest
Ringstraße, I.	Juni	Free Party
Ringstraße, I.	Juni	Regenbogenparade
Donauinsel, XXI.	Schulschluss	Donauinselfest
Wien	Sommerferien	Ferienspiel
Rathausplatz, I.	Sommerferien	Film-Festival
Donaukanal, IX.	Sommerferien	Summer Stage
Annakirche, I.	26. Juli	Reliquien-Verehrung
Dornbach, XVII.	Um 26. Juli	Annenkirtag
Neustift am Walde, XIX.	August	Kirtag
Kahlenbergerdorf, XIX.	August	Kirtag
Wien	Herbst	Hallamasch-Festival

Ort/Tel. Gemeinde	Termin	Brauch
Stadthalle, XV.	12. September	Mariä-Namen-Feier
Heldenplatz, I.	Oktober	Erntedankfest
Leopoldau, XXII.	Oktober	Erntedankfest
Apostelkirche, X.	4. Oktober	Tiersegnung
Heldenplatz, I.	26. Oktober	Festveranstaltung
Himmelswiese, XIX.	Um 31. Oktober	Halloween-Fest
Salesianerkirche, III.	1. November	Don-Bosco-Maroni
Servitenkirche, IX.	1. November	Messe, Agape
Zentralfriedhof, XI.	1. November	Gräberbesuch
Alberner Hafen, XI.	Sonntag nach Allerheiligen	Totengedenken am Friedhof der Namenlosen
Wien	Advent- und Weihnachtszeit	Christbaum für alle
Rathausplatz, I.	Advent	Adventzauber
Peterskirche, I.	Advent	Krippenschau
Freyung, I.	Advent	Alt-Wiener Christkindlmarkt
Karlsplatz, IV.	Advent	Kunsthandwerk-Markt
Spittelberg, VII.	Advent	Kunsthandwerk-Markt
Campus, IX.	Advent	Adventdorf
Schönbrunn, XIII.	Advent	Adventmarkt
Vienna Int. Center, XXII.	Advent	UNWG-Basar
Innere Stadt	31. Dezember	Silvesterpfad

ZUM WEITERLESEN

Das vorliegende Buch gibt einen Überblick über aktuelle österreichische Bräuche in der Öffentlichkeit. Es liegt auf der Hand, dass in diesem Rahmen nicht „alles“ beschrieben werden kann. Viele Details finden Sie im Internet, in regionalen Brauchtumskalendern und neueren Büchern aus den einzelnen Bundesländern.

KÄRNTEN

Kurt Grafschafter: *So ist's Brauch in Kärnten. Alte und neue Kärntner Brauchkultur im Jahresablauf* mit Texten aus *Lebendiges Brauchtum in Kärnten* von Matthias Maierbrugger. Verlag Johannes Heyn, Klagenfurt 1999.

NIEDERÖSTERREICH

Leopold Schmidt: *Volkskunde von Niederösterreich.* Verlag Ferdinand Berger, Horn 1966.

OBERÖSTERREICH

Andrea Euler-Rolle: *Zwischen Aperschnalzen und Zwetschenkrampus. Oberösterreichische Bräuche im Jahreskreis.* Landesverlag Linz, o. J. (nach 1992).

Ebenseer Fotoklub, Franz Gillesberger: *Brauchtum in Ebensee.* Ebensee 1987.

SALZBURG

CD-Rom-Edition *Bräuche im Salzburger Land. Zeitgeist, Lebenskonzepte, Rituale, Trends, Alternativen* (Nr. 1 *Im Winter und zur Weihnachtszeit* erschien 2002). Zeitschrift „Salzburger Volkskultur“, Brauchtumskalender „Salzburger Volkskultur“. Herausgegeben vom Landesverband Salzburger Volkskultur.

STEIERMARK

Sepp Walter: *Steirische Bräuche im Laufe des Jahres.* Hg. Verein Schloss Trautenfels, 1997.

Ennstaler Bräuche im Jahreslauf. Altes und Neues von Advent bis Kathrein. Herausgegeben vom Verband der Heimat- und Trachtenvereine Enns- und Paltental und Steirisches Salzkammergut, Gröbming 2002.

TIROL

Friedrich Haider: *Tiroler Brauch im Jahreslauf.* Tyrolia Verlag, Innsbruck–Wien 1985

Infoservice – Europäische Ethnologie/Volkskunde – Universität Innsbruck: http://www2.uibk.ac.at/volkskunde/infoservice

WIEN

Helga Maria Wolf – Fotos Helmut Lust: *Geheimnisvolles aus Wien. Riten und Sitten vom Mittelalter bis heute.* Edition Wien (Pichler Verlag) 1996.

ALLGEMEIN

Feste feiern. Katalog zur Oberösterreichischen Landesausstellung Stift Waldhausen, Trauner Verlag, Linz 2000.

Edith Hörander, Friedl Jary: *Mitfeiern! Festland Österreich*. Wien 1983.

Ökumenisches Heiligenlexikon: http://www.heiligenlexikon.de/

Otto Wimmer, Hartmann Melzer: *Lexikon der Namen und Heiligen*. Bearbeitet und ergänzt von Josef Gelmi. Tyrolia Verlag, Innsbruck–Wien 1988.

Helga Maria Wolf: *Das neue BrauchBuch. Alte und junge Rituale für Lebensfreude und Lebenshilfe*. Österreichischer Kunst- und Kulturverlag, Wien 2000 (mit detaillierten Literaturangaben).

BILDNACHWEIS

Ausseerland Narzissenfest: 115 (Radspieler)
hallamasch cae (Wien): 83 f.
Lust, Helmut (Wien): 49, 50 rechts, 52, 132, 137
Oberndorf bei Salzburg (Gemeinde): 12, 111, 126, 191, 196
Österreich Werbung (Wien): 13 (Wahrmann), 15 und Umschlag Rückseite (Weinhaeupl), 18 (Polke), 29 (Markowitsch), 35 (Trumler), 36 (Herzberger), 39 (Wiesenhofer), 41 (Mallaun), Titelbild und 42 (Niederstrasser), 43 (Wiesenhofer), 44 (Sedlacek), 45 (Ascher), 46 und Umschlag Rückseite (Wiesenhofer), 53 (Kalmar), 55 (Markowitsch), 63 (Wiesenhofer), 74 (Krobath), 85 (Weinhaeupl), 91 (Wiesenhofer), 92 (Mallaun), 93 (Bartl), 94 (Haider), 96 (Weinhaeupl), 103 (Karnische Region), 112 (Greder), 114 (Storto), 116 (Niederstrasser), 120 (Markowitsch), 121 (Mallaun), 124 (Popp), 127 (Markowitsch), 134 (Wiesenhofer), 136 (Trumler), 142 (Markowitsch), 146 und Umschlag Rückseite (Trumler), 155 (Markowitsch), 163 (Krobath), 179 (Bartl), 182 (Wiesenhofer), 187 (Weinhaeupl), 190 und Umschlag Rückseite (Weinhaeupl), 192 f. (Markowitsch), 202 (Fankhauser), 203 (Ascher), 204 (Markowitsch)
Pertramer, Ingo (Wien): 123
Steinakirchen am Forst (Pfarre): 108, 156
Westermann, Kurt-Michael (Wien): 109
Wolf, Helga Maria (Wien): 26, 50 links, 61, 67, 69, 71 f., 99, 107, 162, 165, 167, 171 f., 183, 186, 200, 206, 212

Recherchemitarbeit: Angela Thierry, Wien und Mag. Monika Erb, Wien.

Autorin und Verlag sind sich bewusst, dass bei aller Sorgfalt der Bearbeitung und Herstellung die Fehlerfreiheit eines solchen Bandes ein utopisches Ziel bleiben muss. Die Benützer und Benützerinnen werden daher gebeten, Angaben und Informationen, die zur Richtigstellung dienen und in einer künftigen Auflage berücksichtigt werden können, dem Verlag mitzuteilen.

Niederösterreichisches Pressehaus, NP Buchverlag,
Gutenbergstraße 12, A-3100 St. Pölten, E-Mail: verlag@np-buch.at

PERSONENREGISTER

SACHREGISTER

ORTSREGISTER